宋朝进行时

神州陆沉

〔卷伍〕

野狐狸 著

岳麓书社·长沙

图书在版编目（CIP）数据

宋朝进行时：神州陆沉/野狐狸著．—长沙：岳麓书社，2024.4
ISBN 978-7-5538-1970-9

Ⅰ.①宋…　Ⅱ.①野…　Ⅲ.①中国历史—宋代—通俗读物
Ⅳ.①K244.09

中国国家版本馆 CIP 数据核字（2023）第 230184 号

SONGCHAO JINXING SHI：SHENZHOU LUCHEN

宋朝进行时：神州陆沉

作　　者：野狐狸
出 版 人：崔　灿
出版统筹：马美著
策划编辑：李郑龙
责任编辑：蒋小涵　牛盼盼
营销编辑：谢一帆　唐　睿　宋　茜
责任校对：舒　舍
装帧设计：东合社—安宁

岳麓书社出版发行

地址：湖南省长沙市爱民路 47 号
直销电话：0731-88804152　0731-88885616
邮编：410006

版次：2024 年 4 月第 1 版
印次：2024 年 4 月第 1 次印刷
开本：880mm×1230mm　1/32
印张：13
字数：302 千字
ISBN 978-7-5538-1970-9
定价：68.00 元

承印：长沙超峰印刷有限公司
如有印装质量问题，请与本社印务部联系
电话：0731-88884129

历史如何说

——代序言

历史已经离我们远去，对很多人来说，那就是一部部厚重的典籍，让人望而生畏。

其实，历史仍一直流淌在我们的血液里，它所蕴含的真假、善恶、美丑，都萦绕在我们身边，从未消失。

有人说过，一切历史都是当代史。

写一部好看的历史，一直是我心中的一个梦想，我希望能够凭着自己的一支笔，把一段沉睡的历史唤醒，让大家能清晰地看到它的原貌，感受到它的脉搏。

一直以来，我们的历史教育都显得有点"刻板"。政治事件排列在前，经济文化点缀在后，王朝更替、人物更替，如是而已。我想，历史首先是人的历史，每一个历史人物都应该鲜活生动，有血有肉，他们有优点有缺陷，有时胸怀大志，有时私心作祟，一如你身边的张三、李四。

不仅历史人物如此，一个王朝、一项制度、一个经济现象、一种文化形式都有它特定的产生条件和演进规律，就像一个人的成长过程一样。

　　所以，历史作品不是历史小说，它不仅要告诉大家一个个精彩的故事，还要传递出有温度的历史观。

　　基于个人偏好，我决定写一写宋朝的故事，讲述公元 960 年至 1279 年两宋三百多年的历史，邀请宋太祖赵匡胤、千古名臣范仲淹、改革家王安石、大文豪苏东坡、民族英雄岳飞、爱国诗人文天祥……来到我们的身边，共同进行一次千年神游。

　　当然，我写的仍是正史，史实来源既包括《续资治通鉴长编》《宋史》《建炎以来系年要录》等宋代史料，也包括《涑水记闻》《邵氏闻见录》等笔记杂谈，写作中还会参考近现代宋史研究领域的专家著述。文章以讲述宋代的政治事件为主线，穿插描述那时的制度、经济、文化乃至社会生活，同时也融入自己对历史的看法、观点，旨在全面客观地展现那个绚丽时代。

　　宋代的历史不好写，因为宋朝总给人积贫积弱的印象，一有外战总是习惯性掉链子，宫斗戏也显得成色不足，偶尔碰到几个熟悉的大文人，还会唤醒你"全文背诵"的酸楚记忆。但是，宋朝也有自己的亮色，它的文治风韵、翰墨风华，任何一个时代都无法比拟；它的印记，留在每个人的吃穿住行里，从未消失。

　　我希望，通过我的描述，能让那段历史活过来，就像发生在我们身边一样，是"进行时"而不是"过去式"。

　　宋朝进行时！

　　是的，它就是一段正在发生的历史。

目 录

第一章　开新局

平　反

赵眘即位后遇到的第一个难题，便是如何把赵构留下的买卖收摊。

自从完颜亮作死后，金宋之间的"皇统和议"宣告停摆，宋朝臣子都想借着金国内乱，争取一点利益。

至于要争取到什么程度，前卷也说了，赵构的要求很低，只希望按照"天眷和议"时的条款，把黄河以南的土地收回来即可，至于名分、岁币之类的事情都不在乎。

金国新君完颜雍是一个极富政治智慧的人，他不像兀术那样傲娇，也不似完颜亮那般狂暴，自即位开始，他便希望能让宋金双方重新回到和平状态。

但是，完颜雍的讲和也不是无原则的，在最关键的土地问题上，他不但没有半点退让，甚至要求宋朝再还一点回来。

原来，宋朝在金军北撤的时候，越过"皇统和议"中划定的淮河分界线，趁机收复了海州、泗州、蔡州、寿州等十个州郡。也就是说，在完颜雍眼里，如果双方要讲和，就得完全按照"皇统和议"规定的条款划分疆界，否则免谈。

双方的认识差距太大，一直谈不拢。

因此，当宋使以傲慢的姿态进入金朝境内后，很快和金国接待人员发生了摩擦，还一度被软禁在了馆驿之中。好在完颜雍也只是想做点姿态给宋朝瞧瞧，不久又把人给放了回来。

接下去该怎么办？

摆在赵眘面前的选项，无非三个：一是战，趁你病，要你命；二是和，吃个哑巴亏，把时针重新拨到"皇统和议"那一年；三是守，不战不和，维持敌对关系，看金国能把自己怎么样。

如今，所有人都把目光集中到了赵眘身上，等着他做选择题。

赵眘自进入皇宫以来，大多数时间都是以韬光养晦的姿态示人，谁都摸不准他的脾气和喜好。所以，当一众大臣等着赵眘表态时，都带着一种开盲盒的心情。

众臣心中的问号并没有持续太久。

绍兴三十二年（1162）七月，即位后仅仅一个月，赵眘以两道诏令宣示了自己的态度。

第一道诏令——为岳飞平反！

自绍兴十一年（1141）岳飞冤死在大理寺狱，时间已经过去整整二十年。如今，这位为南宋立下不世功勋的名将终于迎来了平反昭雪的一刻。

对于岳飞的冤情，上至朝堂，下至百姓，人人心知肚明。但二十年以来，他的冤屈，又是南宋朝廷最为忌讳的话题，毕竟，这是皇帝赵构和权臣秦桧定下的"铁案"，谁都不敢造次。

直到完颜亮南侵的时候，朝廷内外抗金情绪高涨，才有人敢于提出为他平反。可即便到了那个时候，赵构仍旧没有松口，只是下诏解除了岳飞、张宪后人的拘管状态。

更让人不可思议的是，在赦免岳飞、张宪后人的时候，蔡京、童贯等人的子孙家眷竟然也同样在列！可见，在赵构眼中，岳飞仍是一个无法洗脱罪名的逆臣。

七月，赵昚下诏追复岳飞、岳云父子官爵，按照礼制予以重新改葬，并命人在岳飞家乡建庙立祠，供人们纪念瞻仰。

随后，赵昚下令寻访岳飞的后代，特予录用为官。

岳飞一生共育有五子一女（一说有两个女儿），除长子岳云冤死、次子岳雷早年在流放中去世外，其余三子一女及家眷都被找到，给予优厚待遇。

赵昚此举一出，满朝皆惊。

谁都不敢想象，新皇帝居然会有如此的勇气和魄力，要知道，在不远的德寿宫，还有一个太上皇赵构住着呢！

你一上位就把"老爹"定的冤案给翻了，就不考虑一下他的感受？

事实上，赵昚也不是完全不考虑赵构的感受，他在为岳飞平反时做得非常巧妙。

在追复岳飞官爵的诏书中，赵昚对岳飞冤死一事做了模糊处理，只含糊地提了一句"坐事以殁"。

啥叫"坐事以殁"？总归是犯了一点事情。至于是谁干的，冤在哪里，一句不提，大家心照不宣。

更厉害的是后面还来了一句——"而太上皇帝念之不忘。"

就是说，太上皇赵构也一直没忘记岳飞的冤屈。言下之意，现在替岳飞平反，其实也是太上皇的意思。

如此一来，赵昚既把好事给办了，又把人情推到了赵构身上，两边都圆了过来。

当然，有些朋友可能会对此产生疑问，赵构难道就那么好糊弄吗？

坦率地说，这个疑问，我心中也有。至于赵昚是不是提前和赵构沟通过一番，史料没有明确记载，咱们也不好瞎猜。

反正有一点是肯定的，对于赵昚的这个举动，赵构并没提什么不同意见。

岳飞平反一事看上去仍留着点遗憾，但终归前进了一大步。又过了十六年，淳熙五年（1178），赵昚特意召见了岳飞的三子岳霖，并动情地表示："岳家的军纪和用兵之法，张俊、韩世忠等人远远不及。岳家的冤枉，我都知道，天下人也都知道其中的冤屈。"淳熙六年（1179），赵昚再为岳飞追加谥号——武穆。

武穆是古人褒扬武将所用的谥号，岳飞从此彻底洗脱了身上的污名，得到了他应有的光荣。

"岳武穆"的名号也自此流传史册，广为传颂。

如果说为岳飞平反的诏令只是隐晦地传递赵昚的为政态度，那么，他的第二道诏令则直接吹响了战争的号角——召张浚入朝。

在南宋历史上，张浚也算是一朵奇葩，这位一手缔造富平惨败、淮西兵变的庸人，在坚持抗金方面倒是罕见的意志坚定。他也因此走出了一段波浪式的人生曲线。

绍兴八年（1138），张浚因为淮西兵变，被撸掉官职，远贬到了永州（今湖南永州）。

绍兴九年（1139），"天眷和议"达成，赵构大赦天下，张浚恢复官职，但因不断上疏反对议和，马上被外放成了福州知州。

绍兴十一年，"皇统和议"达成，张浚恢复官阶，做了个名无实的闲官。

绍兴十六年（1146），闲人张浚耐不住寂寞，以天上出现彗星为由，再次上奏备战抗金。结果，他头上的官帽又弄丢了，并被远贬连州（今广东连州）。四年后，他又被迁移到了永州。

绍兴二十五年（1155），秦桧死了，张浚的官帽神奇回归。刚"回血"不久，张浚上疏请求备战抗金，惹得赵构大皱眉头。结果，他第三次来到了永州。

绍兴三十一年（1161），完颜亮的南侵帮了张浚大忙。战事一起，他重获起用，先后出判潭州、建康府。金军兵败撤退后，有人曾建议把张浚重新召回朝廷中枢，可赵构对他始终不看重，把他扔在江边，临时负责江淮防务。

苦熬二十五年之后，六十六岁的张浚迎来了人生中的第二次高峰。

绍兴三十二年七月，赵眘召张浚入宫觐见。

张浚入朝后，向赵眘力陈武力抗金、恢复中原的主张，引得赵眘不住点头称许。

觐见后，赵昚起用张浚为少傅、江淮宣抚使，封魏国公，把筹划北伐的重担全部押到了他身上。

张浚见赵昚对自己如此信任，激动得年轻了二十岁，拍着胸脯表示自己一定要好好工作，把金军完全打趴下为止。

就在张浚激动地撸袖子时，赵昚又遣使对金国进行了外交试探。

在赵昚的授意下，派去的使节故意在国书上做了手脚，国书一改"皇统和议"时金贵宋卑的格式，摆出了一副欲与金国平起平坐的姿态。

完颜雍见到国书，知道这是宋朝新君在向自己示威，一点都没服软，立刻以国书不合规范为由，将宋使打发了回去（责旧礼，不纳而还）。

打发走宋使后，完颜雍也意识到，如果不亮出点颜色，不可能把宋朝重新拉回到谈判桌前。于是，他把此前金国"以和议佐攻战"那一套，改成了"以攻战佐和议"，决意主动对南宋发动军事攻势。

此时的金国将领，也完成了更新换代，包办此次军事行动的统帅分别是都元帅仆散忠义和左副元帅纥石烈志宁。

仆散忠义十六岁起便从军征战，早年跟着讹里朵在西线作战，后又转隶到兀术麾下，参加过金军对南宋的多次军事行动，属于从基层摸爬滚打出来的实战派将领。这回，他成了南侵宋朝的总指挥。

纥石烈志宁是兀术的女婿，他本是完颜亮麾下的一员悍将，还曾受命攻打完颜雍。完颜亮垮台后，完颜雍不但不予治罪，反而继续对他委以重任。纥石烈志宁对完颜雍感恩戴德，在平定契丹族叛乱时立下大功，获封左副元帅。

南宋对金军的这轮攻势显然缺乏准备，仆散忠义指挥金军一路南下，很快收复了淮北的大部分州县。宋朝原先抢回的十多个州郡，转眼只剩下四个。

不过，这次的金军和以往大不相同，他们并没有乘胜穷追猛打，在抢回部分地盘后，主动停止了攻势。

仆散忠义叫停进攻后，派人给宋朝送来了一封信。信里声称：只要宋朝答应按照原来的约定划分疆土，咱们还是可以继续讲和的。

言下之意，如果想和，就得按照原先的"皇统和议"来，否则，接着打。

金人的信件传来，朝堂上又掀起了一片争议之声。

赵昚刚即位，本就憋着气要替宋朝挣回面子，自然不甘心就此低头，在一片争论声中，他还是更倾向于用武力解决问题。

十一月，赵昚下诏，定明年的年号为"隆兴"。

"隆"字取自太祖赵匡胤的第一个年号"建隆"，"兴"字取自眼前的"绍兴"。

赵昚决意效法太祖，用刀剑为宋朝开疆拓土。

符离之败

隆兴元年（1163）正月，赵昚任命张浚为枢密使，命他在建康开设都督行府，总揽江淮东西路兵马，随时准备对金用兵。

张浚的都督府刚开张，仆散忠义和纥石烈志宁的书信就来了。内容和上一封差不多，还是想讲和，还是条件不变，唯一的变化是加上了一点军事威胁。

要论打嘴仗，张浚从来就没输过，他命人回书："战场上有胜有败，哪有定数，你尽管来就是了！"

既然谈不拢，双方还是得开打。

四月，金帅纥石烈志宁分兵屯驻灵璧（今安徽灵璧县）和虹县（今安徽泗县），做出大兵压境的姿态。

宋朝这边，张浚见招拆招，派淮西招抚使李显忠、建康都统制邵宏渊分率两军，突袭灵璧和虹县，以先发制人。

淮西招抚使李显忠，正是完颜亮南侵时那位表现积极的池州守将，在这次北伐行动中，他被张浚选为头号主力。

邵宏渊的名气没李显忠那么大，在《宋史》里甚至都找不到这位老兄的传记。按照张浚的安排，他所率的军队属于一支偏师，应当受李显忠的节制。

注意，我这里说的是应当受李显忠节制，仅仅是"应当"而已。

五月十二日，李显忠从濠州（今安徽凤阳县）出发，向灵璧进军。邵宏渊从泗州（今江苏泗洪县东南）出发，向虹县进军。一开始，李显忠打得非常顺手，很快就拿下了灵璧县，而另一边的邵宏渊却很不给力，围攻一个小小的虹县，始终打不下来。

李显忠拿下灵璧后，把一些金军降兵拉到了虹县，前去劝降，驻守虹县的金军立马开城投降，帮了邵宏渊一个大忙。

五月十六日，李显忠乘胜追击，在宿州（今安徽宿州）大破金军，乘胜收复了重镇宿州。随后，邵宏渊率兵赶来会和，两支宋军合兵一处。

捷报传到朝廷，赵眘乐得眉开眼笑，当即升任李显忠为淮南京东河北招讨使，邵宏渊为副使，令二人继续统兵北进。

赵眘的"隆兴北伐"取得了梦幻开局，但正是从这个美好的开局开始，宋朝军队的老毛病复发了。

也不知道宋朝人为什么这么不长记性，每次军事行动，总是几路军队一起开拔，但又互不统属，最后乱成一锅粥。

在这次北伐计划中，张浚刚开始也不是没考虑到这个问题，所以一度下令邵宏渊受李显忠节制，可后来听说邵宏渊不高兴，居然又妥协了，改为李显忠和邵宏渊"同节制"。

啥叫"同节制"呢？说白了，就是两人各管各的。

看这稀泥和得！

张浚不知道，此时的李显忠和邵宏渊，已经闹得形同水火。

李显忠帮邵宏渊搞定虹县后，邵宏渊不但没感激，反而觉得自己没面子，有点嫉妒李显忠。而那段时间里，邵宏渊的军队里恰好又出现了士兵抢夺财物的行为，李显忠为了整顿军纪，把邵宏渊的犯事士兵给问斩了，这惹得邵宏渊心里更加不爽。

你不但抢我风头，还敢随便杀我的人，难不成把我当成一根葱了？

从此，邵宏渊处处和李显忠为难，当李显忠攻打宿州的时候，他也不肯出力帮忙，直到宿州攻下后，才领着军队姗姗来迟。

到了宿州后，李显忠和邵宏渊的矛盾进一步升级。

邵宏渊提议要把府库中的所有钱帛拿出来犒赏将士，李显忠只肯发放一部分，邵宏渊便暗中鼓动骄兵悍将闹事。邵宏渊想把军队开进宿州城内休整，李显忠认为这样会扰民进而动摇民心，坚持一律屯驻城外。

反正，李显忠说东，邵宏渊就说西；李显忠说西，邵宏渊就说东，两人越闹越不愉快。

这边宋军还在内部互掐，金军的反攻却马上到了。

五月二十日，收到败报的纥石烈志宁亲率一万主力反攻宿州。

面对气势汹汹的来敌，李显忠率兵出城迎战，用劲弩击退了金军的几次进攻。可此后不久，金军的援兵源源不断地赶来，李显忠有点扛不住，便要求邵宏渊出兵共同夹击金军。

此时的邵宏渊红眼病上身，不但不肯派兵支援，反而阴阳怪气地对将士说道："现在这种大热天，拿把扇子乘凉都嫌不够呢，谁还愿意披着铠甲打仗？"

邵宏渊坐视不管的态度直接导致宋军崩盘。

李显忠力战金军不敌，只能退回城中死守。这时候，号令不一的宋军完全丧失了斗志，不少将官开始顾自趁乱逃命，将官一带头，士兵们有样学样，争相逃亡。

五月二十三日，金军对宿州城发起了总攻，李显忠亲率本部将士在城头砍杀，拼死抵挡着金军的一次次猛攻。邵宏渊见李显忠这么玩儿命，心虚得很。他本想率军跑路，可又不敢轻易迈腿，因为他担心如果自己一个人溜了回去，很可能要为战争失利背锅。

为了拉上李显忠一起跑，邵宏渊跑到李显忠那里编了瞎话，称金军现在又增添了二十万援军，咱们如果再不撤，恐怕会把老本赔光。

李显忠知道邵宏渊已经无心死守，眼前又是大势已去，只好同意撤兵。

撤兵就撤兵吧，偏偏宋军的士气低落，撤得极无章法，连个断后的军队也没有，一群大兵和随军民夫挤在一起，活脱一副组团逃难的景象。

纥石烈志宁哪肯放过这样的机会，连忙派骑兵疾追。逃难的宋军在符离（今安徽宿州）被金兵追上，成了金军任意屠戮的对象，或被金兵砍杀，或被追进河里溺亡。惨案过后，宋军连同随军民夫在内，共计折损十三万人马，仅被俘者便多达万人！宋军的一万两千匹绢、六万余石粮食、五万缗现钱、数万两金银以及大量其他军器辎重，也成了金军的战利品。

符离大败的消息一传出，张浚顿时成了漏气的皮球，瘪在一边没了声响。回过神后，他拿出了负荆请罪的姿态，请求辞去官职。

要说符离之败，最受打击的人非赵昚莫属。这次支持出战，不但朝中有反对意见，就连太上皇赵构也多次出面泼冷水，赵昚顶住压力，想求取一个开门红，这位该死的张浚倒好，玩了不到一个月，便送上了一个开门黑！

一想到张浚，赵昚更气不打一处来。

到了绍兴三十二年，当年参与过抗金斗争的战将已经所剩无几，除了西边的吴璘和退为闲官的杨沂中，也就只剩下张浚一根独苗。所以，赵昚始终把张浚当宝贝供着。

赵昚和别人谈起张浚时，从不直呼名字，而是口口声声叫着"魏公"，隔三差五还要派人关心一下他的生活状况。赵昚为了表示自己和张浚的君臣相得，还亲自书写了一篇《圣主得贤臣颂》给张浚，称张浚是百年不遇的贤臣。

更肉麻的是，赵昚甚至将张浚的生辰牌位放进了皇宫内祠，每次遇到疑惑时，就先到祠中恭拜一番，然后才把张浚召入宫内询问。

赵昚对张浚之恩宠，就连支持张浚的大臣都觉得太过分。赵昚却从未动摇自己的判断，还一再向朝臣们宣布：

"朕倚魏公如长城，不容浮言摇夺！"

如今，残酷的事实告诉赵昚，所谓的"长城"就是一个"豆腐渣工程"。

你说，赵昚的精神损失费，该找谁要去？

最后，赵昚还是没有同意张浚的辞职请求，只是降了张浚的官阶，让他继续负责江淮防务。

张浚战败后将重心转入了战略防御之中，可蹊跷的是，打了胜仗的金军并没有乘胜追击，不但没有追击，反而又"诚意满满"地来求和了。

隆兴元年的宋金博弈确实很奇特。

以前是战败的宋朝一直想求和而不得，现在是打胜仗的金国一心一意要讲和，打败仗的南宋反而扭扭捏捏不肯答应。

纥石烈志宁打败宋军以后，遵照完颜雍的旨意，既没有撤兵，也没有进攻，只是陈兵边境，逼迫宋朝来和谈。

此时的南宋朝廷，已经再次吵翻天。

战和不定

符离之败让赵昚陷入无尽的痛苦中。

是战？还是和？

这对赵昚来说是一个无比艰难的选择，如果继续主战，一旦再来一次溃败，该如何收场？如果仅因一场失利就弃战求和，中兴壮志岂不成了天大的笑话，怎能心甘？

在接下来的一年多里，赵昚的耳朵被各种声音所包围，他在各种声音中举棋不定，朝廷决策也随之成了钟摆，忽左忽右，让人摸不着头脑。

刚收到失利消息的时候，赵昚还强作镇静，他命张浚留任原职，继续负责江淮地区的守备；命虞允文为湖北京西制置使，巩固中路防线；将在完颜亮南侵时表现出色的李宝提拔为浙西副都总管，负责守备海道，以此表明自己将和金军死磕到底，绝不妥协。

只可惜，赵昚的硬气，保质期很短。

隆兴元年七月，也就是宋朝遭受符离之败后的两个月，赵昚宣布了一项重要的人事任命——汤思退出任右相。

汤思退是铁杆的主和派，秦桧死后，长期担任朝中宰相，直到完颜亮南侵时才被罢为闲职。如今风向一转，他又咸鱼翻身了。

此前，赵昚锐意恢复，无论是两府中枢，还是台谏系统，清一色都是主战派大臣，左相陈康伯、枢密使张浚更是主战派的领袖。而随着汤思退的到来，大量主和派官员获得晋用，围绕着战和两策，朝堂上形成了水火不容的两个阵营。

赵昚这样做，其实便是同时做着两手准备。

八月，正当赵昚矛盾纠结的时候，金朝这边又传来了消息。

完颜雍一直在等着宋朝主动来议和，他发现宋人这回挺硬气，打了败仗也没来说和，便令仆散忠义再次主动递了一封信过来。

内容很简单，要么恢复"皇统和议"，要么再干一架！

收到金朝的威胁后，汤思退连忙劝赵昚答应金人的要求，他知道赵昚内心并不完全认同议和，所以话说得很艺术，表示目前宋朝国力还没恢复，不如好好休养生息，将来万一形势有变，再做打算也不迟。

这话乍听很顺耳，赵昚很受用。

汤思退的言论，主战派可不认账。张浚怒不可遏地表示：金国强了就欺负我们，弱了就消停点，所以金宋关系根本不在于和还是不和。反正咱们不能老是这么被动，任由他们摆布。

赵昚转过头一听，觉得似乎也很有道理，频频点头。

可你左一个点头，右一个点头，到底打算怎么办呢？难不成要把单选题做成多选题？

这回，赵昚还真来了个多项选择，他一面答应主战派的要求，继续抓紧备战，一面答应主和派的要求，派人到金朝议和。此时，估计赵昚的内心盘算是，如果能谈出一个可以接受的议和条件也好，如果谈不成，就接着打。

然而，战场上都拿不到的东西，怎么可能在谈判桌上白拿呢？

宋朝派去议和的使者叫卢仲贤，临行前，赵昚特地告诫他，宋朝已经占的土地绝不能退还，岁币也应适当减少一些，其他方面你就看情况尽量争取。

从赵昚的嘱咐来看，他已经不再提及恢复"天眷和议"、归还黄河以南土地等要求，仅把领土要求局限于完颜亮南侵时占领的几个州郡。而且，经过符离之战后，宋朝原先抢占的十多个州郡，现在也仅剩下唐、邓、海、泗四个州郡。

所以说，在赵昚看来，他已经为议和做出了极大的让步。

但是，这个大让步，也仅限于赵昚的想法中，完颜雍肯定不会认同。因为金国的要求是彻底恢复"皇统和议"，黄河以南的土地，本来就不在讨论范围呢，你让的哪门子步？

宋使卢仲贤是个懦弱怕死的人，刚到宿州金军兵营，便被仆散忠义一顿恫吓，吓得魂不附体。他根本没为宋朝争取利益，只是唯唯诺诺地表示，有啥要求你们尽管提，我回去一定如实禀报朝廷。

待卢仲贤拿着金国的和议条件回到临安，赵昚打开一看，火了。

金国除了允许将金宋君臣关系改为叔侄关系外，其他条件一点都没让步，还是要求归还唐、邓、海、泗四州之地，而且还限定了回复时间——要求在十一月二十日前答复。

这哪里是和议，简直是最后通牒！

心高气傲的赵昚顿觉自己受到了极大的侮辱，一怒之下将卢仲贤革职下狱，发配外地管制。

金人这么嚣张，还谈什么和议！

赵昚被金人的态度点燃后，彻底倒向了主战派一边。

这样一来，可把主和派官员急坏了。汤思退连忙面见赵昚，表示卢仲贤这家伙确实有辱使命，不过您少安毋躁，咱们可以再派得力官员重新商议和议条件。

可赵昚正在气头上，根本听不进汤思退的话。战争一触即发之际，一个强势人物的出场，再次扭转了政治风向。

太上皇赵构虽然退下来不管事了，但仍对朝政事务具有很大的话语权。这回，他也站出来替汤思退等人说话，劝赵昚还是压压火气，接着再谈谈看。

赵构都发话了，赵昚不能不给面子，只好答应了再派官员赴金和谈。

新任宋朝使节是汤思退的死党王之望，王之望领命后，唯恐夜长梦多，立即动身起程。可他还没越过边境线，便被一纸诏令给叫停了。

原来，主战派听说赵昚再次妥协后，立刻发起了强烈抗议，他们认为王之望是天生软骨头，这回去肯定谈不出好结果来，说不定比卢仲贤还丢人。左相陈康伯更是建议赵昚召回张浚，仔细商讨后再做决定。

赵昚本就不甘心受辱，一听主战派的话，态度又来了个大转弯。他下令王之望一行暂停北上，在边境就地待命，另派由主战派推荐的胡昉，前去金营交涉。

胡昉一到金营，便向仆散忠义传达了赵昚的意见——绝不割让已经占领的四个州郡。

仆散忠义听后，勃然大怒，便以宋朝超期限答复为理由，将胡昉带领的整个使团都扣了起来。

仆散忠义的举动，让赵眘羞愤交加，他一听胡昉被扣，当即派人把王之望叫了回来，并咬牙切齿地表示：

"今后当专致抗战，一心图谋恢复！"

十二月，张浚从前线回到朝中，升任右相兼枢密使，主战派在朝中势力得到大大增强。

张浚见赵眘又转到了主战派一边，顺势提出：要么不搞，要搞就干脆来场更大的，不如请赵眘临幸建康府，御驾亲征，和金人决一死战！

赵眘被张浚一拱火，顿时热血沸腾，当场答应了他的奏请，表示自己将在来年四月动身，亲自到前线支持战局，请大家抓紧备战！

这下，轮到主和派慌了。

汤思退等人迅速开启吹风机模式，长篇累牍地给赵眘讲道理，劝他放弃御驾亲征的想法。赵眘此时还在激动状态，根本听不进汤思退的话。

汤思退见自己说话不管用，又搬出了他们的终极法宝——太上皇。汤思退委婉地提醒赵眘，就算你想亲征，也得先征求一下太上皇的意见。

这回，汤思退的话不但没能让赵眘消火，反而起到了火上浇油的效果。

赵眘听后，大发雷霆，厉声斥责汤思退："金人如此无礼，你们还成天嚷着议和？现在金人的势力已经远不如秦桧专权之时，我看你们真连秦桧都不如！"

汤思退见龙颜大怒，吓得魂飞魄散，忙不迭地低头认错，并表示自己要引咎辞职。

就这样，经过半年的交锋，主战派节节胜利，主和派仓皇败退，抗战的呼声重新成为朝堂主流。

可就在这个节骨眼儿上，事情又反转了。

隆兴二年（1164）正月，胡昉等人从金营回来了。

完颜雍听说仆散忠义扣押了胡昉等人，觉得事情办得不妥。他认为，不管两边朝廷有多大的矛盾，都和使者个人没什么关系，所以命令仆散忠义马上放人，同时还带来了口信：

"有分歧不要紧，咱们可以接着谈嘛。"

金朝的态度刚转向温和，宋朝这边的主和派便又蹦跶起来。

鉴于此前的教训，汤思退开始避开战、和之间的争论，转而集中火力，攻击主战派的旗帜人物张浚。

汤思退不停地唆使同党上奏，一会儿说张浚军事部署不当（名曰备守，守未必备；名曰治兵，兵未必精）；一会儿又说张浚让赵眘亲征建康，纯属馊主意，自己沽名钓誉，却将皇上置于危险当中。

赵眘本因仆散忠义的无礼而一时怒起，现在随着胡昉的回来，怒意又消退了大半。

在汤思退等人的不断唠叨下，刚刚稍有振作的赵眘又陷入了犹豫不定之中。

隆兴和议

隆兴二年正月起，赵昚在汤思退等人的劝说下，态度发生了一百八十度的转变，他决定取消建康之行，并答应和金国重启和谈。

三月，赵昚下令驻守江淮前线的各路大军陆续撤退归营，向金国展示出了满满的和谈诚意。

张浚见赵昚再次倾向主和，心灰意懒地提出了辞职请求。

四月，赵昚解除张浚的右相兼枢密使职务，任命他为少师、保信军节度使，出判福州，不久，又改授他为醴泉观使。

张浚带着无尽的遗憾离开了朝堂，四个月后，这位六十八岁的老臣在余干（今属江西余干县）郁郁而终。

赵昚摒弃了主战派，但和谈仍然进行得不顺利。

因为，金主完颜雍虽然看上去很客气，但对疆土划分等硬条件始终不肯松口，所以，两边磨了小半年，依然无法达成共识。

为了让赵昚彻底服软，完颜雍决定继续在军事上给他施加压力。

八月，仆散忠义再次指挥大军，对宋朝展开攻势。左副元帅纥石烈志宁亲率大军渡过淮河，一连攻取了濠州、庐州、和州、滁州等地，把战火烧到了南宋的淮西地区。

赵昚本来还想在谈判桌上硬气一会儿，无奈他的军队实在不争气，收到前方的败报，他不得不乖乖地被金人牵着鼻子走，再次派出使者前去议和。

到了这个时候，赵昚的自尊已经碎了一地，他开始完全放弃抗战主张，连最关键的割地要求也不再坚持，只是要求使者在双方名分、岁币数额等小事上再争取一下。

赵眘以为自己做了大让步，和谈总该顺利了。没承想，使节刚到金国营地，又被仆散忠义以"国书不符合格式要求"为理由扣了起来。

得势的仆散忠义狂得狠，竟然又增加一个归还商、秦两州的新要求。

商州（今陕西商洛）、秦州（今甘肃天水）位于西北地区，当年吴玠大胜金军的和尚原就在秦州境内。

两州的性质和上面提到的唐、邓、海、泗四州之地差不多，属于金宋的争议地区。当年"皇统和议"达成后，在具体勘定边界的时候，兀术坚持要将这两块地方划归己有，赵构最后还是屈从了兀术的要求，到了完颜亮南侵的时候，川陕宣抚使吴璘又趁势给夺了回来。

如今，谈判的主动权到了金国手中，人家自然死咬"皇统和议"条款，一丝一毫都不肯放手。

赵眘再也不像以前那样容易动怒，得到消息后，他也没生气，给仆散忠义回话表示：商、秦二州你们别再掰扯了，我们也不再提减少岁币的要求，大家各退一步，你看怎么样？

仆散忠义收到赵眘的回话，仍不满足，宣称赵眘诚意不够，再不行，咱们还是拿刀剑说话。

金军说到做到，十一月，宋朝边境烽烟又起，淮东重镇楚州（今江苏淮安）宣告陷落，金国的兵锋已经进逼长江北岸！

面对金国的步步紧逼，赵眘压抑已久的怒火再次被点燃。他开始后悔自己一味听信主和派的意见，导致金人得寸进尺。

赵眘愤怒地表示，自己一再退缩忍让，金人却始终没完没了！如果他们坚持要割取商、秦两地，那只能再举战旗，就算打得亡国灭种，也在所不惜！

随着赵眘战意再起，朝廷风向发生了第五次转向。

当月，赵眘把因病辞官的陈康伯重新召回来朝廷，令其出任左相，升任虞允文为副相兼同签书枢密院事，要求他们迅速组织战备，准备抗击金兵。

与此同时，前几天还比较得宠的主和派官员遭殃了，他们统统被撸掉官帽，贬官外放，成了一堆闲人。

最倒霉的要数汤思退，他一夜之间丢掉了所有官帽和爵位，还被押赴永州（今湖南永州）编管。

金军入侵的消息传来后，临安城内也引发了躁动。城内的太学生效仿此前的陈东、欧阳澈，掀起了大规模的请愿行动，他们联合上书赵眘，大骂汤思退丧权辱国、罪该万死，恳请将汤思退斩首示众。

赵眘接到上书后，倒也没有对汤思退起杀心。可汤思退知道消息后，自己先吓坏了。在赶赴永州途中，他越走越吃力，越走越担心，没过几天，竟然忧惧而死。

诡异的是，就在赵眘刚声嘶力竭地宣称要和金人决一死战后，他很快又软了下来。

道理明摆着，朝廷上的人事调整并不能改变前线的战况。一年多来的政策摇摆，更是让前方军心涣散，现在想要临时抱佛脚，有啥用？

赵眘冷静下来之后，还是打消了和金人兵戎相见的念头。

十一月中旬，赵眘悄悄派出使节，再度赴金营谈判。这回他不再对领土问题做任何坚持，只是继续在名分和岁币数额上做一些象征性的争取，希望以此换取金人的退兵。

仆散忠义秉承完颜雍以战求和的思想，见宋朝在疆界问题上屈从了金国的意见，也不再为难宋使，双方很快就达成了新的协议，概括起来主要有四条：

一、金宋双方的关系，由"君臣之国"变为"叔侄之国"，从此，宋朝皇帝也可以在金国面前自称皇帝了，地位略有提高。

二、宋朝每年向金国交纳岁币四十万。此前"皇统和议"中，宋朝需每年交纳白银二十五万两、绢帛二十五万匹，现在各减少五万，改为白银二十万两、绢帛二十万匹。

三、两朝疆界重新恢复到"皇统和议"时的状态。宋朝归还完颜亮南侵时占领的海、泗、唐、邓、商、秦六州之地，金国则从占领的庐州、和州等地撤兵。

四、双方各自遣归被俘人员。

隆兴二年十二月，宋使回到临安后，赵眘批准了这一议和条款，双方和议宣告完成，史称"隆兴和议"。

如果不考虑完颜亮南侵失败、金国陷入内部大乱等背景，光从和议内容看，宋朝还是在这次和议中争取了一点点利益。对于志高气盛的赵眘而言，自然是心有不甘，而若对比以前，这或许已经是天大的进步。

赵眘即位后的前三年，在一纸"隆兴和议"中匆匆结束。

从此，金宋两朝进入了长达四十余年的和平时期。

第二章 力不从心

除　弊

隆兴和议达成后，赵昚把主要精力转移到了内政治理上。

赵昚从赵构手中接过的江山，说千疮百孔都是委婉的，更准确点说，已经烂得快破产了。

北宋期间的财政状况我们都知道，长期入不敷出，非常惨淡。到了南宋，这个问题更突出了。长年累月的战争使社会生产遭到了严重破坏，庞大的军费开支更是掏空了老赵家的家底。有人做过估算，到了乾道初年，宋朝大约有四十余万军队，每年开支高达八千余万缗，而当时的国库收入是多少呢，也就六千五百余万缗而已。

所以说，光养兵一项，足以让南宋朝廷年年财政赤字。

除了养兵，朝廷的大小机构、各色官员总也要张口吃饭。令人恼火的是，南宋失去了半壁江山，吃皇粮的人却不减反增了！

以在朝京官为例，北宋后期的时候，也不过两千七百余人，可到了赵眘这会儿，已经到了三千多人。除了朝廷正式在编官员外，依附在各个官衙里的小吏数量更为惊人，他们虽然没有职衔，却也是要吃皇粮的。

这么多人是怎么冒出来的？这应当属于赵构甩给赵眘的历史遗留问题。首先，南宋朝廷虽小，但五脏俱全，该有的部府寺监肯定一个都不能省，这是一个基本盘。再者，长年的战争也导致了官吏数量的增加。

金宋交战时期，朝廷为了鼓励将士奋勇作战，针对阵亡将士制定了特殊优待政策，规定凡因作战阵亡的，他的子弟均可蒙恩入仕，如果子弟已经入仕的，则可以适当晋升。这张准予入仕的证明，被称为"付身"，谁领到了这张证明，就等于拿到了候补为官的资格。

这个政策出发点不错，可执行时渐渐就被玩坏了，许多将领大肆舞弊，冒领"付身"，导致"付身"成了人人可得的长期饭票。可朝廷又是用人之际，也没办法细查，你即使想管，也查不清楚。

于是，这些拿着真假"付身"的人成了官吏群体的一大来源。

此外，朝廷多次裁撤军队，那些裁下来的老弱将卒，朝廷也要根据他们军中的官阶来妥善安排，这又成了官吏的一大入口。

如何安置这么多官吏，南宋朝廷也想不出好办法，只能摊派给地方州县。地方州县当时也穷得很，可又不能不执行朝廷的指令，唯一的对策便是，想尽办法搞钱。

地方州县想捞钱，当然只能在百姓身上打主意。

比如常规的夏秋两税，名义上的税额虽无法增加，但变相增收的办法多得很，比如"加耗"。

所谓"加耗"，可以理解为税收行为完成过程中的耗费。比如，粮食储藏过程中的仓耗、鼠雀耗；又比如，粮食运输过程中的水脚钱、脚剩钱。这些交易成本，本来就该包含在正税之内，可还是被各级官吏强行压到了百姓身上。

加耗一开始还只有正税的百分之十左右，后来名目越来越多，金额越来越大，达到了百分之五十，有的甚至和原税额旗鼓相当，相当于用一个名目，搜刮了两遍。

官吏除了可以在税赋的名目、数额上做手脚，在征收过程中也是大有可为。

比如常见的"斛面""斗面"之弊。

这些陌生的词汇意味着什么呢？咱们可以沉浸式地感受一回。

你是一个宋朝的普通农民，辛辛苦苦种了几亩地，好不容易攒下了一点余粮，还没来得及乐呵几天，就被告知官府急着来征税。税额很高，附加的名目很多，幸运的是，你总算是凑够了这个数目，老实巴交地前去交粮。

当你来到交粮的地方时，那里放着一个大大的梯形的木制容器，专门等着你把粮食倒进去。你知道，那个容器叫"斛"，装满这个大容器，代表着你交够了需要交纳的一斛粮。

好吧，交粮吧。你战战兢兢地拎起布袋，往里面倒起了粮食……看着沉甸甸的谷米进入那个无底洞般的容器，你心痛犹如刀割。还好，斛终于满了，你赶紧收起袋口，准备走人。

　　这时候，一个满脸横肉的小吏对你大喝一声："慢着，还没装满呢！"

　　你畏怯地看了看"横肉兄"，又看了看斛。咦，粮食不是已经和斛口齐平了吗？怎么就没装满呢？

　　"横肉兄"也不和你废话，一把夺过你的粮袋，往斛面上继续倒去，直到斛面上堆出了一个高高的塔尖，这才收手。因为，再倒下去，谷米就要洒到容器外了。

　　然后，"横肉兄"粗暴地将干瘪的粮袋扔给你，不耐烦地向你挥了挥手：这才叫满斛，滚吧。

　　你目瞪口呆地看着这一幕，又气又心疼，只能默默地捡起地上的几粒谷米，沮丧地离开。

　　你还没走远，"横肉兄"早就拿来另一个袋子，将斛面上那个"小塔尖"潇洒地推了进去……

　　现在，你该知道"斛面"是个什么玩意儿了吧？"斗面"也差不多，无非换了种容器而已。

　　这个时候，你可能会想，如果交税不用谷米，改收现钱该多好，这样就没"斛面""斗面"这类猫腻了。那我要告诉你，你可千万别这么想，变来变去，你只会被坑得更惨！

　　试想，这"斛面""斗面"，早就成了官府的一项固定收入，人家可能连怎么开支都想好了，难道会因为你的改交现钱就取消？

　　要知道，官府之所以能在你头上变着法子刮钱，背后的原因只有一个，那就是他们享受着没有制约的权力（或者说制约极少），只要这个不变，那么你这个冤大头就得当下去。

权力导致腐败，绝对的权力导致绝对的腐败。

——阿克顿《自由与权力》

话说回来，官府会不会允许折收现钱呢？

答：有时候允许。

准确地说，到了丰收的时候，官府会要求你必须将粮食折成现钱，才能完成纳税，因为那个时候粮贱钱贵嘛！

这种收税方法，称为"折变"。

比如，有一年，福建丰收，米价跌到每石三千钱，但官府却按照平时每石八千钱的标准折收现钱。如此一来，农民丰收所带来的成果完全落入了官府口袋。

交税过程中猫腻实在太多，而且又无成法可依，所以很多人就想办法和官府攀关系，希望能够减少点"交易成本"。久而久之，居然催生了一种叫作"揽户"的营生。

"揽户"就是专门替人办理交税手续的人，你若是害怕被官吏刁难，可以让他代劳。只要"揽户"出面，你便可以避免被额外敲诈。

当然，"揽户"也不是善男信女，替你干活，总要收点手续费。

这种空手套白狼的好工作可不是谁都能轮到的，一般来说，只有官吏的亲朋好友，才能轮到这种肥差。

以上我说的还只是针对农民的夏秋两税，其他工匠、商人难道就能全身而退？想想也不可能。

商税、酒税、盐税……只要你在干活，就得交税。哦，说漏了，其实还有针对普罗大众的身丁税。

那我钻进寺庙做和尚、尼姑，总可以免税了吧？

没关系，咱们这里还有一项为你专属定制的税种——僧道免丁钱。

听到这里，有些正义感爆棚的朋友可能会质问，在南宋，难道非得承担如此繁重的税负，才能生活下去吗？

你也不要激动，答案是否定的，因为我刚才说的还局限在正税范畴，我还没说其他苛捐杂税呢。

比如经制钱、总制钱、月桩钱、版帐钱、两川激赏绢等等，你听过的，没听过的，数不胜数，这些名目，有些是北宋末年沿袭下来的，有些是南宋建立后独创的，它们都成了压在百姓身上的一笔笔沉重负担。

可以想象，都搞成这样了，宋朝土地上，还会缺几个陈胜、吴广吗？

这些弊病，战乱的时候没办法改，"天眷和议"达成后，赵构、秦桧没心思改，所以事情最后摊到了赵昚身上。

赵昚接过这本烂账后，没有选择"躺平"，上任后亲自主导了一系列改革，官制、财政、土地、赈灾、水利、盐政、纸币，无所不包。至于具体举措有多大的开创性，倒也谈不上，主要还是裁汰冗官、惩治贪腐、重视农耕之类。要说从根本上解决问题，那肯定也是一个奢望。

然而，他终归是尽心尽力去做了，比如减少恩荫数量，总能让朝廷少养几个吃闲饭的家伙；再比如考核官吏、督促赈灾、财用审核、减轻税负等措施，能执行到什么程度不说，总比放任官员胡来好得多。

赵昚被公认最值得称道的举措，要数兴建水利设施。他根据江南地区的实际状况，鼓励官员大修沟渠、陂塘、堤坝，发动民众围海、填泽，一面增强农田的抗灾能力，一面又新开垦出了大量的涂田、圩田，使许多原来的荒泽变成了盛产粮食的膏腴之地。

经过一段时间的治理，南宋终于在赵昚的手中慢慢恢复了生机，财政赤字、民变蜂起的状况逐渐得到改善，社会稳定、生产发展、文化繁荣的景象再次呈现。后人更是把赵昚乾道、淳熙年间的治理，称为"乾淳之治"。

在历史上，很多人都视赵昚为南宋最有作为的一个皇帝。这个提法，都缘于他结束南宋初期乱象所做的业绩，可在赵昚的心里，他做这一切，绝不是仅仅为了结束乱象、稳定统治而已。

他心心念念的事情，还是未竟的恢复大业。

受书礼

赵昚接受"隆兴和议"实属迫不得已，他在打理内政的同时，一心想着有机会再找金国算账。

到了乾道五年（1169），南宋的国力日渐恢复，而此时金国那边却传来了连年灾荒、社会动荡的消息。赵昚听后，内心又开始蠢蠢欲动。

当年六月，赵昚将主战派领袖虞允文召回朝廷。之后任命他为右相兼枢密使，全面执掌军务。经过符离之败的教训后，赵昚已经不像刚即位时那般急躁冒进。这回，他没有着急上火地喊打喊杀，而是先老老实实地开展了准备工作。

赵昚接连下诏，要求两淮地区加强军备，并重修庐州、和州、襄阳、楚州等具有战略意义的大城池。

随着军备行动的开展，"隆兴和议"后沉寂了四年的主战呼声再次兴起，南宋的政治风向标又一次发生转动。

在采取行动前，赵昚决定借着"受书礼"的话题和金国交交手。

所谓"受书礼"，是指两国在外交活动中，接受对方外交文书的礼仪。这虽说是个虚头巴脑的事情，讲起来却也复杂。

先说文书的称谓，就很有讲究。北宋刚和金国建立联系时，双方关系平等，大家的外交文书都称为"国书"。待"天眷和议"达成后，两国成了君臣关系，这下，宋朝递给金国的文书就不能再称为"国书"了，而只能谦称为"表"。反之，金国给宋朝的文书则成了君主对臣下的"诏书"。

称呼不一样了，礼节肯定也不同。以前互送"国书"的时候，宋朝都是由阁门使（执掌礼仪的官员）接受金国文书，然后再转交给皇帝。

后来金宋变成了君臣关系，改由金朝使者捧着一个装有"诏书"的匣子入殿，走到宋朝皇帝坐榻前，交付"诏书"。而宋朝皇帝则要从座榻上站起来，恭恭敬敬地接受"诏书"。

接着，宋朝皇帝要把书匣交给内侍，再由内侍打开书匣，取出

"国书"后交给宰相，最后由宰相当众宣读。

"隆兴和议"后，双方的君臣关系变成叔侄关系，这样一来，宋朝终于不用向金国"奉表"了，改成了看上去比较平等的"国书"。可是，文书名称改过来了，那套不平等的礼仪却仍然保留着，这让赵昚非常不爽。

按照赵昚的理解，文书称谓和礼仪属于一个完整的体系，既然咱们关系平等了，就得统统改过来，这是理所当然的事情。

可金国君臣却不这么认为：我是答应你改变两国关系了，可和议条款里没说要把接受文书的礼数改过来啊，谁让你当时不提呢？

赵昚既后悔自己当时没多留一个心眼，又怨恨金国欺负人，在意识到这个问题后，多次派人与金国交涉，但都被金国给拒绝了。现在他要揪住这个问题，试探一下金国的态度。

乾道五年，赵昚决定遣使赴金，提出更改"受书礼"的要求。

这次出使非比寻常，事前赵昚向虞允文咨询出使人选。虞允文给出了两个人选供他选择。

要说宋朝真是缺啥都不会缺文豪，虞允文没有料到，他这么随手一点，就点到了两位重量级文人。

第一个人，李焘。

李焘，字仁甫，眉州丹棱（今四川丹棱县）人，宋朝历史上仅次于司马光的历史学家、目录学家。他一生著述丰富，最著名的作品便是《续资治通鉴长编》。

《续资治通鉴长编》记录了从宋太祖赵匡胤建隆元年（960）至宋钦宗赵桓靖康年间，北宋九朝一百六十八年的历史。全书共有九百八十卷，卷帙浩繁，规模宏大，所包含的史料极其详细，是后人研究北宋历史的最权威资料。咱们此前所讲的历史，很多便是取自此书。

喜欢宋史的人都有感觉，两宋三百一十七年，北宋、南宋几乎时长相等，但北宋的故事却远远比南宋丰富，其中一个重要原因，便是记载南宋历史的史料相对缺乏。尤其过了高宗赵构朝后，更是少得可怜。之所以会出现这种情况，很重要的一个原因，便是南宋之后，少了一位李焘式的人物。

李焘处处以司马光为楷模，他记录的历史，在时间上和司马光的《资治通鉴》无缝衔接，在体例和编写方法上，也是处处沿袭。因司马光在成书前曾先辑录有关资料，依次排列，并附考订，成为"长编"作为成书的基础，李焘自谦不敢与前辈相提并论，所以最终将自己的书定名成了《续资治通鉴长编》。

值得一提的是，司马光撰写"通鉴"时得到了官方支持，而李焘则是全凭一己之力。所以，《续资治通鉴长编》的头上，还有一个了不起的光环——中国古代私家著述中卷帙最大的断代编年史！

令人遗憾的是，这套宝贵的历史书，在漫长的岁月洗礼中已经多有缺失。现在的残本还是后人从《永乐大典》中辑录而出，可还有相当大一部分永远缺失，原来的九百八十卷，缩水成了现在的五百二十卷，诚为可惜。

《续资治通鉴长编》前后耗费了李焘近四十年时间，几乎贯穿了他的一生。而他这种不厌繁难、不惧艰辛的努力，并不会给他带来任何回报，能够支撑他坚持下来的，只能是心中的信念和对历史的敬意。

李焘素以学识渊博、精通历史著称，被虞允文推荐给赵昚时，他正担任着秘书少监兼权起居舍人一职。

很可惜，历史学家李焘在演绎自己的历史时并不那么完美。他听说要派自己出使金朝，还要交涉一件很可能惹恼金人的事情，心里有点发虚，急忙找到虞允文，发起了牢骚："这次前去改约，金人肯定不会答应，如果金人不答应，我作为使节只能以死相争，丞相您推荐我，岂不是等于要杀我？"

李焘的表现让赵昚和虞允文都很恼火，立刻把他赶出了朝廷，外放到了湖北。

当然，李焘在"受书礼"上的表现，并不能否定他在历史学上的杰出贡献。咱们论事，还是一码归一码。

在此，我们还是为这位伟大的历史学家鼓掌致意吧！

李焘的名声主要集中在历史学领域，知名度相对不那么广。而接下来的一位，则是妇孺皆知了。

因为他的作品出现在了所有人都绕不开的一本书里——语文课本。

下面，有请二号人选：范成大。

靖康元年（1126）六月，范成大出生于吴县（今江苏苏州市郊）的一户官宦人家。他幼年聪慧，虽生长于战乱年代，却仍苦学不辍，十多岁便作得一手好诗文。

绍兴十四年（1144），范成大只身来到家乡附近的一座寺庙内攻读，这样枯燥的求学生活，他足足坚持了十年。为此，他还取唐朝诗人贾岛的名句"只在此山中"之语，给自己取了个"此山居士"的号。

绍兴二十四年（1154），范成大学成出山，参加科举考试，荣登进士榜。进入仕途后，他一直待在编修官、检讨官一类的文字岗位上，累官至礼部员外郎、崇政殿说书。

当赵昚咨询范成大的意见时，范成大的表现和李焘大不相同，没有半点犹豫，当即就答应了下来。

赵昚很惊讶，眼前这位看起来弱不禁风的书生，居然有如此胆略，对他很是赞赏。

临近出发前，赵昚再次召见范成大，并故意问道："我看你气宇不凡，所以亲自选定由你出任使节，可我听说外面对此事议论纷纷，使团的其他随行人员还都有点胆怯，有这回事吗？"

范成大听了赵昚的话，知道皇上怕自己反悔，便想再次表明态度，可还没等他回话，赵昚又说道："我这次只是派你去争'受书礼'，并没想要和金国毁约开战，你应该不会有什么生命危险。但是，惹怒了金人，被长期扣押起来，啮雪餐毡的可能性还是存在的。这种情况，我必须提前向你说明，如果现在不说，那就是我有负于你了。"

其实，赵昚口中所说的危险，范成大何尝没考虑过，和平时期的出使尚且会碰到一些突发情况，更何况现在是去为朝廷争利益。

不过，范成大并没有退缩，对于赵昚的担心，他给出了一番掷地有声的回答：

"臣这次带着变更'受书礼'的使命出使金国,确实可能会被金人视为挑衅,臣或许会被扣押,也有可能惨遭杀戮,但臣已有所预料。臣临行前已经把家里的事务安排妥当,做好了一去不复返的准备!"

赵昚听后,不禁为之动容。

乾道六年(1170)闰五月,范成大头顶资政殿大学士、左太中大夫、醴泉观使兼侍读、丹阳郡开国公的头衔,带团出使金朝。

范成大

范成大在出使途中一直在思考一个问题,究竟该如何向金人提出更改"受书礼"的请求。

原来,按照惯例,宋金两国缔结和约后,两国之间除了礼节性的交往,一国想要出使交涉特定事宜,都需要事先通报交涉内容,然后再正式派出使节。待使节抵达后,接待方有权先查阅相关国书,然后才视情况决定是否允许使节进呈国书。如果你不按套路出牌,就会被看作不尊重对方的挑衅行为。

而范成大这次出使,虽然主要目的指向"受书礼",但明面上的理由却是另一个——请求归还陵寝之地。

自从北宋丢掉中原后,开封府以及埋在那里的几位赵家皇帝的陵寝都成为了敌占区,导致赵昚想祭拜自己的祖宗都没办法。可祭拜祖宗是天大的事情,所以赵昚觉得提出要回陵寝之地,情理上说得过去。

至于"受书礼"的问题,赵昚并没有派人提前通报,而是让范成大在交往过程中口头提出。探究赵眘的本意，估计是怕正式提出"受书礼"引起金人的强烈抵触，还是先探探口风比较好。

范成大自接受使命开始，便做好了最坏的打算，所以，他暗自做出了一个十分冒险的决定。

抵达金国燕京（今北京）后，一入驿馆，范成大便把自己关进了房间里。他在案前正襟危坐，开始起草关于"受书礼"的文书。

对于才华横溢的范成大来说，这是他一生中写过的最艰难的一篇文章，艰难不在于它的遣词造句，也不在于它的声韵对仗。

此时，要写就这篇文章，需要的不再是智慧和文才，而是勇气和决心。

范成大也清楚，如果他在非正式场合提出更改"受书礼"的要求，效果将大打折扣，最后恐怕只会引来金人的几句戏谑和嘲弄而已。所以，他决定在递交国书的时候，以奏疏的形式提出来。

可这样一来，范成大就将所有的不利后果都揽到了自己一个人身上，他所面临的危险，会成倍放大。

范成大以视死如归的精神完成了书札，小心翼翼地将它放进袖子里，就等着完颜雍召见的那一天。

图穷匕见的时刻很快到了，那一天，完颜雍临朝，傲慢威武的金国文臣武将侍立两旁，每个人都轻蔑地看着这位看似弱不禁风的宋朝使臣，眼神里透着几分威胁和敌意。范成大并不在意这些，他很清楚，这也是外交场合的惯例，金人总喜欢在外使到来时故意制造这种并不友善的氛围，好让己方在气势上先压人一头。

金国礼官高声宣范成大上殿。

范成大昂首阔步走入殿内，先是呈上备好的国书，并不卑不亢地解释了宋朝要求归还赵家陵寝之地的理由。完颜雍平静地听完了范成大的解释，刚想开口答复，却未料范成大已经"扑通"一声，双膝跪地。

范成大跪地向前几步，昂起头，与完颜雍四目相对，朗声说道："金宋两国，已从君臣关系，变成了叔侄关系，但'受书礼'却一直未变。我有一份奏疏在此敬呈。"

说完，范成大从袖中取出了书札，递了上去。

范成大的突然袭击，让完颜雍和在场的金国群臣大吃一惊。

想改"受书礼"？

就凭你一个小小的宋朝使节？

这个书呆子莫不是吃了豹子胆！

完颜雍愣了下，随后勃然大怒，厉声斥责道："大金朝堂上岂是你擅自献书的地方？我从来没见过一个使臣，胆敢如此放肆！"

完颜雍命范成大收起书札，马上闭嘴。

范成大并未因为完颜雍的暴怒而退缩："如果我没有呈上这份奏疏，回去后必死无疑，与其有辱君命而死，不如就死在这里！"

范成大的语气依旧从容不迫，声调不高，却沉稳有力。

完颜雍见惯了那些唯唯诺诺，连正眼都不敢瞧自己一眼的宋使，现在看到范成大居然敢顶撞自己，顿时怒不可遏。他气得从御座上拍案而起，命令左右侍卫将范成大强行带离大殿。

面对凶狠的金人，范成大拿出了搏命的架势，他竭力挣脱侍卫的拉扯，誓死不肯离开，坚决要求完颜雍收下自己的书札。

这个时候，金国的殿上乱成一团，有些金朝大臣赶过来拖拽范成大，更多的是大骂范成大无礼，要求完颜雍马上将这个不知好歹的家伙拉出去斩首。

完颜雍见自己的朝堂被范成大搅成了菜市场，不得不同意暂时收下书札，范成大这才拜谢退出殿外。

范成大的举动彻底激怒了金国君臣，可回到驿馆的他，反而感到无比坦然。虽然前途凶多吉少，但毕竟完成了自己的使命，他对得起朝廷的信任，也实践了对赵眘的承诺，已经再无遗憾。剩下的就全部交给命运来抉择吧，想到这里，范成大竟然来了诗兴，当即研墨挥毫，赋诗一首。

会同馆

> 万里孤臣致命秋，此身何止一沤浮。
>
> 提携汉节同生死，休问羝（dī）羊解乳不。

当年，汉朝苏武出使匈奴被囚禁，匈奴人声称除非羝羊（公羊）产出小羊才把他放归。范成大以诗明志，做好了成为宋朝苏武的准备。那一晚，反而成了他出使以来睡得最踏实的一晚。

范成大坦然等待着金国的处置，而令人意外的是，他所预想的结局并没有发生。

完颜雍没有对他施加任何惩戒，反而大度地命人放他归国！

后来，范成大才知道，挽救他的不是别人，正是他自己，准确地说，是他身上的那股忠诚不屈的气概。

金国人生性粗犷，但是面对刚直有气节的人，又会给予别样的尊重，哪怕他是自己的敌人，也不例外。

完颜雍暴怒过后，也对这位誓死不辱君命的宋臣心怀敬意，最后，他力排众议，下令放范成大回国。范成大由此躲过一劫。

乾道六年九月，范成大安然无恙地回到了临安。

回来后，范成大在金国的表现立刻不胫而走，赵昚对范成大更加赞赏信任，决定对其予以重用。

不久，范成大被任命为中书舍人，不到一年，又马上转任广西经略安抚使、静江（今广西桂林）知府，成为一位地方大员。

淳熙二年（1175），范成大升任四川制置使、成都知府。四川对于宋朝的重要性，已无须我们再加赘述，可以说，从那一刻起，范成大已经成为宋朝首屈一指的地方重臣。在那里，他结识了另一名伟大的诗人陆游，两人从此成为莫逆之交。

又三年后，范成大回朝出任副相，成为宰执班子的一员，达到了他仕途的顶点。

淳熙十年（1183），五十八岁的范成大多次请求致仕，朝廷允许他做了个闲官。

从官场退下来后，范成大在苏州石湖度过了将近十年的休闲岁月。

没有了政务缠身，他终于可以全身心地投入到钟爱的诗词创作之中。那段时间，也成了范成大文学佳作的高产时段。

淳熙十三年（1186），范成大写下了他最广为人知的作品——《四时田园杂兴》。

《四时田园杂兴》是范成大走出朝堂，回归质朴农村生活后所写的长篇组诗，分为"春日""晚春""夏日""秋日""冬日"五组，每组十二首，共计六十首。

在《四时田园杂兴》中，范成大用诗人的眼光记录了宋朝农村的春、夏、秋、冬和农民的辛劳生活。诗中，田头的农人、纺织的村妇、玩耍的儿童都成了鲜活的主角，桑叶、春蚕、蛙声、橘园、炊烟、机杼……那些昔日士大夫诗文里的稀客纷纷成了他笔下的主角。

"昼出耘田夜绩麻，村庄儿女各当家""梅子金黄杏子肥，麦花雪白菜花稀"，脍炙人口的诗句从他的书斋里缓缓流出，流经田野、山岗，流过杏林、桃园，汇入中华文脉，它们一直流淌了一千年，至今涓流不息。

范成大用自己灵动的笔触，燃起了人间烟火。他自己都没有想到，身后还会获得一个"田园诗人"的称号。

淳熙十五年（1188），六十三岁的范成大再次被朝廷征召起用，他虽多次请辞，却均未获得允许，自此辗转福州（今福建福州）、太平州（今安徽当涂县）等地。

绍熙三年（1192）六月，范成大再次获准辞官回乡，而此时，他已重病在身。

回到家乡后，范成大开始在病中整理自己的诗文，编撰完成后，又托好友杨万里为自己的文集作了序。

绍熙四年（1193）九月，大诗人范成大在家乡与世长辞，年六十八。

人才凋零

范成大没有辱没自己的使命，可两国之间的较量毕竟还是以实力为基础，完颜雍最终还是回绝了宋朝的所有请求。

赵昚并不甘心就范，就在范成大回朝的两个月后，他借着遣使祝贺完颜雍生日的机会，旧事重提，坚持索要赵家陵寝之地和更改"受书礼"。

很多金国大臣见宋使又跑过来喋喋不休，便嚷着要和宋朝开战。

完颜雍不愧是金国最杰出的政治家之一，面对宋使的反复纠缠，不急不躁地做出了回应："你们放着钦宗的梓宫不闻不问，却一天到晚吵着索要河南的赵家陵寝，这算怎么回事？如果你们不想要回钦宗的灵梓，我替你们好生安葬就是了。至于那个'受书礼'，几年来你们一直没异议，现在却突然要更改，信义又在哪里？"

乍一听，完颜雍的回答也有道理：你们宋朝人总是"孝"字不离口，可钦宗的梓宫都冷了快十年了，怎么就只字不提？分明索要陵寝是假，想白讹土地是真嘛。"受书礼"是和约议定的，你们为什么不早说，现在出尔反尔，不是违背了你们最看重的"信义"二字？

都说金国人长于征战，疏于文辞，可金国经过几十年的被同化，很多上层贵族已经熟谙中华文化，能够在儒家理论体系内和汉族官僚进行对话，并且找到对自己有利的解释，完颜雍便是其中之一。

最后，完颜雍还故作大度地表示，索取陵寝之地就别想了，你们真想尽孝道，派人来把赵家陵寝迁走就是了，咱们也会积极配合。

显然，完颜雍的回答让熟读经典的宋使哑口无言，不知从何反驳。

在接下来的两年里，赵昚又数次遣使赴金，不停唠叨改变"受书礼"的事情，完颜雍态度始终如一，不管你怎么吵，咱们就是不答应。

赵昚倒也非常执着，见事情商量不下来，就想单方面采取行动，逼迫金国就范。

乾道九年（1173），金国依例要遣使祝贺宋朝新年。临行前，完颜雍料定宋朝又会在"受书礼"的事情上搞摩擦，便对使臣面授机宜："宋人若不遵守约定的'受书礼'，你就不要交付国书。如果他们因此拒绝你入见，你就把国书再带回来。如果他们强行夺走国书，你就拒绝赴宴，他们的回书和礼物统统拒绝接受！"

十二月，金使来到临安。果然，他很快得到了宋朝方面的照会，表示这次宋朝皇帝将不再亲自接受国书，将改为由太子代劳。

金使一听，当然不肯答应：皇帝受书就是皇帝受书，谁来代替都不行！

赵昚态度强硬：你不给，我还不稀罕呢，拒绝接受！

两边都想对方先服软，因此僵在了那里。

这么一直僵着，也不是个事啊。

关键时刻，太上皇赵构出面打圆场了。他听到消息后，跑来劝赵昚别那么固执，还是按照原来的礼仪接受国书就是了，不就拿张破纸嘛，多大个事呢。

赵昚对太上皇赵构向来恭敬尊重，可这回涉及面子问题，竟然连赵构的面子也不顾了，还是不肯低头。

眼见僵持不出一个结果来，赵昚搬出了自己的第二套方案——强取！

他命人跑到驿馆里强行取走了金朝的国书，同时又拿出重金贿赂金国使节，希望以此造成既成事实。

要说这种法子也亏赵昚想得出，他是希望一顿操作，把生米煮成熟饭，然后指望收了好处的金使回去哭哭啼啼地告诉完颜雍：老大，你看，不是我丧权辱国，是他们用强啊，既然已经这样了，要不咱就算了？

很可惜，赵昚这套入室抢劫加行贿的做法并没有起到效果，金使回去后，还是把情况一五一十地汇报给了完颜雍。

完颜雍听说赵昚的操作后，哭笑不得。他身边的好战分子却坐不住了，觉得宋朝这么做就是恶意挑衅，再不揍他们一顿，将来指不定再干出什么出格的事情。

好在完颜雍并没有头脑发热，他还是认为万不得已，能不开战绝不开战。他决定再次派使赶赴宋朝，摸摸情况再做决定。

淳熙元年（1174），完颜雍派出专使，赴南宋了解"强行夺取国书"的事情。在递交给赵昚的书信中，完颜雍柔中带刚地质问：你们这么做显然不符合礼仪，究竟是怎么回事？现在专门派人来询问情况，希望能如实告诉我（往问其详，宜以诚报）。

金使抵达临安后，得到赵昚召见。

此前冷酷到底的赵昚一反常态，竟然不再坚持更改"受书礼"的要求。

他之所以再次服软，全因朝廷内发生了一场大变故。

重臣虞允文去世！

赵昚在外交上和金国有摩擦的时候，从来都没放弃过军事上的准备。我们再三说了，那份"隆兴和议"，在赵昚心中，始终是权宜之计，在他的规划里，迟早有一天，还要和金国来一场战略决战。到那时，别说小小的"受书礼"，河南河北，幽云故土，统统都要收回来！

因此，赵昚对军队训练、城防修葺、战器储备等事情都格外关心，乃至多次亲自检阅军队。可是，到了乾道年间，赵昚的北伐计划遇到了一个非常现实的难题。

国无良将。

关于南宋的北伐行动，有人曾做过一个非常经典的点评：高宗赵构之时，是有北伐之将，却无北伐之君；孝宗赵昚之时，是有北伐之君，却无北伐之将。

这句话可谓一针见血。

前面也说过了，待到赵昚即位的时候，那些初期的抗金将领大都已经过世，以至于原本不入流的李显忠、邵宏渊都被推到了一线。

　　而到了乾道时期，赵昚的境况就更惨了，他接连收到了几位朝廷重臣去世的消息。

　　乾道元年（1165），陈康伯去世。

　　乾道二年（1166），杨沂中去世。

　　乾道三年（1167），吴璘去世。

　　杨沂中虽不算什么名将，可好歹是见过世面的人，而陈康伯、吴璘的去世则是对赵昚的重大打击。陈康伯是抗战派元老级人物，吴璘则是镇守西北的宿将。他们一走，赵昚身边，只剩下了一个孤零零的虞允文。

　　乾道八年（1172）二月，赵昚升任虞允文为左相兼枢密使，命其全权负责北伐事宜。

　　在研究北伐具体方略的时候，虞允文和赵昚吸取隆兴北伐的教训，决定重新选择攻击突破口。以往宋朝用兵，大都从江淮地区发兵，那里不但粮草运输便利，还可发挥宋朝的水军优势。

　　但是这种策略也有明显的弱点。因为金国实行着"占中原以窥天下"的布局，他们在河南腹地布置了强大的机动兵团，一有风吹草动便可四处驰援。从河南到两淮，交通十分便利，金军的骑兵说到就到。因此，宋朝初战告捷后总是停顿不前，隆兴北伐是这样，此前韩世忠的几次进攻也是如此。

　　为了不重蹈覆辙，赵昚和虞允文决定把用兵重点转移到西线，即四川一带。

　　从四川发兵最大的好处是风险较小，因为那里的宋军占有蜀地天然的地形优势，一旦出兵不利，退回来防守也绰绰有余，不至于把老本赔进去。而且，金人在西北一带布置的兵力较少，如果宋军行动迅速，完全可能打他们个措手不及。再者，川陕地区的宋军战斗力相对较强，胜算总归大点。

经过一番筹划，赵昚最后拍板决定：从四川发兵，先取陕西，再入河东（今山西），然后直指中原，待战事一起，再从江淮地区发兵遥相呼应，两路大军协同作战，与金军再决雌雄！

最后，赵昚给自己先定了个小目标——收复黄河以南地区。

至于后面的事情，看情况再说吧。

赵昚下定决心后一度处于十分亢奋的状态，他仿佛看到了自己大军出发后的壮阔场面：金军全线溃败，北方民众群起响应，大宋江山终于重归一统，中兴大业近在眼前……

可要画好这张蓝图，赵昚首先得解决一个人选问题。

既然决定从四川发兵，那么派谁去完成北伐大业呢？如果吴璘还在，那他自然是不二人选，可现在他已经走了五年，还有谁能担此重任？

赵昚思前想后，发现可以托付大事的人，只剩下一个虞允文。

可虞允文还要留在身边，辅佐自己统筹谋划呢，这一人不能劈成两半用啊。

经过一番痛苦的衡量后，赵昚最终还是决定派虞允文去四川，朝廷的事情就只能自己多费点心力了。

乾道八年九月，虞允文在出任左相半年之后，改任四川宣抚使，前往蜀地筹措北伐事宜。

为了表示对虞允文的信任和恩宠，赵昚特地额外加拨一百万贯钱财，用以资助军费。临行前，赵昚又在宫中大摆宴席，为他举行了极其隆重的欢送仪式。

欢送宴席上，赵昚亲率朝中文武百官为虞允文饯行，并频频亲自斟酒相劝，甚至还吟诗填词以抒情怀，颇有点易水送别的味道。

此时的赵昚，可谓踌躇满志，他对虞允文表示，到四川尽管放手干，江淮方面由自己直接负责，届时两地同时起兵，会师中原。

说到激动处，赵昚更是动情地对虞允文表示："如果你在川陕出兵，而我却犹豫不动，那就是我有负于你；如果我在江淮举兵，你却按兵不动，那就是你有负于我！"

虞允文来到四川后，立即投入到北伐筹备工作之中，赵昚则在临安满怀期待地等待着蜀地的消息。

可是，天不遂人愿，蜀地并没有传来虞允文决定起兵的消息，反而送来了一个惊天噩耗。

淳熙元年二月，六十四岁的虞允文积劳成疾，因病去世。

消息传来，赵昚顿感天旋地转，悲痛得连饭都吃不下。

虞允文的去世，给赵昚的雄心壮志兜头浇了一桶冷水，他的北伐计划不得不再次搁浅。

此时回望朝廷，赵昚悲哀地发现，昔日的抗战派，无论文官武将早已凋零殆尽。那些跟随赵构南逃的官员或已过世，或已进入垂暮之年。而那些新生代官员，则纷纷安家置业，他们已然适应了江南的小桥流水、花红柳绿，不想再有人打扰他们安逸的生活。

"山外青山楼外楼，西湖歌舞几时休？暖风熏得游人醉，直把杭州作汴州。"

岁月磨掉了大多数宋朝官员的心气，所谓的靖康之耻，似乎成了他们无关痛痒的一段回忆。

赵昚面对官员集体"躺平"的现状，也曾不无感慨地悲叹："士大夫若是自家的田地被人占据，想尽办法也要告状要回来，打理起家事来个个精明得很，可一遇到国事，就好像什么都无所谓了。这算哪门子事！"

时间确实能够医治伤痛，如果不能医治，有些人就会选择麻醉，只可怜了那些天性敏感的人，默默承受着独醒之痛。

赵昚是一个有理想的君主，但面对满朝溺于苟安的现状，他也只能选择自我麻醉，尽管自己贵为皇帝。

完颜雍遣使来质问国书被夺一事时，正值虞允文去世后的两个月。

这回，赵昚仿佛一夜之间忘却了"受书礼"的争议，不但遵照旧礼，亲自起立接受国书，而且在回复完颜雍的国书中，对夺书一事表达了歉意。

完颜雍自然顺势下台阶，表示不愉快的经历已经过去了，以后咱们和平相处就是……

赵昚也很识趣，他随后下令撤销了四川宣抚使、淮南安抚使等带有军事防备性质的官署，并同意在金宋边境增设榷场（宋、金各在边境所设的互市市场）。从此，金宋双方进入了长期的和平状态。

在一片"和平"中，赵昚获得了久违的轻松感，可没了理想和信念后，又顿觉失落和空虚，对政事的关心也大不如前。

此时的赵昚，甚至萌生了退享宽闲的想法。

第三章 太上皇 3.0

东 宫

宋朝历史上，有一个很奇怪的现象，那便是太上皇特别多。

照理说，太上皇应该是一个非常稀罕的物种。因为，皇帝这份工作向来是终身制，不干到自然死亡就没有休息一说。历史上的太上皇，要么儿子是开国之君［比如刘邦的父亲刘煓（tuān）］，要么是被儿子强行安排下岗了（比如唐高祖李渊、唐玄宗李隆基），当然，也有极个别自愿退休的（比如清乾隆皇帝）。

可宋朝非常独特，自从宋徽宗赵佶开了头以后，这种操作开始变得稀松平常。这不，赵构坐腻了皇位，便把摊子甩给了赵昚。如今，赵昚也有点腻，想步赵构的后尘。

可是赵眘的想法目前只能停留在空想阶段，因为有一个很现实的情况摆在他面前——太上皇赵构还活着。

如果赵眘变成了太上皇，那赵构又该叫什么呢？恐怕到时候礼官们只能翻破典籍想名称。历史上唯一类似的情况出现在南北朝时期，齐后主高纬在国家快崩盘的时候把皇位传给了七岁的太子高恒，后来想想不成，又让儿子把皇位丢给了丞相高湝，自己变成了史无前例的"无上皇"。可高纬的无上皇也就干了三天，便兵败被杀了。

这么不吉利的名号，怎能丢给老爹赵构呢？

所以，淳熙年间的赵眘属于有退位想法，但没操作空间。

话说回来，赵眘虽然没办法提前办理离职手续，准备工作总可以干起来。

赵眘共育有四子二女，其中四子一女均是原配夫人郭氏所生。郭氏是赵眘当普安郡王时的夫人，于绍兴三十一年（1161）过世，赵眘即位后，把她追封为皇后。

赵眘的子女中，四子赵恪和两个女儿都幼年夭折，长大成人的共有三子，分别是长子邓王赵愭（qí）、次子庆王赵恺、三子恭王赵惇。

如此看来，在继承人的选择上，赵眘要比赵构宽裕得多。

一开始，赵眘考虑到自己是以养子入继大统，一上位就确立皇储，会让太上皇赵构心里不舒服，所以并没有急着立太子。直到乾道元年发生了一件小事，才促使他改变主意。

乾道元年六月，邓王府传出喜讯，邓王赵愭夫人钱氏诞下了一个皇孙，王府立即把此事报给了赵眘和宗正寺。

赵眘收到消息后，自然非常高兴，可紧接着传来的一个消息，却让他皱起了眉头。

消息是恭王府送来的，说恭王赵惇的夫人李氏也诞下了一个皇孙。几天内有了两个孙子，照理说是件好事，问题在于恭王府还告诉赵眘，他们的皇孙其实早在一个多月前就出生了，只是没有及时报告而已。

依常理推测，恭王府估计是太大意，没料到邓王府也有新生儿待产，所以才把申报的事情给拖了下来，直到听说邓王府申报了，才回过神来赶紧补报。

这事情如果落到普通家庭，那也就是个新生儿登记早晚问题，啥影响都没有，可到了皇室就有讲究了。

因为，皇室成员身份可不一般，那是可能影响今后待遇的大事情。这就好比一个单位里面的论资排辈，必须分得清清楚楚，万一影响了今后的评职称、分房子可咋办？

所以，按规矩，皇室成员添丁了，就得向宗正寺主动申报，谁申报在前，谁的排位就靠前。具体落实到邓王府和恭王府身上，还牵涉到谁是嫡长孙的关键问题。

邓王府坚持自己第一个报告，理该得到嫡长孙的名分。

恭王府却不干了，孩子当然是应该谁先出生，谁排第一，虽然自己晚报了，但你不能罔顾事实啊！

于是，就因为这么一件小事，双方争得面红耳赤，谁都不肯相让。很快，这个嫡长孙之争波及朝堂。而且，两个王府都不是吃素的，恭王赵惇的老师王淮，邓王夫人钱氏的父亲钱端礼都是当朝重臣，他们分别站队，拉帮结派，又把朝堂吵成了菜市场。

支持邓王府的大臣拿封建礼法说事，认为长幼有序，不能随意调整，就该按宗正寺的登记顺序来。

支持恭王府的大臣认为，皇孙又不是不动产登记，怎能搞得如此死板？

闹到最后，还是由赵眘亲自出面拍板，宣布邓王之子可称嫡长孙，这才结束了争议。

经过这场风波，赵眘觉得如果不及时明确皇储身份，不利于皇室和朝堂的稳定，便动了确立皇储的心思。

于是，就在风波过去的两个月后，赵眘正式册立皇长子赵愭为皇太子。

不过赵愭天生没有当皇帝的命，立为太子后两年，生了一场病，偏偏给他看病的医官诊断时出了错误，致使他服药后，病情反而越来越重，乃至危及到了生命。

这可把赵眘急得够呛，又是找名医，又是下诏大赦天下，可最后仍没留住太子赵愭的性命。

至此，东宫又虚位。

赵愭去世后，摆在赵眘面前的选项只剩下了两个：庆王赵恺和恭王赵惇。

如果按照长幼顺序，现在当然是该轮到庆王赵恺，可偏偏赵眘嫌赵恺太仁慈宽厚，坐不稳皇位，所以他内心中更倾向于恭王赵惇。据说赵惇英武聪慧，赵眘看着很像自己，所以更喜欢他。

当然，从后来的表现看，我们只能说，赵眘的眼神简直就是重度近视外加白内障。

赵眘想立三子赵惇，又怕舍长立幼引来大臣的口水，便把这件事情拖了下来。

赵眘不心急，可架不住别人替他着急。宋朝的大臣对皇位继承问题总有着匪夷所思的参与热情，他们盯着那把空悬的太子交椅，时刻想着搞点事情出来。

乾道六年，新年刚过，临安又是瓢泼大雨，又是漫天大雪。有人就开始借着天象说事，声称天气反常，正是因为东宫虚位所致，劝皇上还是早立太子。

赵眘收到劝谏后也动了再立太子的心思，便开始征求群臣的意见。当时，朝中担任宰相的仍是虞允文，他的意见自然最为重要。虞允文和大多数官员的观点倒也差不多，希望赵眘赶紧把事情办了，免得人心浮动。

赵眘点头首肯了虞允文的意见，可最后却对他说，太子确实应该早立，但是我还得和你单独再商量一下。

既然同意了，为什么还要再单独面议呢？虞允文听了赵眘的话，心里咯噔一下。

当年十二月，赵眘在完成祭天大典后，单独召见了虞允文："关于立太子的事情，我只想和你一个人商议，你看怎么样？"

虞允文是何等聪明的人，马上品出了其中的玄机。

稍微分析一下其实也很简单，目前赵眘手头的选项也就两个，如果是按照长幼顺序立庆王赵恺，那就根本不用弄得神秘兮兮的。如今磨来磨去，可能性只有一个——赵眘想立恭王赵惇。

虞允文猜出了赵眘的心思，却又觉得帝王家事太敏感，不想卷进去，于是回了赵眘一句套话："这是陛下的家事，臣不敢参与。"

赵眘对虞允文的回答不满意，坚持让他发表自己的意见。

虞允文能当上宰相也不是吃素的，面对这道送命题，他开启了自己的超级学霸模式。他还是没有直接回答赵眘的提问，而是翻起了陈年旧账，从太宗赵光义晚年召见寇准的故事说起，一直谈到赵光义最终确立真宗赵恒为帝。

最后，虞允文意味深长地说道："太宗共有九个儿子，真宗是第三个，我体味寇准在奏对时的委婉曲折，想来他也是希望太宗自己决定而已。我一片忠忱，也和寇准一样，只是期望陛下早下圣断罢了！"

虞允文的这句话，说得实在太精妙。

首先，他故意点出，太宗将大位传给了第三个儿子真宗赵恒。真宗是第三子，恭王赵惇也是第三子，他这一说，其实已经点破了赵眘的底牌。

其次，熟悉前面故事的朋友都知道，赵光义在立赵恒的时候，也是舍长立幼，虞允文以此举例，等于赞同了赵眘的意见。

最后，虞允文搬出名臣寇准为自己脱身。你看，耿直如寇准者，在皇上立储的时候，都没发表什么实质意见，何况我虞允文呢？

似乎什么都说了，又似乎什么都没说，这便是官场中的最高说话水平。

双方打完哑谜，都不再装了。

赵昚遂下定决心："那这事就不犹豫了，明年开春立太子！"

虞允文恭敬应道："臣谨奉诏。"

乾道七年（1171）三月某日晚朝后，赵昚正式颁下立皇太子的御札，命翰林学士连夜起草诏书，决定第二天便正式宣布。

赵昚之所以搞得那么突然，倒不是怕谁捣乱，主要还是因为得考虑儿子赵恺的感受。为此，赵昚还拉赵构助攻了一把。

就在赵昚授意起草诏书的当晚，赵构特意在德寿宫摆了宴席，专门召见赵恺一个人。德寿宫由原来秦桧的府邸扩建而成，里面景色秀丽，装饰极尽奢华，赵构禅位后就移居于那里。当时，人们将德寿宫与皇宫相并列，称城南的皇宫为"南内"，称城北的德寿宫为"北内"。

德寿宫可不是一般人能进出的地方，若不是特殊节日，一般的皇子皇孙也不是想进就进。庆王赵恺听说太上皇专门招待他一人，而且还安排他过夜，觉得自己备受宠信，乐呵呵地就赶过去了。

赵恺还在德寿宫陪赵构享受湖光山色，这边赵昚已经在文德殿诏告天下，立恭王赵惇为皇太子，同时宣布将庆王赵恺进封魏王、出判宁国府（今安徽宣城）。

赵恺从德寿宫回到王府后，立刻接到了消息，这才回过神来，敢情那两天一晚的尊享套餐并不是免费的，付出的代价，竟是自己的皇位继承资格。

不过几日后，赵恺要赶赴宁国府，在去德寿宫向太上皇赵构辞行时，不高兴地埋怨了一句："翁翁（宋朝人对祖父的俗称）故意留我，却让三弟越位做了太子！"

赵构也觉得有点对不住这个孙儿，一时窘得说不出话来，过了半晌，才安慰了一句："你以为官家是好做的？真若当了，烦着呢！"

当然，木已成舟，赵恺也就发发牢骚，最后只能乖乖走人。

四月，皇宫大庆殿内举行了隆重的册封皇太子典礼，时隔六年，赵惇入主东宫，成了南宋新储君。

内　禅

赵惇生于绍兴十七年（1147），乾道七年（1171）被立为皇太子时，才二十五岁。

赵昚为了培养赵惇，把当时学问最好的人找来专门辅导他。南宋中兴四大诗人，就有两人在东宫做过老师——杨万里和尤袤（另两位是范成大和陆游）。确立皇太子之初，赵昚还坚持让赵惇兼任了两年的临安府尹，算是锻炼其政务实践能力。

刚开始，赵惇的表现还算中规中矩，一直给人恭顺、低调的印象。赵昚对儿子也是十分满意，父子二人有时还会诗文唱和一下。

赵惇在东宫一待就是十多年，转眼从青年才俊熬成了中年油腻太子。这几年来，他除了听那些学究们讲读经史外，唯一的外部活动便是向皇上、太上皇问安视膳，顶多再参加一些朝廷礼仪活动，实在无聊得很。

时间一久，赵惇内心也产生了一点想法，他希望父皇能像当年太上皇禅位一样，早点把位子传给自己，也好早点尝尝君临天下的滋味。

关于禅位这事，我们说过了，到了淳熙年间，赵昚自己也有意向。可问题症结我们也说了，太上皇还摆在那里呢，赵昚不方便退位。而且，崇尚节俭的赵昚还觉得，自己一旦退位后就该搬到德寿宫去住，可如果太上皇健在，那么朝廷就要再花一大笔钱另修宫苑，实在太浪费。

赵昚的顾虑只能藏在自己心里，因为他再怎么样，也不可能明着告诉赵惇：不是爹不想让位给你，全因为你爷爷还活着呢。

而赵惇绝不可能有虞允文这般的智慧，他傻乎乎地以为老爹就是贪恋皇位，还总想找机会去说服赵昚。

有一天，赵惇趁一次和赵昚独处的机会，故意试探："我的胡子都开始变白了，有人送了我染胡子的药，我却没敢用。"

赵昚听出了儿子的弦外之音，却装作不知道："有白胡子才好啊，这样看起来多老成，要那些染须药干什么？"

赵惇见老爹那里说不动，就另托门路，找吴太后（赵构退位后，下诏称皇后吴氏为太上皇后）递话。在吴太后那里，赵惇也不好意思直说，只是三番五次地请她宴饮，还宰杀活的牲畜禽鱼，充作美食献给吴太后。吴氏吃着吃着，吃出了一头雾水，忍不住问近侍大臣："大哥（宋朝对尊敬男性的俗称）为什么屡屡破费，请我吃排当？"

这里的"排当"，可不是我们现在街边撸串的地方，恰恰相反，在宋朝，只有宫中的宴席才可称为排当，高端得很。

吴氏身边的人笑着回道："还不是想请您替他劝一劝皇上。"

　　吴氏听后，不觉会心一笑。

　　吴氏倒也是吃饭办事的人，就趁赵昚到德寿宫的机会，故作随意地劝他："官家也可以早点享福了，不如把事情交给孩子去做吧。"

　　赵昚一听，立刻明白了，回了一句："我早就想这样了。可孩儿还小，没有经过历练，现在还不能马上把天下交给他。要不然，我早就去享清闲了。"

　　吴氏觉得自己把话递到，已经完成任务，也不再说什么。

　　赵惇听说吴太后把话传给了父皇，便又请她过来吃排当。

　　吴氏这回直接把话挑明了："你的事，我已给你父皇说过了，可他说你还是未经过历练的孩子。"

　　赵惇大抵是个情商为负数的人，听了吴氏的话，竟然激动得一把抓下头巾，指着自己的脑瓜嚷起来："我头发都白了，还说我是孩子！这岂不是指责翁翁（赵构）吗？"

　　赵惇这句话的意思是说，赵构传位给赵昚的时候，赵昚只有三十六岁，比此时赵惇的年龄要小很多。如果说赵惇还是孩子，那岂不是说赵构把皇位扔给了一个小毛孩？

　　吴氏见赵惇如此激动，排当也没心情吃下去了，只能安慰这个心急的皇孙几句。

　　淳熙十四年（1187），四十一岁的赵惇终于等来了上位的时机。

　　那年十月，太上皇赵构驾崩了。

　　不得不说，这位口碑不佳的皇帝，却有着不错的人生运气。

　　因为出使金营而躲过浩劫，还阴差阳错成为皇帝唯一候选人，虽然即位之初曾被金人打得到处乱窜，可终归是有惊无险。和议达成后，在皇位上安坐了二十多年，即使退入德寿宫，还养尊处优地当了二十五年太上皇。去世时，赵构已经八十一岁，是宋朝君主中最高寿的一位，即便放到整个历史长河，也是妥妥的前几名。

皇子、康王、皇帝、太上皇、宋高宗，赵构走完了自己的一生。无论生前被如何谩骂，如何阿谀，最后也只剩下几个简单的符号而已。

对于赵构的评价，我只有一句话：他的运气让宋朝留下了半壁江山，他的自私让宋朝只剩下半壁江山。

赵构刚去世，赵昚便决定把皇位让给儿子。在传位前，他打算先让赵惇一起参与国事决断，好有所准备。

这个想法提出后，遭到了一个人的反对，反对者也是个名人——大诗人杨万里。

杨万里当时正担任太子侍读，他听到赵昚的提议，搬出了赵武灵王赵雍、北魏太武帝拓跋焘、唐太宗李世民的历史教训，认为让太子决断国事会使得朝廷同时出现两个权力中心，容易引起朝局不稳，往严重了说，还会引起父子之间的嫌隙。杨万里所举的赵雍、拓跋焘、李世民，他们都曾把政事交给太子打理，最终不幸引发祸乱。

杨万里反对太子参政绝对出于一片公心。因为，作为一名东宫官员，赵惇早点掌权，对自己是百利而无一害，换成别人，可能还求之不得呢。

赵昚听了杨万里的上奏后，并没采纳他的意见。

淳熙十四年十一月，赵昚颁布了太子参政的诏书，他为赵惇特设了一个议事堂，作为太子处理政务的专用场所。宰执大臣及其他高级官员先在议事堂向赵惇汇报工作，由赵惇给出初步处理意见后再报告赵昚拍板。

淳熙十五年（1188）正月，赵昚进一步放权，除了重要官员的任免外，其他小事均交由太子自行决定，只需和宰执一起上报取旨即可。

又过不久，赵昚干脆带着太子随朝听政，共同决断朝政国事。

简单地说，按当时情况，赵惇俨然已成了南宋常务副皇帝。

一段时间下来，赵昚对赵惇的工作能力很满意，而赵惇明白这是父亲即将交付大权的前奏，也干得很起劲儿。可宋朝的士大夫从来都有一种"以天下为己任"的操心精神，人家父子双方都没意见，有人却替他们担忧起来。

这回提意见的是太子左谕德尤袤。

相比于杨万里、范成大等课本里的老熟人，尤袤的知名度似乎低了点，没办法，他的大量诗稿在一次火灾中被烧了个精光，所以流传于世的作品极少，可这不代表他没有真才实学。

尤袤和杨万里不同，他没有劝赵昚，而是去找了赵惇。他好心提醒赵惇："你现在大权在握，天下人趋之若鹜，越是这个时候你越得小心。希望你事无大小，都要和众人商量着决定，然后取父皇的旨意施行。祸患往往发生在思虑不周的时候，疑隙的萌芽，往往隐藏在提防不及的时刻，储君的职责就是侍膳问安，监理国事，历来只是出于权宜之计。希望你在高宗神主祔庙（牌位入祖庙）以后，就坚决辞去参

第三章 太上皇 3.0 065

决政事的权力，以此彰显自己的美德。"

尤袤啰啰唆唆讲了一大通，可赵惇一点都没听进去，人家才过了两个月权力瘾，哪里肯放弃？

杨万里和尤袤等人还在操心这、操心那，可他们不知道的是，赵眘已经连当挂名皇帝的兴趣都没有了，正准备马上禅位给儿子呢。

淳熙十六年（1189）正月，也就是历练赵惇一年之后，赵眘召集宰执大臣宣布："近年来的治国理政，让我倍感疲倦，现准备禅位给皇太子，以便退闲休养、服丧尽孝。"

大臣们早就看出了端倪，便也不再反对，还纷纷送上了一通"彩虹屁"，唯有知枢密院事黄洽站在那里，一言不发。

赵眘觉得很奇怪，便特意问黄洽："你以为如何呢？"

黄洽自进入宰执班子以来，素以沉默寡言著称，这次却说出了一句让在场人员大吃一惊的话："皇太子能当大任，但李氏不足以母仪天下，请陛下深思熟虑。"

黄洽口中的李氏，是赵惇的太子妃。老子传位给儿子，话题怎么还能到太子妃身上呢？这事下面马上要细讲，在此先不剧透了。反正，赵眘听了黄洽的话后是一脸错愕，噎得说不出话来。

黄洽并不在意赵眘的反应，而是接着说道："陛下问臣，臣不敢沉默。但既然话已出口，我恐怕再也见不到陛下了。陛下他日如果记起我，想要再见我一面，恐怕也未必能够了。"

黄洽这番话，说得颇为悲壮。这个太子妃李氏，在他口中，简直成了贾南风、武则天似的人物了。

赵昚听后，觉得黄洽不免有点言过其实。

黄洽的谏言自然改变不了赵昚禅位的决心。

二月，内禅大典在紫宸殿隆重举行。

六十三岁的赵昚将皇帝宝座主动让给了三子赵惇，一如赵构二十七年前将皇位传给自己。

在宰执大臣、文武百官、内侍禁军的迎候下，赵惇迈入大殿，登上御座，随着一片震耳欲聋的万岁声响起，他终于如愿以偿。

宋朝的皇位禅让发生在皇族之内，故又称为内禅，这种独特的景观，已经出现了三次。谁都不会想到，仅仅隔了六年，他们马上还要再见证一回。

仪式过后，赵惇送太上皇赵昚赴重华宫（赵昚将德寿宫改称重华宫）居住，紧接着颁下了自己即位后的第一道诏书：尊父亲赵昚为"至尊寿皇圣帝"。

从此，南宋迎来了自己的第三任君主：宋光宗赵惇。

第四章 孝道

父与子

赵昚的庙号是宋孝宗，这个"孝"字可谓实至名归。历史上，赵昚对太上皇赵构的尊敬达到了无以复加的程度。

当年，赵构将皇位禅让给赵昚，仪式刚结束，赵昚便要步行送赵构去德寿宫。那天正逢下雨，尽管赵构再三推辞，赵昚还是坚持冒雨手扶车驾送行，一直恭送赵构到皇宫大门口为止。第二天，赵昚又马上带着文武百官前去德寿宫请安，而且到了德寿宫门口，便下辇步行进入，礼数极其周到，仪式更是罕见的隆重。赵昚甚至还表示，自己以后每天都要到德寿宫来问安一次。

赵昚的态度，搞得赵构都有点不好意思了，一来觉得这实在"孝"得有点过，二来也怕这些烦琐的礼数影响自己的退休生活，所以便下了口谕给赵昚：不用搞得那么麻烦，只要每月的初一、十五来看自己两趟就可以了。

赵昚接到口谕却不干了，表示自己尽孝问安不能这么敷衍！于是决定改为每五天一次。可赵构听后，觉得还是太频繁了点。最后，双方一番客气，定下来赵昚每月向赵构问安四次。

赵构去世后，赵昚更是悲痛得两天没有进食，并坚持要按儒家礼制，为赵构守丧三年。

嗣君为先帝守丧，谁都避不开，但现实中都是变通执行，一般都以日代月，三天后即可听政，二十五天大祥一过，一切均可恢复正常。可是，事情到了赵昚这里，守丧三年成了实打实的三年，只因他一再表示，自己"大恩难报"，不忍做变通。

赵昚特别讲究孝道，当然希望儿子赵惇也能恭敬孝顺自己，可老天似乎偏偏要和他开玩笑，为这位以孝著称的皇帝，安排了一个最不孝的儿子。

照理说，有赵昚侍奉赵构的先例在，赵惇只要依样画葫芦就成。刚开始的时候，事情也确实是这么发展的，一样的恭送入宫，一样的繁文缛节，一样的一月四次问安……对赵昚来说，这份套餐的味道他再熟悉不过，无非以前自己是厨师兼服务员，现在成了顾客。

不过，前后两组人的礼数看上去虽一模一样，办事人的主观能动性就大不相同了。就赵昚而言，他对赵构的孝，是发自内心的感激。可赵惇毕竟是赵昚的亲儿子，他觉得，爹把皇位传给儿子，那是天经地义的事情。这不，人家之前不还嫌赵昚禅位得太迟呢。

所以，对于赵惇来说，他对赵昚的孝顺，那就是表面功夫，至于一月四次请安，更类似于上班打卡、小学生交作业，完成任务而已。

赵惇没有尽孝道的积极性，碰到一些事情就难免让赵眘失望。

此前，赵眘除了定期请安外，平时宫中进行一些赏月、观花、游湖之类的休闲活动，都会主动把太上皇赵构和太上皇后吴氏邀请过去，一家人共同享乐，倒也其乐融融。可赵惇不一样，他连完成本职工作都嫌烦，当然没兴趣再额外加班。

淳熙十六年初夏的一天，皇家园林的荼蘼花开了，赵惇领着身边的一些官员前去赏花，一堆人边赏花边饮酒作诗……可花还没赏完，言官们的奏札就飞过来了，称赵眘在位的时候，每次外出游玩，必定会请太上皇同行。

赵惇对言官这种二十四小时监督的做法非常反感。

这不是明摆着说自己不孝吗？屁大点事情，又要拿来做文章！

于是，赵惇把奏札扔在一边，怒气冲冲地说道："寿皇（赵眘退位后被尊为至尊寿皇圣帝）也有不请太上皇的时候嘛！"

这边赵惇还在生气，赵眘却得知了赵惇出游的消息，让内侍捧着玉卮（盛酒器皿）来给儿子送美酒。赵惇当时还在气头上，颤抖的双手不小心碰倒了玉卮，玉卮碎了一地。

偏偏赵惇对宦官群体比较反感，平时对这些皇宫内侍就很不待见。结果，这些内侍溜回去后，添油加醋地向赵眘告状，称赵惇听说太上皇赐饮，生气地把玉卮给摔碎了。赵眘给儿子送美酒，或许也正是想委婉地提醒一下儿子，这下听了内侍们的挑拨离间，心里也不由咯噔一下。

赏花事件虽然让父子之间有了点小小的不愉快，但毕竟是件小事，时间一长，也就过去了。而接下来的一件事，却让赵眘、赵惇父子产生了深深的隔阂。

还是那个老掉牙的话题——皇位继承人。

赵惇既然坐上了皇位，那么就该轮到他考虑继承人问题了。赵惇长子幼年早夭，此时只剩下了次子赵扩。

赵扩于乾道四年（1168）生于恭王府邸，十一岁封英国公，十八岁封平阳郡王，二十二岁封嘉王。作为当今皇帝唯一的儿子，嘉王看上去是理所当然的皇位继承人。

这一点，大多数人心里都是这么想的。

绍熙元年（1190）年春天，嘉王生了一场病。病后，当时的宰相留正给赵惇出了个主意："陛下只有一个儿子，住在皇宫外十分不便。不如早点确立他储君的位置，入居东宫后，你们父子就能朝夕相见了。"

留正，字仲至，建炎三年（1129）生人，祖籍福建泉州。

留正的六世祖很有名，看过第一卷的朋友或许记得，正是那位曾经掌控泉、漳二州的军阀留从效。当然，留家传到留正这一代，和普通人家也没大区别了。

留正于绍兴十三年（1143）考中进士，靠着四平八稳的办事风格爬到了左相的位置。

留正认为，现在赵扩封王后只能住在宫外的王府，如果当上太子，就可入住皇宫，无论是照顾还是培养他，赵惇都会方便点。

赵惇一开始觉得自己即位才两年就立皇储不太好，没答应，可经留正几次劝说后，也开始动了心。

绍熙二年（1191）夏，留正再次提议立储，这回赵惇也觉得时机差不多了，可立太子毕竟是大事情，还是得听听太上皇的意见。赵惇便回复留正："等我过去和寿皇商量下吧。"

于是，赵惇借一次赴重华宫请安的机会，和赵昚说起了这件事。赵惇本以为，这也就是走个过场，没承想，赵昚说出的一番话，把他震惊得目瞪口呆。

赵昚听了赵惇的话后，脸色有点不自然，思忖了好一会儿，才慢悠悠地开口："当初，按例是该立你二哥魏王为帝的，只因为你像我一样英武，才越位立了你，想让你成一番王业。"

赵惇听父亲这么一说，顿时蒙了，他搞不懂父亲为什么这时候对自己翻起了旧账。再者，二哥魏王赵恺已经在淳熙七年（1180）去世了，提这个不是更无聊？

赵昚没理会赵惇的表情变化，接着爆出了一句："如今你二哥虽已去世，但他的儿子嘉国公还在。"

赵昚口中的嘉国公，是魏王赵恺的儿子赵抦，仅比嘉王赵扩小两岁，魏王去世后，他随母亲回到临安居住。

需要说明的是，此时的赵抦，真正的封号并不是嘉国公，而是许国公。赵惇即位前，赵昚封赵扩为平原郡王，封赵抦为嘉国公。赵惇即位后，把儿子赵扩弄成了嘉王，把侄子赵抦改封许国公。

可能赵昚还是按照自己的记忆说话，所以仍称赵抦为嘉国公。皇室的头衔种类太多，还特别喜欢封来封去，只能麻烦大家仔细区分，别给绕晕了。

　　赵眘或许出于自己没有按照长幼顺序立赵恺为帝，心中有所歉疚，便对他的儿子赵抦尤为疼爱，现在竟然又产生了让赵惇再传位给侄子赵抦的想法。

　　当然，还有一个原因是不能明说的，据说，赵惇的儿子赵扩平时看起来有点不聪明（不慧），而赵抦却表现得早慧机灵，这也让赵眘更倾向于让赵抦成为将来的宋朝之主。

　　要说起来，赵眘的这一想法其实也非常不靠谱，你既然立了赵惇为帝，没特殊情况，皇位就该父子相传延续下去，怎么能再像玩具一样送来送去呢？

　　这事换到谁头上，心里都会不舒服。

　　赵惇是一个懦弱、无主见的人，这回他听说父皇有意让自己把皇位传给侄子赵抦，尽管心里非常反感，却没有直接反驳，而是嗫嚅着敷衍了一句："我也是这么想的"。

　　赵惇回宫后，宰相留正就赶来问结果。赵惇心中正无比烦恼，却又不能把赵眘的意思明说给留正，只好随便搪塞："寿皇的意思是，立太子这事还得再缓一缓。"

　　老油条留正立刻从赵惇的态度里嗅到了一种不一样的感觉，再也不敢多嘴。

　　赵眘关于皇太子的表态让赵惇极度失望，这也成了他心头挥之不去的阴霾。从此，父子二人的隔阂越来越深，再也无法调和。

悍 妇

关于皇太子的问题，赵昚肯定有责任，谁让他乱点"皇帝谱"呢。可细想一下，事情也没到不可收拾的地步。首先，赵昚虽然希望赵惇将来把皇位传给侄子，但他也没有让赵惇马上把名分定下来，如果不是赵惇主动提出立太子的事情，这个想法肯定还藏在赵昚的肚子里。推究其内心想法，赵昚想必也是持观望态度而已。

而对于赵惇而言，他选择隐忍，或许是缘于懦弱，或许也是一种权宜之计。如果我们往阴了想，赵惇终归是皇帝，或许在他看来，指不定太上皇哪天走了，事情还不是他说了算？

然而，一个女人的出现，把这个本该被暂时搁置的矛盾迅速引爆。

大家应该记得，赵惇即位前夕，黄洽曾经说过："李氏不足以母仪天下。"

李氏，全名叫李凤娘。

古代的女人能留下一个真名是很不容易的，而李氏后来能成为皇后，还和她这个凤娘的名字有很大关系。

李氏出身将门，父亲李道是一名武将。据说，李氏出生那年，李道发现自家军营前的一块大石头上，栖息着一只黑凤凰，因此就为她取名凤娘。

十几年后的某日，李道又干了一件神乎其神的事情：他费尽心机，邀请到了一个叫皇甫坦的知名道士，前来为自己的女儿看相。

皇甫坦知名到了什么程度呢？可以说，他已经是南宋顶级的巫医神汉，名声大到混进了赵构的朋友圈，可以经常出入皇宫和赵构闲聊。

李道把皇甫坦请到府上后，让女儿们挨个出来拜见，皇甫坦也装模作样地依次点评。可当轮到李凤娘来拜见的时候，皇甫坦转眼变脸，表现出一副粉丝遇明星的惊惶样："这个女孩将来可要母仪天下，我怎敢受她一拜啊？"

李道听了皇甫坦的无上限吹捧后，立刻联想到了石头上的那只黑凤凰，心里更乐了。

绍兴三十二年，皇甫坦来到宫中，见到赵构后，开门见山说明来意，声称自己特地为说媒而来，要为赵构推荐一个好孙媳妇。

皇甫坦所说的好孙媳妇，便是李凤娘。接着，他就把李凤娘的故事在赵构面前吹了一遍。

事实证明，皇甫坦将经营范围拓展到说媒拉纤后，照样很吃香。经他一顿忽悠，李凤娘竟然真成了赵惇（当时还是恭王）的妻子。

李凤娘嫁入恭王府的事情从头至尾比较玄乎，黑凤凰也罢，皇甫坦看出李凤娘天生贵相也罢，放到现在都是荒诞不经的东西。这些故事究竟是牵强附会的迷信传说，还是李道、皇甫坦联合给赵构下套，我们也不好判断。

就我个人而言，倒更相信后面一种猜测。因为，后面发生的事情不断印证，李家历来就有神神叨叨的传统。

就在乾道四年，李凤娘为赵惇生下次子赵扩后，王府中就传出了一条奇闻，说是李凤娘梦见太阳落到了庭院里，她用手接住，这才怀上了赵扩。

这种桥段在史书里很常见。宋太宗赵光义就声称，母亲杜太后梦见神人捧来一个太阳，才生下了他。可见，恭王府里的传说也是在告诉人们：李凤娘肚子里的孩子不是一般人，那就是真命天子！

当时，赵惇还在为太子之位和二哥赵恺暗暗较劲，李凤娘这个时候放出奇闻，与其说是给儿子赵扩脸上贴金，还不如说是间接为丈夫赵惇争皇储。

这不得不让人揣测，李凤娘是不是遗传了父亲李道的编瞎话技能，又在为自己造势。

乾道七年，赵惇真当上了皇太子，李凤娘如愿当上了太子妃。

如果说，李凤娘仅仅是喜欢为自己搞点迷信传说的话，问题倒也不大。可问题在于，她偏偏是一个喜欢惹是生非的主。

李凤娘长得有几分姿色，为人却非常骄横，搬弄是非、吵架撒泼是她的强项，和人们心目中端庄贤淑的王妃形象差了十万八千里。

自从赵惇入主东宫，李凤娘也得以频繁接触皇帝赵昚和太上皇赵构，李凤娘每次去请安，都要念叨丈夫赵惇或身边人的坏话，颇有"路边社"的风范，这让赵构、赵昚看了心中暗暗叫苦。

赵构见识了这位孙媳妇的真面目后，每次和吴太后聊起，都会摇头感叹："那个皇甫坦，可把我给坑惨了。"

赵昚也好几次教训李凤娘：好好学习吴太后的后妃之德，如果再一天到晚到处撒泼，我就废了你！

　　当然，彼时的赵眘也只是吓唬她一下，并没有想着真动手。

　　赵眘把皇位禅让给赵惇后，李凤娘成了皇后。可她不但没有半点收敛的意思，反而变成了后宫中的"霸王龙"。

　　此前说了，赵眘对赵构和吴太后一直很恭顺，去请安时，向来都是一到宫门口，便下辇步行。可李凤娘去重华宫看望赵眘和谢皇后时就不一样了，乘着肩舆一直到内殿才肯停下。

　　谢皇后是赵眘的第三任皇后，赵眘退位后，被尊为"寿成皇后"。有一次，赵惇和李凤娘到重华宫请安，聊天时，谢皇后委婉地点到了这件事。李凤娘见谢皇后批评自己，立刻跳了起来，恶狠狠地回怼道："我可是官家的结发妻子！"

　　李凤娘的意思是说：自己乃原配出身，谢皇后却只是由妃嫔晋升为皇后，根本没资格多嘴！

　　在场的太上皇赵眘听到如此无礼的回答，怒不可遏，狠狠教训了李凤娘一顿。此事过后，赵眘还真动过废掉李凤娘的心思，只因害怕废后会引起朝堂波动，权衡了一阵子后，最终还是没下这个决心。

　　此后的事实证明：你如果想办一件事，必须迅速果断，拖来拖去，只会更糟。

　　到了绍熙二年，赵眘和赵惇因为皇太子的问题产生了分歧。这样一来，赵眘对儿媳的反感，又叠加了一层父子隔阂，情势开始变得更加不可收拾。

　　赵惇即位不久，就染上了一种不易治愈的病，身体一直不太好。

赵眘关心儿子病情，千方百计地从民间搞到了一副秘方，做成药丸后想派人给赵惇送去，可他又怕那个彪悍的儿媳妇从中作梗，便打算在赵惇前来问安时当面交给他。

赵眘不想让李凤娘知道，事情却偏偏还是传到了李凤娘耳朵里。李凤娘本来就因为立太子一事记恨赵眘，现在又听到药丸的事情，便被害妄想症似的猜度赵眘想谋害赵惇，进而给许国公赵抦腾位子。于是，这位彪呼呼的傻娘儿们决定直接向赵眘摊牌。

在不久后的内宴上，李凤娘当面向赵眘提出，请求立赵扩为皇太子。这种大事，再怎么样也轮不到一个女人家提出来，更何况此前赵眘刚表过态。

赵眘听了李凤娘的话，脸拉得老长，只是碍于在场之人众多，没有马上发作，只是含糊地表示：此事自有考虑，以后再说。

赵眘没发作，李凤娘却发作了，她当着众人质问赵眘："我是你们赵家堂堂正正聘来的，嘉王赵扩，是我亲生儿子，凭什么不能立为皇太子？"

这下子，赵眘再也忍不住了，勃然大怒，拍着桌子把李凤娘骂了一通。而一边懦弱的赵惇，自始至终没吭过一声，既不敢斥责老婆无礼，也不敢表达自己的意见。

李凤娘挨骂后，一手拉起儿子赵扩，一手抹着眼泪，哭哭啼啼地就跑了，一场家宴，弄得不欢而散。

回宫后，李凤娘把赵眘准备药丸的事和不立太子的事情牵扯在一起，哭天抹泪地向赵惇抱怨："寿皇不同意立嘉王，就是想废你，给你服那颗大药丸，就是想让赵抦早点继位。"

赵惇听老婆这么一挑唆，居然也信以为真了。

绍熙初年的情况大致如此，一个懦弱、不聪慧又无主见的皇帝，一个彪悍、粗鄙、泼妇式的皇后，一个曾经满怀希望，如今满心失望的太上皇，生生把严肃紧张的宫廷剧，演成了"狗血"的家庭生活剧。

其实，赵惇、李凤娘两夫妻，但凡有一人智商、情商"在线"那么一点，也不至于蠢到会当众和太上皇翻脸，更不至于傻到相信赵眘会给亲生儿子下毒。可匪夷所思的是，这样荒诞的情节居然真成了正史里的内容。

其实，在所有人当中，最郁闷的还是要数赵惇，一心盼望着当皇帝，可真当上了皇帝，生活并不像想象的那样美好。宫外有一个太上皇管着，宫内还有一个彪悍的媳妇坐镇，自己反而成了最没有存在感的人。

可无论如何，赵惇的生活还是要继续——以更加悲惨的方式。

赵惇自即位后，身边的妃嫔也多了起来。但以李凤娘的霸道，哪容得下别人和自己争风吃醋？有一次，赵惇无意中看到一个宫女的手纤细嫩滑，略微表达一下感兴趣的意思。结果几天后，他便收到了李凤娘派人送来的一个食盒，打开一看，里面竟是那名宫女的一双玉手！

雪白的双手，配上猩红的血迹，顿时把赵惇吓得魂飞天外，差点就晕了过去。

在后宫妃嫔中，有一个黄贵妃最受赵惇宠幸，这使她成了李凤娘的头号打击对象。

绍熙二年十一月，赵惇准备主持祭天地大典。按宋制，皇帝在祭天地前必须提前一天入太庙受誓戒，然后夜宿斋宫里。

李凤娘还真不含糊，就利用赵惇不在宫里的这一天，派人虐杀了黄贵妃，杀完以后还直接给她安排了一个"暴死"的鉴定，再然后，搓搓双手，到玉津园散心溜达去了！

都说后宫剧波谲云诡，可事情到了李凤娘这里就是如此简单粗暴。其残暴程度，历史上估计也就吕后、贾南风等几人能较量一下。

赵惇得到黄贵妃"暴死"消息的时候，还住在斋宫里。

他当然知道，这又是李凤娘的"杰作"，一时间竟然气得说不出话来。可惊惧过后，赵惇再也没有什么动作，只是如小女子一般，抽泣个不停。

郊祀大礼是在下半夜开始的，当天晚上，老天也来凑热闹了，又是狂风大作，又是暴雨倾盆，祭坛上还出现了大风刮倒灯烛，灯火燃烧帘幕的情况。

胆小的赵惇见此情形，联想到黄贵妃的"暴死"，被吓得瘫软在地。

经过连环打击，赵惇竟然从此患上了精神疾病，总是一副神志不清的样子，连人都分不清，偶尔张嘴，也只是蹦出一些谁都不知道的胡话（噤不知人，但张口呓言耳）。

用现在的眼光看，赵惇已然成了一个精神病患者！

过宫风波

赵惇染病的消息很快报到了赵昚那里，赵昚心疼儿子，急忙赶过来看望。他实在无法接受，之前还好好的儿子，怎么一夜之间成了一个躺在病床上、满口胡话的废人？

赵惇身边的人都畏惧李凤娘，不敢把李凤娘虐杀黄贵妃的事情报告给赵昚，只推说是赵惇饮酒过度，突然发病。赵昚不管三七二十一，把李凤娘叫过来一通臭骂，骂完之后还撂下了一句狠话："万一皇上好不了，我就灭你李家全族！"

骂完李凤娘后，赵昚还不解气，又把宰相留正叫过来大骂："我让你担任宰相，你却不劝谏皇上，你看你干的什么事？"

李凤娘挨骂，属于罪有应得。可留正绝对是冤枉，你们皇家自己乱七八糟，关我一个外官什么事啊。面对赵昚的斥责，留正只能挤出几个字："我不是不劝谏，这不皇上也不愿意听啊。"

赵昚发泄完一肚子火气后，满腹心事地赶回了重华宫。

赵惇怎么就突然摊上如此重病？

外因当然是那个泼妇李凤娘，至于内因，很多宋史研究者都归因于赵家的遗传病。这种突然神志不清的情况，真宗赵恒、仁宗赵祯、英宗赵曙等很多赵家君主都出现过，只是他们更多集中于晚年，赵惇的发病时间显然提早了些。

当然，皇上也没有现代病历档案，以上说法是否靠谱就不知道了，唯一可以确定的是——赵惇得了严重的精神疾病!

赵惇这次病得很重,连绍熙三年(1192)的元日大朝会都没有出席,直到半个月后,他的病情才略有好转。

不幸的是,赵惇病情稍有好转,就等来了作妖的李凤娘。

李凤娘自从挨了赵昚的骂后,又气又怕,见丈夫缓过劲来了,就在赵惇耳边搬弄是非,说什么太上皇要族灭李家,下次等赵惇再去重华宫,就打算强行留下,再也不让他返回皇宫。

赵惇已经完全丧失了辨别能力,他似乎早就忘掉了李凤娘残杀黄贵妃的事,还真以为父亲赵昚要废掉自己。从此,赵惇一听到人提起父亲赵昚,就吓得瑟瑟发抖,以致引发了长达两年多的"过宫"风波。

所谓"过宫",是指赵惇定期到重华宫去看望赵昚的活动。标准规格为一月四次,重大节日另算。

一开始,赵惇还是勉强遵守这条规矩的。绍熙三年正月初九,当时他大病初愈,可还是撑着病体去看望了赵昚。赵昚爱子心切,也是客气地表示,赵惇病未痊愈,就不必过宫问安了。

可那次以后,在长舌妇李凤娘的挑唆下,本来就不愿意过宫的赵惇,真的泡起了病假,变着花样找借口不去重华宫。

在标榜孝道的时代,这种行为可不是单纯的皇帝家事,那是撼动儒家价值观的重大事件。久而久之,满朝大臣坐不住了,不断上疏劝谏。

赵昚倒还是体贴儿子,一再传旨免去过宫之礼。赵昚这么做,一半是顾惜儿子身体，一半也是为保住皇家的面子，只盼望儿子康复后，恢复到正常轨道上来。

然而事与愿违，赵惇大多数时候，神志依然处于不清醒状态，李凤娘也从未停止过嚼舌根。赵惇日益相信李凤娘的说辞，越来越抗拒过宫，朝臣们怎么苦劝，都没用。

绍熙三年十月二十二日，这天是赵昚的生日，宋朝的会庆节。那可是顶重要的日子，赵惇如果再不去重华宫，怎么都说不过去。

就在会庆节前几天，朝臣担心赵惇又要赖着不动，纷纷上疏敦请，提前给他打预防针。这回赵惇倒很乖巧，爽快地允诺下来。

大臣们见赵惇答复得那么真诚，也不再说什么。

到了会庆节那天，一大早，大内殿前，文武百官、仪仗卫队齐刷刷地侍立着，就等着皇帝起驾前往重华宫，就连临安城的不少百姓也争着来当"吃瓜群众"，想趁机看看皇家仪仗的派头。

谁知，一群人苦巴巴地站了半天，等到日上三竿，也没见到赵惇的影子，反而等来了赵昚的一份谕旨——今天免皇上到宫上寿。

开什么玩笑，大家都已经吃了半天冷风，你说取消就取消了？百官听到旨意后七嘴八舌议论开了，大家都在猜测，赵惇到底是身体吃不消，还是又放大家鸽子了？

宰相留正觉得一堆人站在殿前瞎议论影响不好，只好临时决定，自己率领百官代皇上前去重华宫祝寿。

事情后来也搞清楚了，赵惇身体没病，只是心里想赖账了，至于赵昚的那份谕旨，竟然是赵惇代为下发的。

自己批阅自己的请假条，有个性！

再往后，赵惇似乎还喜欢上了这种奇葩的操作，一到临近过宫的日子，拍着胸脯表示自己会去看望父亲，真到了那天，便把一群朝臣、侍卫干晾半天。人家周幽王是烽火戏诸侯，敢情他是请假戏群臣。

大臣和侍卫们真的很惨，因为他们就算知道自己十有八九要白站半天，也不能随便缺席，万一人家哪回真的又想过宫了，你没做好准备工作，责任担得起吗？

他们唯一能做的，无非是在心里嘀咕一句：祖宗哎，你还不如直接说你不去呢！

赵惇的荒唐做法终于把大臣们惹火了，有些勇敢的官员开始给他上"猛药"。

中书舍人陈傅良上了一篇"火爆"的奏札，他一改此前的苦劝模式，直接警告赵惇：你再这么做下去，恐怕会导致人心涣散，威信扫地（人心益玩，主势益轻），如果有人要趁机办坏事，恐怕你也没办法察觉，真到了那一天，恐怕朝廷中也没人对你效忠了（臣恐陛下孤立，而外廷无以效区区矣）！

都说皇帝都是权力迷，即便是精神病患者也不例外，当赵惇听说这么做会危及自己的帝位时，也有点清醒过来了。

接下来的十一月，赵惇乖乖两次赶赴重华宫问安，到了绍熙四年（1193）正月初一，赵惇还依例去重华宫行元日朝贺礼。

到了三月间，在吏部尚书赵汝愚的劝谏下，赵惇又去了几趟重华宫，有一次还陪着赵眘游园赏春，让老爷子好生高兴了一阵。

正当大家以为一切都将好转的时候，赵惇又出幺蛾子了！

自三月陪同赵眘游园后，不知是病情反复，还是李凤娘嚼舌根，赵惇又回到了老样子，不理朝政，不去重华宫……一切都回到了原点。

大臣们闻到了那股熟悉的味道，掀起了新一波的诤谏高潮。可赵惇这回的表现更加病态，他不再找理由搪塞，听了言辞激烈的劝谏，也不生气恼怒，甚至会嬉皮笑脸地接受建议，可需要实际行动的时候，继续出尔反尔。他似乎完全忘记自己曾经承诺过什么，宛如一个顽皮的孩子。

绍熙四年九月初四，赵惇的生日，重明节。

在节日前一天，群臣再次长篇累牍地劝说赵惇过宫，以答谢赵眘的养育之恩。赵惇面对大家的奏札攻势，一脸诚恳地表示，自己明白大家的苦心了，传旨吧，明天过宫！

第二天，百官又在殿前早早等候，边等边紧张地望着御屏，生怕皇帝再次放大家鸽子。

等了好一会儿，赵惇的身影终于从御屏后闪了出来！大家都长舒一口气——老天保佑，这位祖宗终于出来了。

可是，还没等大家喘完粗气，御屏后又闪出了一个人——李凤娘。

这个强势的皇后一把挽住赵惇，轻声说道："天气这么冷，官家还是回去喝酒吧。"

群臣见那个泼妇又来坏事，不由面面相觑。在关键时刻，此前仗义直谏的陈傅良又站了出来，他大胆上前一步，拉住赵惇的衣服，请他千万不要回去。

李泼妇见有人当面和她唱对台戏，立刻发飙了："知道这是什么地方吗？你们这些人，不怕我砍了你们的脑袋吗？"

陈傅良不能当面顶撞皇后，但又气不过，竟然当殿大哭起来。李凤娘可管不得这些，当即命内侍传旨：今天的过宫计划取消！

说完，拉着赵惇回宫去了。

重明节过后一个多月，赵眘的生日会庆节又到了。赵惇再次不顾群臣劝谏，没有到重华宫问安。

事情发展到这个地步，大臣们似乎也失去了耐心，他们不再为过宫的事情浪费口舌，而是私下里议论着皇帝的反常表现。于是，奏札上的意见变成了街谈巷议，皇室的丑闻逐渐成了社会上的谈资。

人心涣散的局面渐渐露出了苗头，陈傅良此前的谏议被不幸言中。

十月二十五日，向来喜欢评议朝政的太学生卷入了这场风波。两百多名太学生争着要到登闻鼓院去上书，敦请赵惇行过宫之礼。部分太学生甚至觉得集体上书还不够劲爆，打算直接到宫门前去请愿。

挨到十一月，天象出现了异常。大臣们又开始拿老天爷说事，死命劝赵惇过宫。

要说还是老天面子大，当月十五日，赵惇总算露出头来，勉为其难地又去了一趟重华宫。可怜的赵眘见到儿子，高兴得老泪纵横。

赵惇的病情似乎每到十一月，便会有一段短暂的稳定期，在那段时间里，他的神志会稍微清醒一点。

绍熙五年（1194）正月初一，他意外地参加元日大朝会（大朝会每年三次）。朝会结束后当天，赵惇又去重华宫向赵昚请安。

　　见此情景，闹腾了大半年的群臣也算松了一口气。谁都没想到，一个简简单单的家庭礼仪问题，竟然把大家折腾得七荤八素。

　　可太平日子也就维持了不到三个月，可怕的"过宫风波"再次掀起惊涛骇浪。

　　新年一过，重华宫传来了一个坏消息——太上皇病了。

第五章　内禅重演

风波升级

赵昚刚开始的病情并不严重，可他的宝贝儿子赵惇却旧病复发，又进入了神志不清的状态。

赵惇一发病，过宫问安的事情再次被束之高阁，这在平时都是招口水的行为，更何况现在是太上皇染病时期。赵惇却继续和大臣打起了太极，推来挡去，就是不肯挪身子。

更让人无语的是，新年过去一个多月后，到了草木繁盛的暮春时节，赵惇竟然带着李凤娘和一些妃嫔外出游园去了！这自然又引来众大臣的一连串"灵魂拷问"：

你有时间有体力出去浪，怎么就不能去一次重华宫呢？

你有闲心陪皇后，怎么就不能去看望一下自己生病的父亲呢？

你父亲做皇帝时，每次外出游园必然邀请太上皇赵构同去，你心中没数吗？

赵惇听后，哼哼唧唧地表示：我心里也念着太上皇啊，下次有机会一定去看望他啦……

我信你个鬼！众臣听了赵惇的回答，个个头摇得赛拨浪鼓。

就在赵惇游园的第二天，赵昚似乎是为了和儿子赌气，也带着谢太后外出游春去了。但赵惇此时早就智商、情商双"下线"，对于父亲赵昚的行为，根本没往心里去。

过了春季，赵昚的病情突然加重，已然有了性命之虞，这迅速引发了一轮新的请愿高潮，可赵惇依然如木头一根。

四月，消息传到宫外，太学生又起来闹事了。这回，他们把矛头对准了朝臣，认为正是因为他们"辅政无方"，才造成了如此局面。

赵惇听说太学生闹事，传出谕旨，答应择日过宫。可真到了过宫那天，又把群臣和侍卫们晾了半天。

这活儿真是没法干了，众臣一边搞不定赵惇，一边要被太学生责难，除了叫苦不迭，真是一点办法没有。即便是金人入侵，只要不怕死，好歹也可以表达一下自己的态度。如今的局面，这算什么事啊？

皇帝身边的一些侍从官无奈之下，干脆撂挑子不干了。

都说我们"辅政无方"，那我自己把自己给罢免了，总成了吧？这烂摊子，谁爱收拾谁收拾！

侍从官一辞职，其他官员也有样学样，群起上书，自求罢黜。那位耿直的陈傅良更是忍无可忍，直接搬出临安城，回家待罪去了。

五月初，赵眘的病情进一步恶化，看样子，已经时日无多。

宰相留正带领官员入殿进谏，带着哭腔苦劝赵惇过宫。赵惇听到父亲病重的消息，不但没表示半点关心，还对留正等人极不耐烦，拍拍屁股，就想走人。

到了这个节点，大家说什么都不肯让赵惇走了！他们一个拉住赵惇的衣服，一个上前挡住赵惇的去路，其他人在一边磕头如捣蒜，恳请赵惇无论如何去看望一下病危的太上皇。

然而，赵惇毕竟是皇上，臣子再狠，也总不能把皇上绑起来，送到重华宫去问安。

一场哭谏过后，赵惇还是挣脱起身，钻进了内宫。望着紧闭的殿门，群臣只能摇头退下。

事情发展到这个地步，其实已经怨不得任何人了。

在赵惇过宫的问题上，没有利益算计，也没有权力斗争。看起来不过是走一趟而已，赵惇在病情稳定时，也不是没去过重华宫。导致问题始终无法解决的原因只有一个——他是一个病人，而且是一个精神病人。

用现代法律的视角看，赵惇已经是一个无民事行为能力人，至少是一个限制民事行为能力人。

对于这样的人，你怎么能用正常人思维去说服呢？

可悲的是，在那个时代，这个精神病人偏偏是至高无上的皇上。

普通人病了，你可以让他离岗休养，而皇上得了精神病，谁能让他脱下黄袍？

当然，也不是绝对不可能，按当时的情况，最有权威干这事的自然是太上皇。

可太上皇不是自己生命垂危了嘛。

再说，有哪个臣子会出头去劝太上皇：你儿子有病，要不咱就换一个皇上吧？

总而言之，绍熙末年，留正等人所面临的，正是一个荒诞无比的死局。

没办法，干脆也辞职算了。

哭谏过后的第四天，留正带领宰执班子集体上了待罪札子，他们告诉赵惇，既然皇上不听劝，那就把我们统统罢黜吧。

赵惇听了恼羞成怒，命他们统统出城待罪去！

以宋朝的风气，有人一言不合扔官帽也不稀奇，可宰执大臣集体消失，倒还是破天荒头一回。

眼看宋朝就要进入无政府状态，还是身染重病的赵昚忧心国事，赶紧派人传谕旨，把留正等人都叫了回来。

宰执们是回来上班了，可赵惇不肯过宫的问题还是没有解决。

此时，这件皇家丑事已经成了朝野尽知的事情，人们的心态也发生了巨大变化，大家不再"为尊者讳"，不再指责众臣辅政无能，而是把矛头直接对准了皇上赵惇，而且这些议论已然公开化。

"以孝治天下"历来是汉人王朝的道德旗帜，即便那些杀父弑君的贼子，也不会公开扯下这面大旗。如今，赵惇敢冒天下之大不韪，自然成了人人口诛笔伐的对象。

对于赵惇，大家已经不再抱任何希望。

五月下旬，宰相留正领着宰执大臣前往重华宫看望赵昚。

这位南宋历史上唯一有所建树的明君，如今却在国事、家事的忧思中，奄奄一息地卧在病榻上，说不出一句话来。

赵昚吃力地睁开双眼，目光在众人中缓慢游移。大家都知道，他所寻找的，还是那个曾经被他寄予厚望的儿子。

可是，赵昚终究没能在人群中找到那张熟悉的脸庞，只能失望地闭上眼睛，滚下两滴浑浊的泪水。

五月下旬，赵昚病情愈发严重，赵惇却仍然无动于衷，众臣便提出了一个折中的办法：由赵惇的儿子，嘉王赵扩代皇上去看望太上皇。

这个方案得到了赵惇的同意。

来日无多的赵昚见到皇孙后，得到了片刻安慰，可一想到儿子的不孝举动，他又不免悲从中来，及至老泪纵横，不可抑制。

六月九日晨，六十八岁的赵昚在重华宫病逝，直到生命的最后一刻，他也没能盼来自己日思夜想的儿子。

群臣接到太上皇去世的消息后，马上就奔赴皇宫去见赵惇。

因为，太上皇的丧礼，必须由皇上亲自主持。

这一次，众臣拿出了搏命的架势，非要拉着赵惇去重华宫，一通拉扯之后，竟然把赵惇的衣服都给撕破了。再后来，连嘉王赵扩也被搬了出来，哭请赵惇前去主持丧礼。

让众人无比痛苦的是，赵惇甚至连父亲去世的消息都不肯相信，仍是一味推托。

六月十三日，赵昚的葬礼进入了入棺环节，众人再次敦请赵惇主丧。可赵惇不但继续敷衍众人，甚至仍躲在宫内宴饮、观看俳优（表演乐舞谐戏的艺人）表演。

碰上这么一个精神病皇帝，气得留正等一帮大臣都想骂娘。更窝心的是，赵惇的荒唐做法还会惹出一个"国际"麻烦。

按照当初"宋金和议"中的交聘条款，一国皇帝去世，就要向对方派出告哀使，以通报消息，而对方也会派来吊祭使，以示哀悼。

这个时候，宋朝的告哀使早就出发，金国的吊祭使不久也会来到临安。闹成这副样子，岂不是让金人看笑话？

你平时对金国总是拿孝道、礼义说事，弄成现在这样子，今后还有脸教训别人吗？

朝廷里的乱象很快又传播到了市井闾巷，皇上不执丧的消息让越来越多的人感到不安。人们都在猜测，这个乱局最终将以何种方式收场，又会引发怎样的政局动荡？

在各种传言的刺激下，临安城里的百姓唯恐被祸乱波及，纷纷迁徙远走。在朝堂上、皇宫里，有些人也暗中打包细软，随时准备跑路。

接着，临安的紧张氛围传播到了周边地域、边境军营，各地的人心都被搅得浮躁不安……

模范官员

皇上不管事，大家只能把目光转向宰相留正。

有人给留正出主意，不如奏请立嘉王赵扩为皇太子，然后再请皇太子主持朝政。

类似建议，赵昚去世前就有人提过，当时留正下不了决心，可事情到了这个节骨眼儿上，也别无他法了。

于是，留正小心翼翼地给赵惇上了道奏札：现在外面谣言满天飞，人心不稳，不如把嘉王立为皇太子，以安定人心。

留正估摸着，这个建议赵惇总不会反对。没承想，赵惇现在已经是重度被害妄想症患者，看了奏札后，反而骂了留正一顿："储君不可预立，建储就会取代我。你们的提议非常荒谬！"

留正被赵惇训得一头雾水，悻悻地退了回来。

太子立不成，接下来可怎么办？国事先不说，眼下太上皇赵昚的葬礼也没办法继续啊。

按礼制，古代帝王的葬礼必须经历一套极其复杂的程序，共分小殓、大殓、停灵、成服等多道环节。如今，赵昚的丧礼已经到了"成服"环节，其中会有一个最重要的祭奠仪式，主持这个仪式的，非皇上不可。

经过一番商议，留正等人又憋出了一个新方案。

现在重华宫里地位最高的，非八十多岁的太皇太后吴氏莫属，如今只好把她搬出来垂帘听政，暂时主持丧事。

吴太后听了众臣商议出来的方案，只答应了一半，她拒绝了垂帘听政，但答应可代行祭奠礼。

众臣都急着把眼前的事情糊弄过去，也没工夫计较，表示一切听从吴太后安排。

就这样，在一番鸡飞狗跳的哄闹中，赵昚的葬礼草草结束，留正等人总算又闯过一关。接下来，他们还得考虑谁来主持朝局的问题。

六天之后，留正硬着头皮，再次奏请立太子。奏札上去后，留正做好了挨训的准备。

可等打开赵惇的批复后，他简直不敢相信自己的眼睛，上面只有两个字：

"甚好！"

真是眼睛一眨，老母鸡变鸭，前几日还死活不肯立储，现在竟然爽快地答应了？

究竟是什么原因让赵惇改了主意，这个谁都不知道，其实也不可能知道。因为，此时赵惇的行为，已经没了逻辑。

人家有病嘛。

留正得到批复后，当即安排翰林学士院起草立储诏书。不料，诏书还没起草好，他当晚又收到了一封来自赵惇批下的御札，上面共有八个字：

"历事岁久，念欲退闲。"

看见这八个字，留正急得直挠头。啥意思？赵惇是连皇帝都不想当了，直接禅位给儿子赵扩？

两份御批，究竟哪份为准呢？你倒是把话说明白点啊。

本来大家只想哄着赵惇先把太子立了，再由太子来监国理政。如今幸福来得太突然，让人有点不敢承受。

到了这个时候，宰执们也有了不同的想法。

留正是个保守的人，他的意见是再上一份奏札，请赵惇把话说明白点。另一些人却不想再啰唆，他们认为没必要跟一个病人磨叽，现在不如顺水推舟，一步到位把赵扩弄成皇帝。

留正还是选择了保守方案。

第二天，他再上一道立储奏札，希望赵惇给个明确态度。可赵惇的回复依然很短，共五个字：

"可只今施行。"

施行什么，立储还是禅让？此时留正恨不得冲进宫里，拎起赵惇的衣领，瞪着眼睛狠狠问他一句——你到底想干什么？

留正此时彻底丧失了收拾残局的信心，万般无奈之下，他想到了一个计策。

三十六计，走为上！

七月二日，留正在上朝的时候假装摔倒，回家后便呈上一封辞职信，称自己身体不好，干不了活了，要求致仕。

然后，留正也不等赵惇的批复，乘着一顶小轿，如做贼一般逃离了京城。

皇上疯了，太子未立，太皇太后不肯垂帘，如今，宰相又跑了！

眼瞅着南宋马上就要进入停业状态，朝廷内外更加舆情汹汹。

值此危局，大家都盼望着有一个人能够站出来，挽狂澜于既倒，扶大厦之将倾。

这回，历史选择了赵汝愚。

赵汝愚，字子直，绍兴十年（1140）生人，祖居饶州余干（今江西余干县），时任知枢密院事。

和普通官员不同，赵汝愚是一个宗室子弟，他出于太宗赵光义一脉，是赵光义长子赵元佐的七世孙。父亲赵善应官至修武郎、江西兵马都监。

从儒家视角来看，赵汝愚拥有一份闪亮的模范人生履历。

他素以孝闻名，《宋史》中留下了许多关于赵汝愚孝敬双亲的记载：父母生病了，他就手指刺血，以血和药，小心进奉；母亲害怕打雷，每当打雷的时候他便跑到母亲身边安慰；深夜回家，生怕惊扰了母亲，就在外面坐到天明，然后才入家门……这些做法如果放到现在，听起来有点神经质，可在当时，那是一个孝子的标准言行。

赵汝愚对待其他家人也极尽恭敬友爱，所谓"诸弟未制衣不敢制，已制未服不敢服，一瓜果之微必相待共尝之"，就是说兄弟不穿新衣服，他也不穿，一点小零食也必须和大家分享，简直比孔融还友爱兄弟。

除了家庭私德外，赵汝愚还是个心忧天下的人：每次听到四方水旱灾害的消息，都会"忧形于色"；听到国家边境有敌情，便紧张得要落泪；平日里总喜欢唠叨一句话，"大丈夫一定要干一番名留青史的事情，才算不负人生（丈夫得汗青一幅纸，始不负此生）"。

赵汝愚不但道德操守过硬，学问也很扎实，在乾道二年的科考中，他不但考上了，而且是当科状元。

道德可以藻饰，科考成绩就难作弊了，所以说，对于一些"大神"级人物，你不服不行。

进入仕途后，赵汝愚京官、地方官做了个遍，在岗位上多有建树，好几份奏议还得到了赵昚的赞赏。于是，赵汝愚又从"孝亲忧国"的模范士大夫，变成了"忠君爱民"的模范官员。

"过宫风波"发生的时候，赵汝愚也忙着左右协调，力图缓和赵昚和赵惇的关系，虽说父子俩心有隔阂，可对赵汝愚的判断倒是出奇一致——这是一个能干事的好官。

绍熙四年，赵惇决定把赵汝愚提拔为同知枢密院事，列为宰执班子成员。

可是，任命制词还没下发，却收到了一些反对意见。

按理说，赵汝愚无论人品、才华，还是政绩、资历，都已无可挑剔，不该有反对声音才是，可人家还是揪住了他的一个软肋——宗室子弟。

反对者理由很简单，以宗室子弟担任宰执大臣的，史无前例，还是让赵汝愚避嫌为好。

宗室子弟理论上都流着赵家血液，再说明白点，他们对皇权的威胁要比普通人大得多，一旦掌握大权，容易牵动大家的敏感神经。

赵汝愚听到反对意见，立刻上奏辞去任命，而且一连上了十二道，最后还是太上皇赵昚出来定调子，才平息了反对声。

于是，五十四岁的赵汝愚进入了权力最高层。

绍熙五年，赵昚去世后，赵汝愚陪着宰相留正支撑危局。奏请太皇太后吴氏垂帘、立赵扩为皇太子等事情，他全程参与，一件都没落下。

留正是唯一的宰相，他跑路以后，赵汝愚作为枢密院的长官，成了众望所归的解困人。

串　联

就在留正跑路那天，一位官员前来拜会赵汝愚。

官员名叫赵彦逾，时任工部尚书，他同样出身宗室，是魏王赵廷美的后裔。

赵彦逾马上将以山陵使的身份去绍兴府办理赵昚的陵寝事宜，所以借故来向赵汝愚辞行。就在这次会面中，赵彦逾试探性地对赵汝愚说道："现在国事危急，知院是同姓官员（指赵汝愚为赵氏宗亲），怎么能坐视不管呢？应该想个对策出来啊。"

赵汝愚虽和赵彦逾交情不错，但碰到如此大事，也不敢马上透底，只是故作无奈地叹息："现在能有什么办法，如果国事真的不可收拾，我也只能提着刀去城门外，大叫几声，自杀谢罪罢了。"

赵彦逾从赵汝愚口中听出了他内心的不甘，便激将道："你与其这样去死，还不如换个死法。"

换个死法？赵汝愚沉默下来。

"听说皇帝曾有御笔八字，有这事吗？"赵彦逾接着问道。

赵彦逾口中的御笔八字，是指此前赵惇批给留正的"历事岁久，念欲退闲"八字。留正做事比较保守，收到御批后把知悉范围控制在了宰执班子之中，并未外传。

赵汝愚见赵彦逾提到"御笔八字"，终于相信他是真心想拯救国事，便不再隐瞒："留丞相曾再三叮嘱，不要对外界说起这事，现在情势危急，和你说了也无妨。"

赵彦逾倒是一个直性子："既然有御笔，为什么不拥立嘉王？"

赵汝愚继续叹气："此前奏请立嘉王为太子，皇上都很不高兴，这禅位的事情，谁敢去办？"

赵彦逾见赵汝愚竟和留正一副腔调，顿时脸上露出失望的表情。然而，赵汝愚接下来看似不经意的一句话，又让他的脸色立刻转阴为晴。

"再者，也要看慈福、寿成两宫意向如何……"赵汝愚接着补了一句。

所谓"慈福、寿成两宫"是指太皇太后吴氏和皇太后谢氏。

也就是说，赵汝愚其实已经委婉地表达了自己的意见，关于禅位的事情，赵惇这个病人的意见是不靠谱的，不可能靠奏请皇上同意来解决。为今之计，只能以太皇太后或皇太后的名义，来办成禅位这件大事。

在太皇太后吴氏和皇太后谢氏两人中，自然是老资格的吴氏更有话语权。

直白点说，为今之计，只能借太皇太后的名义，强行把赵惇撸下皇位，再把嘉王赵扩扶上龙椅，才能让朝政重回正常轨道。

好了，绕了半天，两边终于互相交了底。

赵彦逾见赵汝愚已经有了计划，便催道："留丞相既然以足病为理由走了，那就是老天把这件大事托付给你来办，你就不要迟疑不决了！"

赵汝愚被赵彦逾激得热血沸腾，再也不掩饰自己的志向，表示正筹划着如何实施这个方案。

赵彦逾随即又添了一把柴："禫（dàn）祭的日子快要到了，正好可以动手！"

所谓"禫祭"，是帝王入殓后的一个礼仪环节，等过了禫祭，臣子们就可以除去丧服，恢复正常。

赵昚禫祭的时间，正是三日之后！

赵汝愚翻了翻黄历，发现那还真是个甲子吉日，当即拍板同意！

好吧，咱就来一场说干就干的政变！

激动过后，赵汝愚告诉赵彦逾，要想办成这件大事，还得再去拉两个人入伙。

赵汝愚第一个要找的人叫郭杲（gǎo）。

郭杲时任殿前都指挥使，掌管着宫廷宿卫大权。他出身将门，父亲郭浩是驻守四川地区的一名悍将，曾和吴璘齐名。郭浩成名后，子孙辈都成了宋军中坚人物，郭杲即是其中之一。

要想玩政变，自然少不了军队的支持，所以赵汝愚让赵彦逾赶紧想办法做郭杲的工作。

赵彦逾和郭杲平时关系密切，觉得这事问题不大，便先派了个下属去联络。派去的人找到郭杲后直接说明了来意，可郭杲办事非常小心，任凭来人怎么说，就是不开口，既不答应，也不拒绝。

没办法，最后赵彦逾还是亲自去找了郭杲。

赵彦逾一见到郭杲，便嚷道："现在外面议论纷纷，太尉（指郭杲）难道不知道吗？"

郭杲回答："确实知道，不过我又有什么办法呢？"

赵彦逾把内禅的计划又说了一遍，然后又拿出激将法："我与枢密（指赵汝愚）只能是谋划一下，你是国家的虎臣，这事的成败全在你身上了。"

郭杲见赵彦逾想拉自己入伙，一时半会儿不敢应承，只得继续低头保持沉默。

见郭杲不出声，激将大师赵彦逾再次发威："你该不会是担心自己的一家百口吧！我今天可是对你坦诚相待，你却一味不搭理。枢密问起，我怎么回复呢？难不成，你另有图谋？"

赵彦逾这番话非常厉害，先是指责你只顾自己的小家族利益，没有担当，继而表明我是代替宰执班子（枢密）来问你的态度。Yes or no，好歹要给我个准信儿。

最后那句"另有图谋"最厉害：你如果不答应入伙，那就是有其他私心杂念！将来有你的好果子吃！

郭杲被赵彦逾一逼，明白自己想置身事外也不可能了，便恭恭敬敬地站起身来，拍着胸脯表示："敢不效命？请给枢密回话，我一定领命行事！"

好嘞，要的就是你这句话。

赵彦逾成功说服（逼迫）郭杲入伙后，立刻向赵汝愚复命，接下来，他们必须马上搞定第二个人——韩侂胄（tuō zhòu）。

韩侂胄，字节夫，绍兴二十二年（1152）出生，相州安阳（今河南安阳）人。

韩侂胄不似郭杲那样有显赫的官位，但他有着独一无二的血缘优势。韩侂胄的曾祖父是名相韩琦，祖母是神宗赵顼（xū）的第三个女儿唐国长公主，母亲是太皇太后吴氏的妹妹。也就是说，人家是当朝太皇太后吴氏的亲外甥。

这还没完，韩侂胄和嘉王赵扩也能攀上关系。赵扩的夫人韩氏，乃是韩琦的六世孙。所以，算起来，韩侂胄还是韩王妃的叔祖。

韩侂胄凭借着强大的血缘关系，以恩荫入仕，又在短短几年里得到飞速升迁，时任汝州防御使、知阁门事。

知阁门事是阁门司的主官，主要掌管朝会、宴享司仪等事务，有点类似于接待办主任，虽然官位不算太显赫，但因为能经常接近皇帝，实权不可小觑。

赵汝愚拉韩侂胄入伙，是想通过他搞定最关键的人物——太皇太后吴氏。

韩侂胄和郭杲不一样，听到赵汝愚的计划后，工作热情很高，当即表示愿意合作。

韩侂胄在慈福宫内广有人缘，答应赵汝愚后，便转头去找了内侍头领张宗尹，托他向吴太后传递内禅的计划。

吴太后也是久历政治风浪的人，听了张宗尹的递话，不但没有应允，还批评他不该瞎掺和朝内的事情。

得到张宗尹的回信后，韩侂胄不死心，恳求他再试一次，张宗尹可不傻，不想平白无故再挨批，没有帮忙。

到了七月三日，韩侂胄见事情没有办成，急得自己直接奔向了慈福宫，可到了宫门口，他也不能擅自闯进去，只能焦急地在宫门口打转转。

万幸，宫里走出了韩侂胄的另一个熟人——内侍关礼。韩侂胄见到关礼，如捡到了一根救命稻草，他把计划和盘托出，请关礼帮忙再去游说吴太后。

关礼倒是一个既仗义又聪明的人，答应韩侂胄后，一溜烟跑去拜见了吴太后，刚一见面，啥也不说，跪在地上，号啕大哭。

吴太后被他哭得莫名其妙，忙问："你到底有什么委屈啊？"

关礼接茬儿："我倒没什么事情，只是天下可忧啊！"

吴太后一听，明白了——又是一个来游说的。

关礼见吴太后没发火，擦了一把眼泪："都说圣人读书万卷，可几曾遇到现在这样的局面？岂不是马上要天下大乱？"

吴太后听后，冷冷地回了句："这事不是你该知道的。"

关礼不管吴太后的态度，继续一把鼻涕一把眼泪地哭诉："这事不是我该不该知道的问题，现在人人都知道啊。留丞相已经出朝，朝中目前可依仗的只有赵知院。赵知院早晚也会出朝的，到时候天下还能指望谁呢？"

关礼的这番话让吴太后有所触动。

吴太后惊讶地问道："赵知院是宗室大臣，他和别人可不一样，怎么也会离朝？"

关礼回答："赵知院之所以没离开，不光因为他是宗亲，还因为有太皇太后您可以依仗啊！现在，他定下了大计，却迟迟不能得到太皇太后的同意，所以也不得不离朝。如果他再一走，天下不知道会变成什么样呢。"

吴太后听后，意识到事情的严重性，语气开始缓和："那你说该怎么办才好？"

关礼见事情有门儿，擦把眼泪继续说道："今天，赵知院特命韩侂胄来向您禀报内禅的事情，还望太皇太后三思，早日定下大计！"

吴太后急忙问："韩侂胄现在在哪里？"

"他正在宫门外等待太皇太后的谕旨。"说完，关礼长舒一口气。

这位史册中毫不显眼的宦官，终于依靠自己的智慧完成了使命。

……

七月三日，也正是赵昚大祥那一天，赵汝愚在府中度过了最难熬的一天。表面上他什么都没干，实则坐立不安。就在太阳下山的时候，他终于等来了两个满意的消息。

按原定计划，赵汝愚将在七月五日，也就是赵昚禫祭的日子，完成禅让大典。

在仅有的一天准备时间里，赵汝愚请来太皇太后的谕旨，命郭杲率军包围皇宫和重华宫，同时命人通知百官、拟定诏书、赶制黄袍……

里外一通忙活后，南宋的第三场内禅大戏终于如期开演。

赶鸭子上架

七月五日晨，嘉王赵扩、许国公赵抦在军队护卫下率先来到重华宫。接着，赵汝愚率领群臣在赵眘梓宫前班列就位。再往后，太皇太后吴氏出场，垂帘召见宰执们奏事。

人都到齐了，接下来，赵汝愚和吴太后便按照编好的台词，开始了一段非常无趣的表演：

赵汝愚："皇帝因为生病，到现在还不能为太上皇执丧。臣等屡次请立皇子嘉王为皇太子，皇帝下御批'甚好'。此后又下批'历事岁久，念欲退闲'。请太皇太后处分。"

吴太后："皇帝既有成命，相公自然应该奉行。"

赵汝愚："此事将要布告天下，并记录史册，事关重大，还是要降一指挥（宋代诏令、敕令的统称）才可以。"

吴太后："好。"

赵汝愚从袖中取出早就拟好的诏令。

吴太后装模作样地看了一下，说："很好。"

赵汝愚再拜："今后还有奏请，我们就请新君处分了。如果两宫父子间难以调和，还得烦请太皇太后主张。"

吴太后点点头。

赵汝愚当即宣布，根据太皇太后旨意：嘉王赵扩即皇帝位。尊赵惇为太上皇帝，李凤娘为太上皇后。

接着，便是新皇的登基仪式。

嘉王赵扩在内侍的扶掖下，颤颤巍巍地来到了台前，一边哭天抹泪，一边挣扎着要跑路，表示自己死活不想当这个皇帝。

赵扩还在哭哭啼啼，吴太后却在忙着安慰身边的另一个人——许国公赵抦："我知道外间也有人议论着要立你为皇帝，但我考虑凡事还是应该遵从长幼顺序。嘉王赵扩比你年长，现在姑且让他做皇帝，等他做完了，再让你做。"

许国公赵抦听了，一百个不乐意：什么长幼顺序，把我爸踢出储君的时候咋不这么说了？我只比赵扩小两岁，谁知道还轮不轮得到我？

最尴尬的是，赵抦在出席前，还一直以为自己更有可能继承大位。

当时宋朝有个习俗，皇子一旦即位，百姓有权进入他以前居住的府邸，随便拿东西，称为"扫阁"。赵抦为了减少损失，还预先搬掉了不少东西。现在看来，都成了瞎子点灯——白费蜡（啦）。

赵抦领到了一张空头支票，闷闷不乐地走了出去。

赵抦心心念念地想当皇帝，结果没当成，可另一边，已经被确定为皇位继承人的赵扩却在百般推辞，成了这场内禅闹剧中的又一奇葩景观。

赵扩的眼泪到底是真心还是演戏？这又得翻出一段南宋历史上的公案。

据某些史料记载，在内禅大戏上演前，坊间曾对由谁来继承皇位有过两种说法，有说赵抦的，也有说赵扩的，而许国公赵抦的热度还更高一点，因为大家都觉得他要比赵扩聪慧许多。显然，赵抦受了流言的影响，所以才会有所期待。

事实证明，赵汝愚最终的选择是赵扩。更吊诡的是，坊间还传言，关于皇位继承人的问题，赵汝愚曾经说过一句话：只要赵家的一块肉便可。

赵汝愚究竟有没有说过这句话？无确凿说法，但推测一下，大概率是说过。

此前，留正等人向赵惇请求立太子的时候，拟定人选必定是赵扩，毕竟他是赵惇的亲儿子嘛。但在笃定撇开赵惇另立新君后，很可能有人更倾向于立赵抦，只不过"三好学生"赵汝愚思想比较保守，仍然选择了赵惇的亲子赵扩。

不过，碍于史料的语焉不详，我们已经很难考究其中内幕，综合全部信息，大致能推测的情况如下：

关于立赵抦还是赵扩，朝臣曾有过不同意见，赵汝愚和吴太后并没有太明显的倾向性，但最后还是选择了赵扩。至于赵抦和赵扩本人，他们在内禅大典举行前都没有得到明确的消息。

赵扩是南宋历史上毫无存在感的一位皇帝，他的暗弱在即位的那一刻便表现得淋漓尽致：面对群臣的拥立，他居然吓得一把挣脱内侍，想要跑出大殿。幸亏韩侂胄眼疾手快，一把将他抱住。

赵扩可不是客气推托，他被韩侂胄拽住后，还在玩儿命挣扎，口中还不停念着："告诉大妈妈（指吴太后），我做不得，做不得！"

吴太后才不管那么多，命人取来黄袍："来，我给他穿上！"

赵扩听了吴太后的话，拖着韩侂胄狂奔，最后竟然绕着大殿内的柱子转圈圈，活像在玩老鹰捉小鸡的游戏。

吴太后一瞅，心里直泛苦水：这孩子看来是真没出息啊！

老太太被晃得眼晕，失去了耐心，她大声命令赵扩停下，厉声说道："我见过你公公（赵构），又见过你大爹爹（赵昚），见过你爷（赵惇），今天却又见到你这副模样！"

吴太后说着说着，竟情不自禁地哭了起来。要说老太太也真不容易，她一生跨越南宋高宗、孝宗、光宗、宁宗四位皇帝，见证了三位皇帝的内禅大戏，现在都八十一岁了也不得清净，也够难为她了。

这里还有一个情况需要说明一下，上面的"大妈妈、公公、大爹爹、爷"等称谓，都是南宋的口语称呼。有人可能会纳闷"大妈妈"为什么可以表示"曾祖母"，而"大爹爹"却用来称呼"祖父"。这个我只能诚实地告诉你，我也不知道，你得去问南宋人。

赵扩见老太太发怒了，不敢再造次，乖乖披上黄袍，只是嘴里仍在嘟囔："做不得，做不得！"

韩侂胄等人也顾不得那么多，拥扶（挟持）着赵扩接受众臣劝请。

只是，即便到了这个时候，赵扩仍是一副烂泥扶不上墙的样子，不停念叨着："不可，不可，我怕担负不孝的罪名。"

赵汝愚等人又以江山社稷为说辞，苦劝赵扩安心继承帝位。赵扩这才慢慢收起眼泪，侧身半坐在御座上，一副忸怩极不情愿的样子。

接着赵汝愚率领百官跪拜高呼万岁。谁料，赵扩听到满殿的万岁声，又吓得如弹簧一样，从御座上跳了起来。

这时候赵汝愚也管不了那么多了，他命内侍挟着赵扩强行完成了拜谢太后、祭奠孝宗、接受百官朝见等一系列礼仪。

经过一番折腾，闹哄哄的内禅大戏方才宣告落幕。

南宋自此迎来了自己的第四位君主——赵扩，历史上的宋宁宗。

新君即位，大家如释重负，这时人们似乎忘了，就在不远处的皇宫里，还住着一个生病的皇帝。

哦，准确地说，是一个半疯的太上皇。

赵扩即位的时候，赵惇还被蒙在鼓里，直到典礼办完了，经过内侍的通报，才知道自己被弄成了宋朝第四个太上皇。

第二天，赵扩在韩侂胄的陪同下前去拜见父皇，赵惇还在睡觉，见有人来，只是直勾勾地盯着他们，问了一句："是我儿子吗？"

在得到肯定答复后，赵惇便又侧过身子睡觉了，把两人晾在一边。

看这样子，还是病得不轻。

又过了两天，赵扩率领百官前去看望赵惇。赵惇竟然命人关紧寝殿大门，谁都不见！

赵惇虽说神志不清，但对于自己"被太上皇"一事似乎还是很生气，觉得大家都欺骗背叛了他。赵惇拒绝儿子的问候，甚至连见一面都没有兴趣。

赵惇的不合作表现还引出了一个不大不小的麻烦。他既然成了太上皇，就不能继续住在皇宫里，赵扩原本打算新建一个泰安宫供他居住，自己好入住皇宫，可现在赵惇不肯搬，赵扩也没辙。最后，赵扩只能妥协，把皇宫内的一处福宁殿改建成泰安宫，允许父亲继续留在宫里居住。

赵惇就这样孤零零地被留在了泰安宫里，他拒绝外人的拜见，外人也对这位半疯的太上皇避而远之。

退位之后，赵惇的病情愈发严重，平时一会儿发呆，一会儿痛哭，还经常无缘无故地发脾气。

绍熙五年冬，赵惇完全进入昏乱状态，他满嘴呓语，行为怪诞，经常疯疯癫癫地在宫里乱窜，连宫里的服侍人员都对他避之不及，私下里都称呼他为"疯皇"。

赵惇彻底疯了，陪在他身边的，只剩下那位同样遭人嫌弃的李凤娘。

李凤娘由于平时人缘太差，自从"被太上皇后"后，身边人也懒得搭理她。

于是，在偌大的皇宫里，赵惇和李凤娘成了一对地位最尊贵，其实又最可怜的夫妻。

这两个可怜人在泰安宫里冷冷清清地生活了六年。

后来，李凤娘迷信方术，专门在宫里找了一间精室，天天独自窝在里面拜佛，结果佛不但没保佑她，她反而染上了重病。

庆元六年（1200）六月，李凤娘孤寂地死在精室之中。

两个月后，"疯皇"赵惇也撒手西去，走完了他荒诞的一生。

对于宋光宗赵惇，我们实在不好评说什么，或许我们只能说：他是个不幸的人，也给南宋带来了不幸。

第六章　大权独揽

理学大师

新君即位后，接下来的保留节目便是人事洗牌。

赵扩没什么主见，他听说赵眘在位时很信任留正，就派人去召回留正，打算让他继续出任宰相。

留正的脸皮比城墙还厚，真的觍着脸回来了，可是他的威信已经大不如前，没干多久便又被罢相外放。

留正走后，内禅总导演赵汝愚成了宰相的不二人选，他虽然几次推辞，可赵扩执意坚持，他只好受命出任右相。

在调整宰执班子的同时，赵扩根据赵汝愚的推荐，还特召了一名外官入朝。这位被召见的官员名气很大，他的到来，在士大夫群体中引发了不小的轰动。

那就是一代名儒——朱熹。

我们知道，对于那些知识渊博、为某个学派做出过开创性贡献的哲学巨匠，古人通常会以"子"来尊称，比如孔子、老子、孟子、庄子等等。以上"大咖"多集中在先秦时期，而朱熹却是唐宋以后，少有的能与以上"大咖"相提并论的人物。

朱熹，字元晦（又字仲晦），号晦庵，被尊称为"朱子"，我国著名的理学家、教育家、诗人。

朱大圣人出场前，我们先得把理学简单介绍下。理学，又可称为"道学"或"义理之学"，是宋明时期一种影响极大的思想流派。关于理学的精确定义和内涵，那都是大部头著作也说不清的东西，我几句话也说不清。在这里，咱们只要区分几个概念就可以了。

理学和儒学、佛学、道教到底是什么关系？

理学又常被称为宋明时期的儒家思想，朱熹也被称为新儒家，往粗了说，理学可以认为是儒学的新发展。可理学虽名为新儒学，却又吸收了不少佛学的思维，所以经常被称为"儒表佛里""阳儒阴释"，简单说，就是添加了佛学成分。

理学又称"道学"，有人又会以为它和"道教"有瓜葛。其实关系不大，只是撞名了而已。

理学在民众中的风评并不好，总给人一种古板守旧的感觉，尤其是那句"饿死事小，失节事大"，不知招来了多少口水战，害得朱熹个人形象也受损。其实，最先说出类似的话的人是程颐，而且本意只是想强调下气节而已，结果，传来传去，本意没了，坏名声都摊到了朱熹头上，谁让他是宋朝理学的集大成者呢。

朱熹于建炎四年（1130）九月出生于南剑州尤溪（今福建尤溪县）。朱熹的父亲叫朱松，朱熹是朱松的第三个儿子。据说，朱熹出生时，朱松恰好看到窗外熹微初露，所以给他起名为"熹"。

朱熹从小就展示出来一名哲学家的天赋，还不到五岁的时候，便会望着天空独自思索。在现在看来，那就是一个喜欢走神发呆的问题少年。

有一天，小朱熹指着天空问父亲朱松："爹爹，天外面是什么呢？"

朱松被问住了，只能随口回答："天没有边界，没有内外。"

朱熹并不认同父亲的回答，反问："怎么会有无边的东西呢，比如这墙壁，总该有个边界，而边界外又会是什么呢？"

结果，朱松被儿子问得哑口无言。

朱松本是朝廷官员，因为金人入寇而到尤溪避乱。

绍兴七年（1137），天下初定，朱松应召赴临安当官。可没干几年，他就因为反对议和，被外放饶州任职，还没到任，便于途中病亡。此时，朱熹只有十四岁。

朱松临终前把朱熹托付给自己的几位好友照顾，他们都是学养深厚的人，朱熹在他们的帮助下，不但得到了较好的生活条件，同时也接受了最好的教育。

绍兴十八年（1148），十九岁的朱熹娶父亲好友的女儿刘氏为妻，同年又在科举中考取了功名，虽然名次不高，仅是五甲第九十名，但好歹得到了进身之阶。

绍兴二十一年（1151），朱熹通过吏部的铨试，获得泉州同安县主簿一职。可朱熹似乎对当官不是很感兴趣，依然孜孜不倦地钻研学问。在赴任路上，他去拜访了著名学者李侗，向其讨教。

在同安任满后，朱熹主动中断仕途，又转头钻进故纸堆里。那段时间，他博览前辈著述，尤其倾心于二程（程颐、程颢）洛学的研究，自身学问得以飞速增长，人称"鸢飞鱼跃"之势。在研学之际，朱熹还作诗怡情，随手给我们的课本里加了两首必背古诗：《春日》和《观书有感》。

所以，你也得庆幸朱熹没有转型学苏轼、欧阳修，否则我们的语文课本还得厚几页。

绍兴三十二年，赵眘即位，下诏广求臣民意见。朱熹感到朝政为之一新，积极上书言事。第二年，已经颇有名气的朱熹应诏入对垂拱殿，一上来便向赵眘提了三个意见：一札谈理论，讲修身立本；二札讲反对和议；三札论内政修德。

赵眘听了感觉朱熹调门儿太高，有点书生论道，不但未予重用，反而扔给了他一个武学博士的候阙。

武学博士，那是研究兵书、弓马、武术的学官，这和朱熹的特长差了十万八千里。而且武学博士就武学博士呗，还是一个候阙，也就是说要等别人任满了才能上位，这不是明摆着寒碜朱熹吗？

朱熹没去搭理这个武学博士的候阙，他还是投进了自己的书斋里，不停地钻研加钻研，琢磨加琢磨。到了这个阶段，朱熹已经成为声名远播的大学者。

乾道年间，朱熹开始走出福建，到全国各地寻找同行切磋交流。此时，他成为福建一脉的领军人物，与湖湘张栻、浙东吕祖谦两位理学大家并称为"东南三贤"。

乾道五年，朱熹的母亲去世了。朱熹专门在母亲的墓旁修建了寒泉精舍，一边为母守墓，一边开始了长达六年的著书立说，史称"寒泉著述"。

淳熙二年（1175），吕祖谦从浙江赶来，拜访朱熹，两人切磋了一个多月。接着，吕祖谦便把他带到了信州（今江西上饶）鹅湖寺，会见了另一位大儒——陆九渊。

陆九渊也是一位理学大家，但他的观点和朱熹多有不同，两人的主要分歧在于对"心"与"理"的认识。这些玄乎的观点实在"烧脑"，简而言之，朱熹认为"心"和"理"是两回事，但陆九渊认为两者就是一回事。

思想家们辩论了十天，结果谁也没说服谁，不过这次"鹅湖之会"倒成了中国思想史上的大事件。

当年两位辩得唾沫横飞的大学者肯定不会想到，他们的学说此后均被发扬光大，对后世产生重大影响。朱熹的理学将一度占据官方理论的统治地位，而陆九渊的心学则在明代被另一个"大咖"——王阳明传承。

淳熙五年（1178），朱熹得到了知南康军（今江西九江境内）兼管内劝农事的差遣，可他还是把当官作为副业，仍然走到哪里学到哪里。这段时间，他开始教书育人，传播自己的学说理论。在那里，他修复了废弃的白鹿洞书院，同时置办学田，供养贫穷学子，并亲自订立学规，著名的《白鹿洞书院学规》成了最早的教育规章制度之一。

又过了五年，他跑到武夷山九曲溪畔创建了武夷精舍，继续边著书边聚众讲学。那几年，他将《大学章句》《中庸章句》《论语集注》《孟子集注》四书合为一体，并潜心修订《四书章句集注》，后来"四书"成了封建科举的标准教科书，在很长一段时间里成为人们思想行为的规范。

淳熙十六年（1189），朝廷任命朱熹为漳州（今福建漳州）知州，五年后，又转任潭州（今湖南长沙）知州。在那里，他改建了位于岳麓山下的岳麓书院，处理政务之余，仍坚持收徒授学不懈。岳麓书院也成为南宋全国四大书院之一，至今仍声名远播。

绍熙五年（1194），还在潭州任上的朱熹得到朝廷诏令，出任焕章阁待制、侍讲，这就意味着，他将给一个特殊的学生上课——皇上赵扩。

愤怒的韩侂胄

朱熹对这次入朝为官，心中还是充满期待的，毕竟这回可不再是什么专业不对口的"武学博士"，而是让他主持经筵讲学。

所谓"经筵讲学"，就是皇帝召集几位众所公认的大学者，轮流给自己上理论课。对于士大夫来说，那是莫大的荣耀，也是将自己的思想付诸实践的大好机会。

而且，赵扩对朱熹的到来也表示了相当的诚意，他表示自己久闻朱熹的大名，非常仰慕，早在王府的时候便想把他召来当讲官，现在终于得偿所愿。

朱熹兴冲冲地赶到临安，却很快发现，事情并不如他想象的那般美好，他在侍讲的位置上屁股还没坐热，便遇到了一个可怕的敌人——韩侂胄。

韩侂胄以前和朱熹没什么交集，他为什么会讨厌朱熹呢？这事还得怪赵汝愚。

绍熙内禅完成后，照理说参与者应该分享一下胜利果实。这次事件中的主要人物就五个：赵汝愚、赵彦逾、韩侂胄、关礼、郭杲。

赵汝愚是总导演，后来晋位成了宰相，其他人都眼巴巴地看着他，准备怎么安排一起干活的兄弟们。

殿前都指挥使郭杲用武力保证了内禅成功，当月就晋封为武康军节度使，得到了武将最看重的节度使头衔。关礼在说服太皇太后一事中，功不可没，事后晋升为内侍省都知、提举皇城司，这已是宦官界的天花板了，也不错。不过，关礼倒是难得的谦虚，竟然主动拒绝推恩，请求致仕。事实证明，他还真是一个难得的脑袋清醒的宦官，这份清醒让他早早避开了后面的权力纷争。

对赵彦逾和韩侂胄的回报，赵汝愚却显得有点小家子气。

据说，在内禅前，赵汝愚曾答应赵彦逾，事成之后把他拉入宰执班子。

可真到了"分果果"的时候，赵汝愚却对赵彦逾食言了。赵汝愚语重心长地告诉赵彦逾："咱们都是赵家宗室之臣，不能求功，你还是外放做个成都知府吧。"虽说成都知府也是一方大员，可赵彦逾很不爽，带着一肚子怨气走了。

关于韩侂胄，内禅前赵汝愚曾许诺他节度使头衔，事后赵汝愚却告诉他："我是宗室之臣，你是外戚之臣，怎么可以论功？"最终韩侂胄只领了一个宜州观察使、枢密都承旨。

赵汝愚没有满足赵彦逾和韩侂胄的心理预期，两位曾经的战友因此对他恨之入骨。韩侂胄公开和赵汝愚撕破了脸，赵彦逾则暗地里倒向了韩侂胄。

有人见赵汝愚这事做得有点过，便过来劝他最好还是满足韩侂胄的愿望，反正官帽多的是，也不在乎这么一顶。

赵汝愚是"三好学生""五好青年"一路过来的，认为别人也该和自己一样，按照最高道德标准来约束自己，故而断然拒绝了这些建议。而且，赵汝愚对韩侂胄那副汲汲于功名的贪婪样儿非常看不上眼，内心极度反感。

韩侂胄是靠裙带关系上来的官员，他不可能有赵汝愚这样的思想觉悟，只觉得赵汝愚这种行为属于过河拆桥、上屋抽梯，非常不地道，非常不仗义！

自此，韩侂胄开始公开表达对赵汝愚的不满，两人渐成水火不容之势。

朱熹入朝后，也发现了这个问题。在这件事情上，朱熹倒一点也不迂腐，几次写信劝赵汝愚厚赏韩侂胄，然后再把他外放做大官，以免在朝中给自己树敌。

只可惜，朱熹的劝谏也没说动赵汝愚。

韩侂胄把赵汝愚当成眼中钉、肉中刺，必欲除之而后快，他开始到处拉帮结派，壮大自己的实力。

对于韩侂胄的小动作，赵汝愚不是不知道，但他都没当回事。因为从官位上看，两人根本不是一个量级的对手。而事实证明，赵汝愚的轻敌会给自己带来灾难性的后果。

韩侂胄官位低不假，但他有自己的独特优势。前面说了，他是太皇太后吴氏、韩皇后（赵扩称帝后，王妃韩氏晋封皇后）的亲戚，有这层关系在，赵扩对他非常信任。再者，无论是之前的知阁门事，还是现在的枢密都承旨，都是容易接触皇帝的差事，要夹带点私货很容易。

以上因素还不是最重要的，韩侂胄的另一个撒手锏更厉害——御批。

所谓御批，又称御笔、内批，是皇帝独有的行使权力的一种方式，即由皇帝直接发布命令，决定人事任免等重大事项。

说到这里，很多人肯定会一头雾水：在那个时代，本来就是皇帝说了算，这不是很正常吗？

事实上，大众的这种印象和实际状况并不相符。按照宋朝正常的行政程序，皇帝的大多数指令并不能直接交付实施，必须经过中书（宰相）讨论后，才能拟稿下发。其间，在诏令起草过程中，中书舍人、给事中可以封驳，诏令出来后，台谏们还有权"喷口水"。

这是古代帝王为了防止君权滥用进行的制度设计，虽然不是绝对有效，但至少能起到一定的制约作用。

可如果皇帝动用御批就不同了，一竿子插到底，什么宰执、给舍、台谏，统统成了空气。唯一得利的便是身边能够影响君主思维的近臣，他们可以借着御批，上下其手，揽权谋私。徽宗赵佶当政的时候，这种非常规操作就被玩坏了，惹出了一堆乱子。

赵扩不是"霸道总裁"，也不像赵佶那么爱胡闹，可他有一个致命的缺点——没主见。

在宋朝历史上，赵扩在位三十年，时间不算短了，可他却是一个毫无存在感的君主。

赵扩是一个非常平庸的人，性格老实，但天分不高，这一点在他当皇子的时候已露端倪。当时赵昚、赵惇为了培养这位皇子，为他请了一堆名师家教，可他经常连一些最基本的概念都弄不清楚。正因为如此，才会有很多人想另立赵抦为皇帝。

庸懦的赵扩是被人推上皇位的，自己并没有太多的想法，对各种建议也缺乏判断力，他唯一想要的，便是过一种清净的生活。

赵扩的个性，让身边的韩侂胄有了可乘之机。韩侂胄凭借内禅一事取得赵扩的信任，并轻松为赵扩洗脑。

无主见的赵扩对韩侂胄越发倚重，御批也渐渐成了韩侂胄狐假虎威的利器。

当韩侂胄和赵汝愚形成对立之势后，围绕在两人身边，也形成了两个敌对的官僚集团。

如果按照一般道德观念，赵汝愚的人品和才学完全碾压韩侂胄，那些饱读诗书的官员应该团结围绕在赵汝愚身边才是。可残酷的现实又告诉我们，投身到韩侂胄门下的官员，也不在少数。

长期以来，赵汝愚都是一副不苟言笑的样子，对于别人的请托从来都是严词拒绝。而韩侂胄就不一样了，只要你肯跟我混，什么道德原则，什么清规戒律，都不重要。

人都是怀有私欲的，贩夫走卒如此，读了圣贤书的士大夫也一样。试想，如果你是一名南宋官员，你的亲族子弟科考几度落榜，想让朝廷恩荫一下；又或者，你在一个鸟不拉屎的偏远地区干了三年，想趁磨勘之机换一个富庶的地方干干。当你把想法说给赵汝愚后，被劈头盖脸地骂了一顿，转头找了韩侂胄后，人家二话不说帮你把事给办了。

如此一来，你在内心会倾向于谁？至于韩侂胄使用的手段，你还会有多少心情去探究是否符合章法？

你出卖灵魂，他给你利益，公平交易，童叟无欺。

也正因为如此，那些在威逼利诱面前仍能坚守气节、追求正义的人，才显得弥足珍贵。

以上不是我的主观想象，而是残酷的历史记录。

绍熙五年八月，一名叫刘德秀的地方官任满回朝，想要得个美官，赵汝愚只给他安排了个大理寺主簿，刘德秀转头去找了韩侂胄，韩侂胄立刻御批他为监察御史，成为显赫的台谏官。

绍熙五年九月，宰执班子有出缺，刑部尚书京镗想挤进来，他知道赵汝愚对他无好感，于是去托了韩侂胄，韩侂胄一句话，让他做了签书枢密院事。

这位刘德秀后来成了韩侂胄掌控下的台谏喉舌，京镗则成了韩侂胄在宰执班子中牵制赵汝愚的重要棋子。至于有类似情况的小角色，如过江之鲫，数不胜数。

朱熹是赵汝愚眼中难得的同类。

朱熹听说御批被滥用的事情后，也是心急如焚，便想借着经筵讲学的机会劝谏赵扩。

一日，朱熹经筵讲学完毕后，趁机上疏赵扩：陛下刚即位不久，选择宰执大臣和台谏官员（进退宰执，移易台谏）……都出于自己独断，不和大臣商量，不经过封驳（大臣不与谋，给舍不及议），这可不是治理国家的正确方法，也容易开启祸端……人们都说你身边的人在操弄权柄（皆谓左右或窃其柄），那所办的事还能符合公议吗……

赵扩收到朱熹的上疏，做法很奇特，既不采纳，也不批评，而是把朱熹的奏札发下去，供大家讨论。

韩侂胄看了奏疏，气得鼻孔冒烟：你个朱老夫子，干脆直接点我的名好了！

和朱熹一本正经讲道理的方法不同，韩侂胄的反击手段就更人性化了。他没有拉着赵扩说理，而是安排赵扩看了一场傀儡戏（宋时用木偶来表演的戏剧）。

韩侂胄让一个优伶刻了一个朱熹的木偶像，效仿他一板一眼地讲道理，把朱熹演绎成了一个僵化的老古板，极尽讽刺挖苦之能事。赵扩见了也没说什么，只是津津有味地看戏。

韩侂胄见赵扩不反感，趁机在旁忽悠，称朱熹就是一个迂阔的书呆子，根本不堪大用。为此，韩侂胄还恰到好处地举了一个例子，说赵扩日理万机，朱熹却让他每天去看望一次太上皇，这不是迂腐是什么？

　　古人再怎么讲孝道，每天朝见一次确实夸张了一点，朱熹有没有说过，这就得问赵扩了。反正赵扩听了韩侂胄的话，频频点头赞许。

　　在韩侂胄的影响下，赵扩也觉得朱熹那副板着脸教训人的模样不讨喜，便动了打发他走人的念头。

　　闰十月二十一日，朱熹刚完成一次讲学，赵扩就颁下了御批：

　　　　"朕悯卿耆艾，方此隆冬，恐难立讲，已除卿宫观，可知悉。"

　　翻译一下：我顾惜你年事已高，现在又值隆冬时节，站着讲课估计受不了，已经给你安排了一个宫观闲职，就这样吧。

　　朱熹接到御批后倒没说什么，赵汝愚知道后坐不住了，连忙去找了赵扩，要求收回成命，甚至态度坚决地表示：如果你要罢免朱熹，那我也不干了！

　　赵汝愚这种硬怼的行为让赵扩很不高兴，自然没予搭理。

　　过了两天，朱熹还是悻悻地走上了离京之路。

　　此次入朝，前后不过四十六天，来时踌躇满志，走时意兴阑珊，他致君尧舜的梦想又一次被击得粉碎。

庆元党禁

　　朱熹被赶走后，朝廷上还是引起了不小的震动，毕竟他的名声实在太大，在学究派官员中很有影响力。有人劝赵扩把朱熹召回来，但并未奏效，直到吏部侍郎彭龟年出面说话，赵扩才有所触动。

彭龟年曾经担任过嘉王府直讲，备受赵扩信任。赵扩罢黜朱熹的时候，彭龟年正好受命护送金国使臣出境，回来听说朱熹下岗了，立刻去找赵扩说情，并表示自己曾和朱熹约定，要一起为皇上讲课，现在朱熹走了，自己也没脸继续干下去。

赵扩见又跑出来一个和朱熹"捆绑销售"的，心里很不舒服，但彭龟年又是他非常信任的老师，也不好说什么。

十二月九日，彭龟年上书直谏，奏劾韩侂胄擅权乱政。当着赵扩的面，他把韩侂胄干的事情如数家珍地说了一遍。

赵扩第一次听说韩侂胄居然如此大胆，颇有点幡然醒悟的味道，就对彭龟年说道："正因为他是我的亲戚，才对他如此信任，没想到他竟然胡闹到如此地步！"

彭龟年见告状成功，回去把情况告诉了赵汝愚，让他做好应对准备。

事后，赵扩果然把赵汝愚找了过来，商量如何处理彭龟年和韩侂胄的事情。令赵汝愚意外的是，揣度赵扩的言语，他并没有完全倾向彭龟年，而是觉得两边一个是亲戚，一个是王府旧僚，交情都不错，处理起来有点纠结。

最后，赵扩说出了一个让人惊掉下巴的方案：两边都是亲友，只处理一个总不太好，要不干脆都罢免了？

赵汝愚听后，非常无语。

作为皇帝，两边吵架，你总该分个是非曲直吧？你好歹要有个态度吧？哪怕判断是错误的。

赵汝愚当然不能指责赵扩糊涂，他只能给出一个更有利于彭龟年的建议：让韩侂胄奉"内祠"，彭龟年保留原职。

啥叫内祠呢？"祠"便是有名无实的宫观使，内祠则是留在京城的宫观使。

赵扩出名的没脑子，听了赵汝愚的话，点头同意。嗯，不错，就这么办吧。

在这里，赵汝愚看上去是胜了韩侂胄一回合，其实却留下了一个致命的破绽。错就错在他没把韩侂胄赶出朝廷，让他继续留在京城。要知道，韩侂胄的权力并不是来自于他的官职，而是源自他对皇帝的影响力。这种情况下，最好是把韩侂胄支得远远的，哪怕在品级上做一些让步。

无奈赵汝愚是一板一眼的人，要心眼并不是他的特长。

这边赵汝愚刚走，消息灵通的韩侂胄便在诏令下达前开始了"活动"。他立刻去找赵扩诉苦，轻易地说服皇上调整了原先的方案。

最后颁下的御批让赵汝愚大吃一惊：韩侂胄出任保宁军承宣使、提举佑神观，仍兼枢密都承旨。可彭龟年却没有保住自己的官职，外放成了江陵知府兼湖北安抚使。

结果，赵汝愚又一次错失了扳倒韩侂胄的机会，而且还搭进去了一个宝贵的盟友。

赵汝愚失手后，韩侂胄开始了自己的反击，他帮盟友京镗提升为副相，掌控朝廷喉舌的台谏系统也悉数换上了自己的人，一点一点蚕食赵汝愚的地盘。

赵汝愚在朝中日渐被孤立，强烈的自尊心让他无意在朝中逗留，萌生了主动去位的想法。

庆元元年（1195）正月，新年刚过，赵汝愚便递上辞呈要走人。韩侂胄胜券在握，不想让赵汝愚这么轻松地一走了之，还想把他彻底搞臭，以防他东山再起。

于是，赵汝愚的辞职报告被一直拖着，久久未批。

到了二月下旬，韩侂胄派系的言官开始向赵汝愚发难，他们搜集各类小道消息，污蔑赵汝愚培植私党，仗着内禅的功劳肆意专权（以定策自居，专功自恣）。

赵扩对韩侂胄颠倒黑白的说法完全没有辨别力，在言官们的聒噪下，宣布将赵汝愚罢相，外放观文殿大学士、福州知州。

可即便如此，韩侂胄还有点不解气，经过一番运作，他把赵汝愚身上的唯一实职也剥夺干净，改为观文殿大学士、提举临安府洞霄宫。

从此，赵汝愚完全沦为一个闲官。

赵汝愚走后，上书同情赵汝愚的官员也相继被罢黜。素有参政传统的太学生闻风而起，有六名太学生联名伏阙上书，为赵汝愚叫屈，闹出了很大的动静。

韩侂胄非常气愤，连夜命人将六个太学生抓了起来，以"妄乱上书"的罪名押往偏远处编管。

韩侂胄的横暴无法堵住悠悠之口，尽管他能利用御批残酷地对付反对者，但唱反调的人层出不穷，被打压的六名太学生还被同情者称为"庆元六君子"。

面对不利于自己的舆论氛围，韩侂胄决定改"零售"为"批发"，他和同党一商量，想出了一个"伪学"的罪名，誓把异议者一网打尽。

庆元元年六月，韩派死党刘德秀上疏，希望赵扩效法孝宗皇帝，区分真学和伪学，以此辨别朝臣的忠奸。

刘德秀告诉赵扩，孝宗赵昚从来都不看好道学（理学），认为那是"伪学"，所以你该效法祖宗，严禁道学。

赵昚确实对道学不感冒，但那也就是学术思想上的判断，从来没说过要把道学之士怎么样，更没有说要以此来辨别忠奸。可惜，赵扩并没有能力去深究对错，他很快把刘德秀的奏疏张榜朝堂，以示支持。

"庆元党禁"的序幕就此拉开。

轰轰烈烈的清洗活动开始了，经过韩侂胄授意下的几轮"真伪"甄别，凡是和赵汝愚、朱熹亲近的官员统统被赶出了朝廷。赵汝愚作为"伪学"首脑，虽然已经远离朝堂，但仍被韩党继续穷追猛打。

十一月，赵汝愚被责授宁远军节度副使，贬往永州安置，在前往贬所永州的路上，他不幸身染重病。

次年正月，赵汝愚在衡州（今湖南衡阳）一病不起，最终客死他乡。

随着赵汝愚的死去，韩侂胄在朝中愈发无法无天。

庆元二年（1196）四月，京镗升任右相，成为宰执第一人，朝中的其他重要官位也多由韩党成员把持。

庆元三年（1197）闰六月，韩党把"伪学"升级为"逆党"，赤裸裸地开启党同伐异。

这个时候，能够稍微约束下韩侂胄的，也就只剩下了太皇太后吴氏。吴太后对这位外甥所干的事情并不赞同，但她毕竟年事已高，除了偶尔出来说几句，也起不到实质作用。到了十月，八十三岁的吴太后病逝了，韩侂胄像脱缰的野马，办起事来更加肆无忌惮。

庆元三年（1197）十二月，韩侂胄将"庆元党禁"推到了最高潮。他学习蔡京搞"元祐党禁"的做法，授意同党弄出了一个《伪学逆党籍》，把主要的异己者悉数罗织进去，上榜者多达五十九人。

而且，韩侂胄的筛选方法也和蔡京如出一辙：道学分子未必是逆党，反对韩侂胄的肯定是逆党！

上榜的五十九人，无不遭到恶意打击，罢官的罢官，远贬的远贬，更有甚者被迫害致死。

在那张五十九人名单里，朱熹位列第五，被称为"伪学魁首"，有些无耻的官员为了取悦韩侂胄，竟提出要直接处斩朱熹。

好在韩侂胄对没有实权的朱熹并不感兴趣，没有把事做绝，最后只是剥夺了他的官衔。

受到打击后，朱熹并没有在意自己的安危得失，而是把生命中的最后精力，悉数投入到著述之中。

庆元六年三月，七十一岁的朱熹溘然长逝。这位一代鸿儒一生为我们留下了二十余部著作，共计达两千余万字。

朱熹死后，四方道学信徒聚集信州，祭奠这位伟大的学者。

"庆元党禁"足足折腾了八年，直到嘉泰二年（1202），才渐渐恢复正常。

伴随着党禁的开展，韩侂胄的个人地位是芝麻开花节节高。

庆元元年，晋位保宁军节度使，实现建节夙愿。

庆元二年，开府仪同三司，位比宰相。

庆元四年（1198），拜少傅，封爵豫国公。

庆元五年（1199），封平原郡王。

至此，韩侂胄口含天宪、手握御批，朝廷内外尽是他的鹰犬。总而言之，他成了南宋不是皇帝的皇帝。

人在达到了一个目标后，总是会追求更高的目标，韩侂胄也是一个不断追求新"理想"的人。

在心满意足地料理（折腾）完内政后，韩侂胄又把目光投向了外部，他决意干一件更加轰动的大事！

第七章　开禧北伐

北　伐

在第一卷中，我们说过，当赵匡胤准备拿后蜀开刀的时候，一位叫王昭远的后蜀官员跳了出来，主动要求率兵伐宋，结果不但北伐没成，自己还成了宋军的俘虏。

王昭远没料到，两百多年后，一名南宋官员将完美复制他的剧情。

韩侂胄和王昭远还真有不少相似之处，都是靠上层宠幸得权，闲着没事想折腾点动静。

自从通过"庆元党禁"修理了一大批政敌后，韩侂胄的权势越发膨胀，但他自己也知道权位来路不正，很多人内心未必信服，就想着干一件大事来慑服众人（立盖世功名以自固）。

而当时的情势下，究竟干出怎样惊天动地的大事才能让大家叹服呢？

自然是恢复中原，实现中兴大业啦。

在身边人的撺掇下，韩侂胄对北伐的事情越来越感兴趣，主战的论调也渐渐热了起来。

当然，我们要承认，韩侂胄有理想是好事情，为国雪耻的精神也值得肯定，可任何构想都是建立在现实基础上的，否则，赵昚也不至于只尝试了一次，便没了下文。

而当时南宋的军事实力怎么样呢？还真不怎么样。

赵昚算是最有中兴热情的君主，前期也干了不少强军备战的事情，但到后期，也基本"躺平"了，把希望寄托在了儿子赵惇身上。但以赵惇的表现，任谁都可以想象，别说讨伐金国，没挨揍就很幸运了。再到现在的赵扩，这不都忙着内斗嘛，谁还关心那些破事。

就这样荒废了二十多年，现在你突然说要北伐，就算岳飞转世也困难啊。

如果说内部不景气的话，外部敌人怎么样呢？有没有可能在相互比烂中获胜？

很可惜，情况也不乐观。

此时，金国的皇帝叫完颜璟（jǐng），即历史上的金章宗。

完颜璟是金世宗完颜雍的孙子，父亲完颜允恭曾被立为皇太子，可惜天不假年，没等坐上皇位就去世了。父亲死后，完颜璟被立为皇太孙。

金大定二十九年（1189），也就是南宋淳熙十六年，完颜雍去世，完颜璟继位成为金国第六任君主。也正是那一年，赵昚把皇位禅让给了儿子赵惇。

完颜璟继承了完颜雍的治国策略，他坚定地在金国内部推行汉化政策，使得金国的行政、法律、经济、教育体制日趋成熟稳定。在他的统治下，金国的人口和税入达到历史峰值，进入极盛时期。

当然，完颜璟治下的金国也不是一点问题没有。由于他是以皇太孙的身份即位，这就让很多叔父辈的金国大佬不服气，在他刚即位的那几年，发生了两次谋反事件，所幸都被完颜璟给成功镇压了。

最让完颜璟头痛的事情还不是内部挑战。在金国的北方，一个可怕的敌人正在逐渐壮大，日益威胁他们的安全——蒙古。

完颜璟时期的蒙古还是处于"散装"部落状态，虽然不能对金国统治构成实质影响，但他们所展现出来的强悍战斗力已经让金国北方边境十分吃力。完颜璟为了收拾这个不友好的邻居，不得不频繁出动军队征剿，这自然要消耗大量的国力。

因此，完颜璟在对宋的关系上，向来主张以和为贵，他还多次告诫赴宋使臣，在处理外交事务时，没事少逞口舌之快，尽量避免冲突（毋以语言相胜，务存大体）。

韩侂胄如果真想完成北伐大业，该全面分析敌我双方的力量对比才行，可即使这最基础的一点，他也没有做到。

韩侂胄并不知道，对于独裁者而言，真实客观的信息是他最大的奢侈品。那些围在韩侂胄身边转悠的家伙，无不暗自窥测他的意向，拼命向他输送一些己方形势大好、对方一塌糊涂的错误信息。

只因为他们相信，韩侂胄爱听这个。

记得民国那会儿，袁世凯的长子袁克定为了让老爹下决心当皇帝，炮制了一份只供老袁一人阅读的《顺天时报》，报纸上天天宣扬着民众一心拥护帝制，结果把聪明一世的老袁带到了阴沟里。

老韩的情况大致也差不多，他被围在信息茧房里，每天做着春秋大梦，即使偶尔能听到几句清醒的话，也不愿意醒过来。

到了嘉泰三年（1203），金国很多地方发生了旱灾，到处灾民，得到这一消息的韩侂胄有了天命所归的感觉，打定主意要举兵伐金。

自那一年起，承平了四十年的金宋关系又陡然紧张起来。

嘉泰四年（1204）起，韩侂胄密令守边将领故意挑起事端，试探金国的态度。宋朝军士以及一些亡命徒开始不断偷越到金国境内，打家劫舍，抄掠民财。

对于宋军的挑衅，完颜璟刚开始的态度还比较克制，只是按规矩移文宋朝，责问到底是怎么回事，告诫对方要遵守合约。

宋朝这边收到金国的移文，揣着明白装糊涂。

什么？我们在边境增兵？那不是为了防止北方流民入境嘛，误会，误会。

什么？又有人越境生事？那肯定是不法盗贼干的！我们今后一定总结治安工作，加强边境管理。

完颜璟不想打仗，但不代表他好欺负。南宋近年来的反常表现，早就引起了他的注意，南宋的那些借口托词，他也看得懂。完颜璟只是不想轻易破坏和平状态。

随着南宋的异动越来越明显，完颜璟迫不得已，也随之加紧了应战准备。

金国的克制在韩侂胄眼里反而成了软弱可欺，他越发确信金国已经是穷途末路，这个熟透的桃子，就等着自己伸手去摘。

在厉兵秣马忙着备战的同时，韩侂胄想尽办法煽动着国内的抗金气氛。

嘉泰四年五月，韩侂胄命人在镇江府为韩世忠立庙。一个月后，他又追封岳飞为鄂王。

不管韩侂胄葫芦里卖的是什么药，这些举动，尤其是追封岳飞一事，确实帮他博取了不少舆论支持。对于大多数底层官民而言，他们仍保留着国恨家仇的记忆，对中兴恢复也抱着一腔热忱，而他们根本无从知晓上层决策的内幕，更不可能分清台上的韩侂胄，究竟是岳飞转世，还是棒槌投胎。

到了开禧元年（1205），韩侂胄的北伐准备到了冲刺阶段，那年六月，他又给自己封了一个超大的官——平章军国事。

北宋年间宰相的正式名号，只是"同中书门下平章事"，"平章军国事"的名头，只有资历深厚的元勋宿臣才有资格获得。此前，宋朝戴过这顶帽子的，总共也就四个人，分别是真宗朝的王旦、仁宗朝吕夷简以及哲宗朝的文彦博、吕公著。

也就是说，韩侂胄从此既享有建节、郡王等最高荣衔，又拥有超越宰相的实权。按照韩侂胄自己的说法，人家可不是谋私，之所以这么干，无非是为了更好地擘画北伐大业。

开禧二年（1206）四月，韩侂胄正式起兵伐金。

宋军从东、中、西三线对金朝发动攻击。

东线的主帅为两淮宣抚使邓友龙、山东京东路招抚使郭倪，他们负责主攻两淮地区，是北伐的主力部队。

中线主帅为湖北京西宣抚使薛叔似、京西北路招抚使赵淳、京西北路招抚副使皇甫斌，他们负责进攻湖北河南地区。

西线主帅为四川宣抚使程松、四川宣抚副使兼陕西河东路招抚副使吴曦，他们负责进攻川北陕南地区。

对于这些眼花缭乱的头衔和人名，你大可不必费心去记，因为他们大都也就来"打个酱油"。

唯一需要记一下的就两个人：东路的郭倪和西路的吴曦。

上面提到，支持赵汝愚发动政变的殿前都指挥使郭杲是大将郭浩的儿子，而郭倪则是郭浩的孙子辈人物，他和郭杲具体是什么关系，咱们查不到。你只要知道一点：这位"郭三代"被韩侂胄看中，并委以重任。

吴曦的情况和郭倪差不多，他是川中名将吴璘的孙子，可以称为"吴三代"。

接下来，两位名将之后，将用自己的精彩表演，给你一点小小的震撼。

草草收场

战事开始后，宋军首先在东线发难，郭倪命猛将毕再遇进攻淮水对岸的泗州。

毕再遇的父亲曾在岳家军效力，素以骁勇善战闻名，毕再遇以恩荫补官，入伍后继承了父亲的悍勇风格，虽然当时已年届六十，却仍充当了军中第一先锋。

泗州由东西两座城池构成，毕再遇将战船列阵西城下，以佯攻吸引金军注意，自己亲率精兵直扑东城。金军被他的声东击西之计迷惑，疏于防备，很快被突破城防，放弃泗州向北溃退。

郭倪听说毕再遇首战告捷，兴奋地哼起了小调，并表示要晋升毕再遇为刺史。毕再遇却很清醒，称：咱们大宋在黄河以南有八十一个州郡待收复，你现在刚拿下一个泗州，就封了一个刺史，将来打算怎么办？省省吧。

在东路告捷的同时，中路宋军也拿下了河南的几个小县城。

宋军的胜利，原本只是一个开端，而且很大程度上占了不宣而战的便宜，本不值得过分乐观。可前方的将帅都憋着劲儿拍韩侂胄的马屁，刚有点小成绩，便迫不及待地向朝廷报捷。

后方的韩侂胄也急于用胜利来证明自己，听到泗州大捷，便忘乎所以地庆贺起来。在他的授意下，宋朝正式发布了"北伐诏书"。

按照宋朝"战场上谁也打不过，嘴炮上谁也打不过"的优良传统，北伐诏书那真是文采飞扬。

"天道好还，盖中国有必伸之理；人心效顺，虽匹夫无不报之仇……言乎远，言乎近，孰无忠义之心？为人子，为人臣，当念祖宗之愤！"

不得不说，这几句铿锵有力的口号，读来让人心潮澎湃、群情激奋。如果宋军的表现也能如此慷慨激昂，那倒也是件美事。

只不过，战场上向来是用刀剑说话，而不是笔墨纸砚。

金国收到边关报警后，立刻做出反应。

四月十五日，完颜璟对宋军的三路入侵做出相应部署，他以左副元帅仆散揆（kuí）为主帅，全权负责对宋战争。这位仆散揆，正是南宋隆兴北伐时期金军大帅仆散忠义的儿子。

在南宋下达北伐诏书后的第五天，完颜璟也发布了南征诏书，指责韩侂胄"没事找抽"，非得好好教训一下不可。

五月，金宋两位老冤家再次走上擂台，你一拳我一脚地缠斗起来。

写南宋的军事斗争，一直是件痛并快乐着的事情，痛是因为宋军实在太差劲，除了几次防守战外，主动出击的战斗经常以脆败落幕，你要找几个亮点，必须用放大镜。

开禧北伐也罢，隆兴北伐也好，都差不多。

当韩侂胄还沉浸在泗州大捷的喜悦中时，前方传来的一封封急报，让他眉头直接拧成了麻花。

中路进攻唐州，大败而归。

中路进攻蔡州，大败而归。

东路进攻寿州，大败而归。

东路进攻宿州，大败而归。

宿州的失利让韩侂胄尤为痛心疾首。

指挥宿州一战的主帅仍是郭倪，自收复泗州后，他信心爆棚，打算兵分两路向西北方向推进，一路指向宿州（今安徽宿州），一路指向更远的徐州（今江苏徐州）。其中，宿州的一路更为紧要。

郭倪按照肥水不流外人田的原则，派弟弟郭倬（zhuō）去攻宿州，而让此前表现突出的毕再遇率骑兵直取徐州。郭倬领命后，以猛将田俊迈为先锋，率两万兵马向宿州进发。

田俊迈一路连克虹县（今安徽泗县）、灵璧（今安徽灵璧县），仅用七天便兵临宿州城下，随后郭倬也领着大军赶来，将宿州城团团围住。

在宿州城下，宋军的攻势开始受挫，城池久攻不下不说，自己的粮草还被金国援军给烧了。当时又正值两淮雨季，宋军的军营被淋成了威尼斯。战斗力锐减的宋军只好主动撤围，向蕲（qí）县（今安徽宿州市南蕲县镇）方向败退。

金人见宋军撤围，立刻派出精锐骑兵尾随追击。宋军的机动力不如金军，在蕲县被金军赶上，落入了包围圈。郭倬见自己半路被围，并没有拿出决一死战的勇气，而是无耻地向金军乞和。金军提出把猛将田俊迈交出来，便放郭倬跑路。郭倬很没骨气，还真的把田俊迈给绑了，送到金营。

可怜的田俊迈就这样被上司卖给了金人。此后，他多次拒绝金人的劝降，终被残忍斩杀。

金军得到田俊迈后，并没有完全履行承诺，他们虽然放了郭倬一条生路，但对殿后的宋军仍然追杀不止。

当时，另一路的毕再遇正在赶赴徐州途中，他在半路上遇到了从宿州溃退下来的郭倬，便主动承担了阻击任务，这才让这支败军有了喘息之机。郭倬败北后，毕再遇也无法孤军进发，便将余部重新带回了泗州。

宿州之战折损宋军东线大半精锐，是开禧北伐以来最惨重的一次失利，从此宋军丧失了战略主动权。

如果对照四十年前的"符离之败"，大家会发现，两次失利几乎是同样的地点、同样的剧情、同样的结果。

没错，在同一个坑里，宋军硬生生地给摔了两回。

到了这个时候，韩侂胄有点清醒过来，他终于发现，那些一天到晚在耳边鼓吹北伐的家伙，其实就是一群吹牛扯淡的骗子。

接下来的几个月里，老韩干得最欢的一件事便是贬人，战前煽风点火的谋士，连吃败仗的将帅，一股脑儿都被拿掉官帽，发配远方。那位无耻的郭倬，更是被下令斩首示众。

然而，老韩的怨气是发泄了，可前方的战事怎么办呢？总得有人收场啊。

韩侂胄把老将丘崈（chóng）给找了出来，希望他能够稳住大局。

丘崈已经七十二岁，他是一名坚定的主战派，早年曾受虞允文赏识推荐。丘崈因为主张对金复仇，所以韩侂胄在北伐前就想拉他入伙。可丘崈认为当时还不具备北伐条件，拒绝了韩侂胄的拉拢。

如今，国事艰难，韩侂胄只好把这位有威信，又比较务实的老将搬出来镇场。丘崈出任东线主帅后，主张放弃攻克的泗州，收缩兵力至淮河沿线，全力做好防守，力争守个平局。

韩侂胄对丘崈的保守姿态有点不满，但事到如今，他也不敢瞎指挥了。

至此，宋军全面转入了防御态势。

下面，该轮到金军还手了。

十月一日，金帅仆散揆下令，以东线为主战场，向宋军发动反击。

在东线，金军先后拿下淮阴（今江苏淮安市淮阴区）、滁州（今安徽滁州）、真州（今江苏仪征）等地，进围重镇楚州（今江苏淮安）、庐州（今安徽合肥）、和州（今安徽和县）。

在中线，金军连克光化军（今湖北老河口）、随州（今湖北随州）、荆门军（今湖北荆门），进围重镇襄阳（今湖北襄阳）。

战事打了两个月，宋军除了拼死守住几个主要据点外，其余两淮州县几乎丢了个一干二净，而且折损了大量军队。此时，金军再次兵临长江，威胁临安。

韩侂胄收败报收到手发软，急得头发胡子都白了（为之须鬓俱白），也想不出辙来。

说到这里，大家可能会有个困惑：说好了宋金双方是东、中、西三线厮杀，怎么只见东路和中路的消息，没见西线的战况呢？

事实上，不是西线不热闹，而是那里出现了一个特殊情况。

就当韩侂胄为战局焦头烂额的时候，西线传来了一个特大消息，一个比东、中两线更让他抓狂的消息——吴曦叛变了！

吴曦之叛

开禧三年（1207）正月，新年刚过，西线传来消息，四川宣抚副使吴曦在兴州（今陕西略阳县）接受金朝册封，自立为"蜀王"，公然叛宋！

吴曦的反叛，还要从遥远的吴家军说起。

吴玠、吴璘兄弟在汉中、川北的抗金战斗中屡立战功，为宋朝守住了川蜀大地，并锤炼出了一支强悍的吴家军。当时的吴家军，和岳家军、韩家军一样是宋朝重要的军事力量。吴玠、吴璘兄弟也逐渐成为四川地区的实际统治者。

吴玠在金宋和议达成前就去世了，弟弟吴璘成了吴家军的统领者。赵构和金国达成和议后，开始着手削夺各路兵权。但是，由于四川地处偏远，情况太特殊，所以朝廷一直未对吴家军采取措施。

吴璘去世后，他的儿子吴挺又继任吴家军新统帅。到了赵昚统治末期，吴家已经掌握四川军政大权五十余年。这种情况引起了朝中很多人的议论，他们认为长此以往，四川会成为吴家的独立王国，非常危险。

可朝廷碍于很多实际困难，除了把一些吴家子弟留在朝里做官，还是没采取其他进一步措施。

到了光宗绍熙年间，吴挺去世，在赵汝愚的建议下，朝廷将吴挺的儿子吴曦调任建康军马都统制，后又升迁为殿前副都指挥使，暂时解决了吴家几代人世袭蜀地兵权的情况。

事实证明，赵汝愚的这个决策还是有先见之明的。这个吴曦虽然才能不及父辈，但内心张狂得很，他不甘心在朝中领一份高官厚禄，一直盘算着如何重新入蜀，统领吴家军。

更可怕的是，吴曦的野心甚至还不止于做个地方大员，他更想把四川经营成吴家世代掌权的独立王国，哪怕成为刘豫第二也在所不惜。

所以，吴曦一直"身在朝廷心在川"，天天琢磨着如何才能从朝廷脱身，重新回到蜀地。

韩侂胄的北伐计划，为吴曦送来了千载难逢的好机会。

吴曦知道韩侂胄想三线同时起兵，便用重金贿赂韩侂胄的亲信，不停地在韩侂胄耳边念叨：只有吴曦才能镇住川蜀，帮助你实现北伐大业。

韩侂胄被说动了，同意放吴曦归蜀。

嘉泰元年（1201），吴曦被任命为兴州都统制、利州西路安抚使，重新回到蜀地。入蜀后的吴曦，一边继续撒钱贿赂韩侂胄亲信，一边利用之前的关系网，攫取蜀地的军政大权。

开禧二年年初，吴曦被任命为四川宣抚副使，成了宋朝西线军队的副帅。

金国对吴曦的为人也有耳闻，为了应付即将到来的战争，便想着策反吴曦。开禧二年的二三月间，金国秘密派人给吴曦送来了一份诱降书。

吴曦本就有反心，收到诱降书后怦然心动。

于是，北伐刚开始，吴曦便着手实施独立称王计划。

　　四月下旬，吴曦派密使赴金，以献出阶、成、和、凤四州为条件，请求金国册封他为蜀王。

　　这四个州位于现在的甘肃、陕西南部，与川北接壤，位置很重要。

　　从地理上看，宋军把守的入蜀关口主要有三道防线。第一道防线便是金宋划界后约定的大散关一线；接下来的第二道防线便是上面的阶、成、和、凤四州；第三道防线则是川蜀内部的仙人关、武休关、七方关，人称内三关。

　　吴曦放弃这块战略要地，志在向金国表明，自己只想关起门来做一个山大王，别无他图。

　　尽管吴曦的卖国热情很高，可真到了关键时刻，金国却反而害怕吴曦是诈降，没有马上做出反应。

　　这下倒把吴曦弄得很尴尬，都不知道接下去该干什么。

　　可吴曦既然上了贼船，就没有再下来的道理，为了证明自己当"宋奸"的诚意，他在与金军作战时处处放水，使得原本战斗力较强的西路军连吃败仗，连重兵扼守的大散关，也因吴曦的主动撤兵而失守。

　　吴曦主动放弃第一道防线的做法赢得了金军的信任，完颜璟连忙命人准备受降行动。

　　到了十二月，吴曦如愿以偿收到了金国的册封诏书和王印。

　　吴曦收到金国的诏书后，遣使向金献上了川蜀地图、吴氏谱牒、谢恩表等一堆东西，并率部撤退到了兴州大本营。

　　开禧三年正月十八日，吴曦在兴州自立为蜀王，成为继张邦昌、刘豫之后的第三个金国傀儡。事实上，他的地位甚至还不如张邦昌和刘豫，因为前面两位至少还能自称皇帝，而他只是封王而已。

吴曦随后引导金兵占领了阶、成、和、凤四州，同时派兵沿嘉陵江乘舟东下，去抢占沿江入川的要道。在吴曦眼里，只要守住了陆路和水路的入蜀道口，宋朝朝廷肯定不能把他怎么样，更何况，自己背后还有金国这座大靠山。

接下来，吴曦迫不及待地命人到成都去营造宫殿、安抚人心，就等形势稳定后，美滋滋地迁居过去，享受生活。

吴曦叛变的消息传到朝廷后，让本不太平的朝堂再次沸腾。韩侂胄一通骂娘过后，还得垂头丧气地考虑怎么收拾烂摊子。

也有人劝韩侂胄认清形势，干脆顺水推舟封吴曦为王算了。他不就是想当蜀王吗，干脆宋朝也封他一个，总比让他倒向金国好。韩侂胄一开始竟然也听了这个馊主意，派人致信吴曦，劝他回心转意，当宋朝的蜀王。

可信函一发出，韩侂胄回过味儿来了，人家都已经走出叛宋的这一步了，怎么可能再回头？这不是扯淡吗！

思来想去，还是得武力解决这个叛徒。但是，眼下军队都在对付金军，又上哪儿去找人呢？

唯一可指望的，只能是蜀地现有的军队。

当时，南宋将四川地区分成了利州西路、利州东路、成都府路、潼川府路和夔州路五个部分，利州西路是吴曦的掌控地区，而毗邻利州西路的则是利州东路和成都府路。

但两路安抚使的表现非常一致——弃官跑路。

可笑的是，朝廷竟然还认为这两个家伙表现不错：至少没跟着吴曦谋叛嘛。

话说回来，也怨不得他们，要说平叛责任，首先也该是四川宣抚使程松才是，毕竟吴曦名义上只是四川宣抚副使，还比程松低一头呢。

至于这位程松，还真不能抱什么期望。

此人原是临安府下辖钱塘县的一个知县，能得此高位全靠一项官场传统技能——拍马屁。

有一次，程松听说韩侂胄和一个宠幸的小妾闹了脾气，把小妾赶出了门，便千方百计找到小妾，并迎进家中当菩萨供了起来。为了让韩侂胄的小妾满意，程松极尽讨好之能事，吃穿用度自不必说，他和老婆还客串起了服务员，对待那位小妾比侍候自己的爹妈还孝顺。

过了几天，韩侂胄怒气消了，想找回宠妾，程松立刻将小妾主动奉上。韩侂胄从小妾口中得知程松对她恭敬无比，心中大喜，立刻将他提拔。

到了嘉泰元年，无才无德的程松竟然出任同知枢密院事，位列宰执。到了开禧北伐的时候，韩侂胄听说他和吴曦私交不错，就任命他为四川宣抚使，主持西线战事。

就这号货色，谁还能把希望寄托在他身上？

程松得到吴曦反叛的消息后，溜得比谁都快，日夜兼程地跑出三峡后，他还边抹泪边心有余悸地说了句："总算把脑袋给保住了。"

当韩侂胄琢磨着该找谁来搞定吴曦的时候，有人向他推荐了一个人选——随军转运使安丙。

随军转运使是负责军队粮草供应的，和吴曦联系密切，如果安丙能起事，倒也有几成胜算。韩侂胄随即向安丙发了密谕，告诉他如果讨贼成功，就提拔他为宰执大臣。

然而，还没等韩侂胄的密谕送到安丙手上，历史又一次出人意料地发生了转折。

安丙来报：已经迅速完成平叛，吴曦的人头正在以加急快递的方式，向临安送来！

这回，既不是韩侂胄有识人之明，也不是安丙如何神通广大。扑灭吴曦之叛的真正功臣，其实是两个不起眼的小人物——杨巨源、李好义。

杨巨源时任监兴州合江仓，只是一个掌管粮仓存储出纳的小官。但他素来仗义报国，自听说吴曦自立蜀王的消息后，便暗中串联一些不想跟着反叛的底层将士，寻机平叛。

当时，安丙被吴曦任命为蜀国"丞相长史"。他本不想接受这种伪职，却又害怕吴曦来硬的，便表面接受下来。安丙听说杨巨源等人在密谋，就把他叫过来一起商量办法。

最后，两人商定，由职位较高的安丙出面主事，具体计划则由杨巨源去操办。

当安丙和杨巨源盘算着平叛计划时，兴州中军正将李好义领着兄弟李好古、军士李贵等人也听说了消息，过来一起合谋。

杨巨源和李好义最终制订了一个简单直接的平叛计划，简单点说，便是刺杀吴曦！

　　开禧三年二月二十八日深夜，杨巨源、李好义等人连夜出发，直奔吴曦居住的蜀王宫。

　　次日凌晨，李好义率领七十多名义士在内应的帮助下，率先潜入了王宫。进入王宫后，李好义大声疾呼：奉密诏诛反贼，违抗者灭族！

　　吴曦的卫士听到吼声，一时间也不知道发生了什么事，更搞不清楚到底有多少人进了王宫，顿时乱作一团。

　　这时候，杨巨源也手持"诏书"骑马来到王宫内殿，两路人马合为一处。

　　吴曦的侍卫们并没有太多的反抗积极性，简单抵抗后便丢下兵器四散逃跑，李好义趁机带人包围了吴曦的寝室。

　　吴曦听到外面有人喧哗，知道大事不妙，匆忙起身，光着脚丫就朝门外跑。但门口早就被军士李贵给堵住了，吴曦见状，急忙返身跑进房间，并死死地拉住门栓。

　　李贵眼疾手快，撞断门栓，破门而入，一把抓住了吴曦的头发，提刀朝便朝他的脸上砍去。吴曦狗急跳墙，躲过李贵的刺杀，反身把李贵扑倒在地。这个时候李好义赶了过来，命人用大斧砍击吴曦的腰部，吴曦剧痛难忍，放开了李贵。李贵起身后，手起刀落，削掉了吴曦的脑袋。

　　就这样，杨巨源、李好义等人在一夜之间诛杀了反贼吴曦，不可思议地完成了平叛任务。

　　安丙接到吴曦被诛杀的消息后，马上将吴曦的首级，连同金人的诏书、王印遣送临安报捷。

吴曦反叛前后不过四十一天，连王位都没坐热，便把脑袋给玩没了。此时，金国派遣的册封使，以及韩侂胄带给安丙的密谕，都还在路上呢。

吴曦之乱虽然被幸运地扑灭在萌芽状态，但事后参与平叛者的结局却让人唏嘘扼腕。

安丙只是露了个面，便被当作平叛最大功臣，被提任为四川宣抚副使兼兴州知州，那些吴曦麾下的将士也统统被转官升迁，给予丰厚赏赐，甚至一些曾经跟着叛乱的将领，也一样得到了超常拔擢。

真正的大功臣杨巨源、李好义却因为安丙的嫉贤妒能而埋没，他们的壮举根本就没有出现在送往临安的捷报之中。这两位义士竟然没有得到一丝该有的赏赐。

更窝心的是，事后李好义还被吴曦部将残忍毒杀，安丙不但不予追究，还以谋乱的名义，派人杀害了另一名平叛功勋杨巨源。

杨、李二人的结局，让无数军中将士义愤填膺，军心因此愈发涣散。

开禧三年初的吴曦之叛，以无耻开始，以无耻告终，自始至终，写满了荒诞。

第八章 政变

讨价还价

开禧年间，南宋和金国一边进行暴力互殴，一边又开启了频繁的议和活动。

令人意外的是，最先提出和议的一方，并不是节节败退的南宋，反而是战场形势占优的金国。

要说起来，此时的金军确实没了完颜阿骨打时代的那种进取心，毕竟后院一直不安稳，再打下去，财力、人力都吃不消。所以，完颜璟自战端开启之日起，便思忖着见好就收。

完颜璟给统帅仆散揆定下了上、中、下三策：上策是渡过长江狠狠敲打南宋；中策是打到长江边上，迫使南宋割让两淮地区，从此两国以长江为界；下策是迫使赵扩称臣，增加岁币。

根据历史经验，但凡领导给出上、中、下三策的情况，不出意外，那执行者就是选择下策了。

还是下策最安全保险嘛。

金国转入反攻阶段后不久，仆散揆找到了韩侂胄的一个族人，让他到宋军新任统帅丘崈的营中，委婉提出议和的意向。丘崈见有这等好事，立即奏报了朝廷。

韩侂胄已对北伐心生悔意，见有人送后悔药上门，当即派人接洽。不久，仆散揆的回信来了。韩侂胄打开一看，顿时气得七窍生烟。

里面不但提出了称臣割地的过分要求，更辣眼的是，还加上了一条——献首祸之臣！

啥叫首祸之臣，不就是挑起事端的韩侂胄吗？

这种条款韩侂胄怎么能答应！但好在金国还没指名道姓，那就装一次糊涂吧。

开禧二年十一月下旬，丘崈派人出使金营，表示此前用兵都是苏师旦、邓友龙等人（几位韩党成员）的主张，不是朝廷的意思，这些人现在都已经被处理了。

仆散揆当然不傻，当场反驳：韩侂胄是宋朝的平章军国事，他不拍板，其他人怎么可能擅自决定用兵？

首祸之臣，除了韩侂胄，还能是谁？

韩侂胄本来想扔出去几个替罪羊，给金国找个台阶下，没想到金人不买账，还一副吃定他的样子，只能咬牙切齿地继续想办法。

这个时候，丘崈给韩侂胄提了个建议：为了达成和议，今后还是以朝廷的名义移书金廷，别再以韩侂胄的名义和金军统帅议和，毕竟金国指控韩侂胄是祸首，您再出面就不大妥当了。

要说丘崈的脑子也是一根筋，你固然是出于达成和议的好意，可韩侂胄听了会咋想？难不成让朝廷把我给卖了？

谈什么谈，不谈了！

韩侂胄一气之下，撸掉了丘崈的官职，并表示要跟金国死磕到底！

接下来的一个月里，韩侂胄收到了一个好消息和一个坏消息。好消息是金军主帅仆散揆病死了，金国不得不临阵换将。坏消息是，仆散揆好歹属于金国中的鸽派将领，接下来上台的却是鹰派将领完颜宗浩。

完颜宗浩一上任便表示，自己马上要亲率大军攻打襄阳。

韩侂胄收到消息，叫苦连连，在咬牙切齿宣誓"不复和议"的一个月后，他厚着脸皮又想和金国开启议和。

为了能够说服金国人，这回，韩党成员替韩侂胄物色到了一个出色的外交人员——方信孺。

方信孺时任萧山县丞，官位虽低，却有着超强的辩论能力。

开禧三年二月，方信孺挂枢密院检详文字的头衔，出使金国。

方信孺被带到汴京后，完颜宗浩劈头盖脸地质问："前日兴兵，今日求和，为什么？"

对于这道必考题，方信孺早就有所准备："前日兴兵复仇，为社稷，今日屈己求和，为生灵。"

把兴兵说成复靖康之仇，把求和说成为了百姓，着实让完颜宗浩领教了宋朝文人的嘴皮子功夫。

这个时候，吴曦叛变的事件刚刚发生，完颜宗浩便企图拿此事压服方信孺："你们南宋能有多少个州府？现在一天就失去了川蜀五十四州，我都替你们担忧啊！"

这种题目，也难不住方信孺，他轻飘飘地回了句："我出使在外，不知道失去蜀地的事情。你们间谍工作那么厉害，难道还不知道我们的立国之本？"

方信孺故意装作不清楚吴曦叛变一事，不给完颜宗浩施压的机会，接着大谈南宋的地大物博、富庶繁华，从两广、两浙一直谈到江东、江西，给完颜宗浩上了一堂生动的地理课，末了还来了一句"吾国之余波常及于大国者，以其力之有余也"。

言下之意，咱们不差钱，所以经常给你们发点生活费。

两人你来我往，完颜宗浩总想压方信孺一头，可每次都被这位最佳辩手给驳得哑口无言。

其间还发生了极有意思的一幕，完颜宗浩自恃文化素养不错，居然要求和方信孺玩对联。完颜宗浩的上联是：仪秦虽舌辩，陇蜀已唇亡。

意思说，就算你像张仪、苏秦那样能言善辩，但你们毕竟已经丢失川蜀地区，恐怕唇亡齿寒喽。

对联赋诗，那都是汉族人玩儿剩下的东西，方信孺想都没想，立刻给出下联：天已分南北，时难比晋唐！

告诉你：现在两国分立南北，你们想把吴曦当作当年的石敬瑭，实现以晋代唐的梦想，已经不可能了！

完颜宗浩发现玩儿虚的赢不过方信孺，最后还是来硬的。他交给方信孺一封信函，里面写着金国开出的五项议和条款。

割地、称臣、归战俘、罪首谋、增岁币。

绕了一圈，其实还是和仆散揆最初的条件差不多，毕竟人家现在占有优势嘛，怎么能随便让步。

赵扩和韩侂胄等人见到方信孺带来的回信后，一分析，觉得称臣、割地无论如何都免谈；归还战俘没问题；关于增加岁币，可以考虑由"隆兴和议"时的银二十万两、绢二十万匹恢复到"皇统和议"时的银二十五万两、绢二十五万匹；至于惩办祸首，那得看认定谁是祸首了，如果允许找几个替罪羊，问题倒也不大。

商量完后，方信孺于开禧三年四月再次出发，去和金国继续磨嘴皮。

当时，吴曦之叛虽已平定，但战场上的宋军依然很不给力，所以方信孺的第二趟出差仍然不顺利。

完颜宗浩这次没有亲自接待方信孺，而是另派了一个善辩的金臣来对付他。金臣一上来继续指责南宋违背和约，挑起战端。

方信孺这回怼得更夸张："是你们先失信，我们才会失信的！"

这不是颠倒黑白吗，金人都蒙了："我们哪里失信了？"

方信孺摸摸胡子，开启了睁眼说瞎话模式："你们诱降吴曦在前，我们起兵在后。你看，这不是你们先违背和约，招降纳叛吗？"

要说金人诱降吴曦的时间确实早于南宋正式起兵时间，可那还不是因为宋朝热火朝天地准备三线伐金吗？再说，吴曦也是借着北伐的机遇才回到蜀地啊。

但金人显然被方信孺绕晕了，明知他在狡辩却一时想不出如何反驳。

你不说，那我继续说，方信孺接着侃侃而谈："以强弱而论，你们虽然夺得了滁州、濠州，可我们不也攻下过泗州嘛。我们确实没拿下你们的宿州、寿州，可你们围住了我们的庐州、和州、楚州后，不也没攻下吗？你们的五个条件，我们已经答应了三条，你们还不满足？"

方信孺说的确实是事实，但他刻意忽略了战场上战略态势，愣是把己方的一副惨样，吹成了势均力敌。

金人实在辩不过方信孺，稍稍给他透了个底：割地的事情可以再商量，称臣如果实在不能接受，那也至少要把两国的叔侄关系改为伯侄关系。此外，除了增加绢、银各五万之外，另外还得增加一笔犒军费，其余要求不变。

这是金国谈判使臣给出的新条件，相比之前，总算有了一点松动。

方信孺收到金方的最新意见，赶紧又回朝奏报去了。

就在方信孺回国期间，完颜宗浩向完颜璟报告了和谈进展，完颜璟听后，给出了自己的意见，一共四条。

一、称臣、割地条款综合考虑，宋朝如果答应称臣，两国就在江淮之间划界，如果宋朝仍然称侄不称臣，那必须以长江划界。

对比"隆兴和议"条款，完颜璟的意思是称臣和割地之间，你们必须选上一条。

二、首谋奸臣必使缚送或函首以献。

意思是说，祸首必须惩办，而且不能宋方自行处理，必须是交给金国处置，或者直接把他的脑袋送过来。金国这次死咬惩办祸首这条，显然是要威慑宋朝群臣，省得将来再冒出一个胆敢生事的家伙。

三、岁币由白银二十万两、绢二十万匹增加到白银三十万两、绢三十万匹。

按照完颜璟的解释，增加银、绢各五万是指在"皇统和议"中银、绢各二十五万的基础上再增加五万，而不是在"隆兴和议"银、绢各二十万的基础上增加。所以，最后应该是银、绢各三十万。

四、宋朝另一次性付犒军费一千万两！

完颜璟特别说明，他不是狮子大开口，这个条款是参考靖康年间金国索取财物数额估算的，你也别嫌多，这还是考虑到南宋的实际情况，给了一个打折价。

此外，完颜璟还附加说明：方信孺这家伙言语反复，宋朝得另外派人来谈判。

这个附加条款最易理解，谁让你方信孺这么会说呢？

开禧三年八月，宋朝还不知道方信孺已经被金国内定为"不受欢迎的人员"，继续派他去和谈。

这回，宋朝一厢情愿地拟好了誓约文本，希望金国能爽快签约。结果合同没签成，方信孺还被扣留了个把月。

九月上旬，方信孺带着金国的最终意见被放回临安。韩侂胄火急火燎地问他出使情况，方信孺只好把金国开出的条件一项一项拿出来汇报，结果说到最后一项时，不吱声了。

韩侂胄急眼了，厉声追问："如果再支支吾吾，把你给发配了！"

方信孺这才吞吞吐吐说出来："人家想要您的脑袋。"

韩侂胄一听，肺气炸了，随即下令将方信孺追夺三级官阶，贬送临江军居住。

方信孺也是倒霉透顶，谁都知道弱国无外交，他在有限的条件下已经表现得非常出色，可最终还是沦为韩侂胄的泄愤工具。

韩侂胄当然不会把自己的脑袋送给金人，但日子总还得过下去。接下来，他进行了战和两手准备。

不管金国如何欺负人，和谈还得继续，九月末，韩侂胄另选他人出使金国，带去了新的和谈"报价"：

两国定为伯侄关系，同意增加岁币至银、绢各三十万，一次性支付犒军钱三百万贯。至于惩办祸首这条，可以按照金国要求快递脑袋过来，当然了，不能是韩侂胄的，还是得用替罪羊。

另一边，韩侂胄为了向金国施压，宣布将要再次用兵，和金军大干一场！

韩侂胄的用兵宣言原本只是一种谈判辅助策略，却让饱受战争之苦的将士、百姓怨声载道。

此时的韩侂胄，如同一个输红了眼的赌徒，要把整个国家作为赌注，带入万劫不复的深渊。越来越多的宋朝人开始把他看成和议的最大障碍（欲息兵，非去侂胄不可），只是慑于威势，不敢公开表露。

大家都在盼望，有人能够勇敢站出来，去一把掀翻这个疯狂的赌徒。

倒韩联盟

韩侂胄做梦都不会想到，为他敲响丧钟的，竟然是一个女人——杨皇后。

为了说清楚这位女主角的来历，咱们得聊聊南宋的后宫状况。

庆元六年，南宋朝廷送走了两位重量级后宫人物，第一位是光宗赵惇的老婆李凤娘，另一位则是赵扩的韩皇后。

韩皇后命短，只活了三十六岁。后宫之主缺位后，赵扩就考虑重新立一人为皇后。

当时，最有可能上位的妃嫔有两个，杨贵妃和曹美人。这里的杨贵妃，便是我们的主人公杨氏了。

杨氏的出身一直是个谜，《宋史》里面只是含糊地说了句"或云会稽人"。也就是说，她有可能是绍兴一带的人。事实上，对于她的籍贯，还有另一种不见诸正史的记载，说她是遂安（今浙江淳安县）人。

考究一个古人的籍贯重要吗？一般来说不重要，但对于分析杨氏来说，却很重要。

事实上，杨氏是一个出身极其低微的人。她出身贫苦农户人家，后来认一个姓张的声伎（以歌舞表演为业的人员）为养母。孝宗乾道年间，养母张氏带着杨氏来到宫中表演，当时的杨氏还是一个小女孩，在乐班里充当着一个儿童演员的角色。

那次表演后，容貌出众的杨氏被太皇太后吴氏看中，她的命运从此发生了天翻地覆的变化。

　　年龄稍长后，杨氏被招进宫里，成为吴太后身边最受宠爱的侍女。赵扩还是嘉王的时候，经常会到吴太后处参加家宴，在来往之中，美艳的杨氏引起了赵扩的注意。

　　赵扩即位后，有一次到吴太后处吃饭，不小心把酒洒到了手上，杨氏便捧着铜盆来伺候他洗手。赵扩处理政务水平很差劲，但在"撩妹"方面一点也不输于常人，他在洗完手后，故意把水甩到了杨氏脸上，并报以暧昧一笑。杨氏对赵扩的挑逗心领神会，并开始找机会和赵扩接触。

　　皇帝谈恋爱向来很方便，一来二去，赵扩就把杨氏给宠幸了。吴太后知道后顺水推舟，把她赐给了赵扩。

　　杨氏入宫后深得赵扩宠幸，到了庆元三年，她已经被封为婕妤。随着地位上升，杨氏越来越在意自己的身世。毕竟，那是一个讲究出身的时代，如果她想在后宫更进一步，必须把自己的身世包装得鲜亮一点。

　　于是，杨氏开始暗中命内侍为她在朝中寻找同宗。找来找去，找到了一个叫杨次山的低级武官。杨次山被宣召入宫后，两人成功把彼此鉴定成了兄妹。从此，杨氏开始对外自称会稽人。

　　看到这一幕，大家是不是会觉得很眼熟？

　　一样的出身低微，一样的靠君王宠幸而得意后宫，一样为了提升地位而攀附同宗，同样的故事，在一百五十年前也发生过，没错，那位"狸猫换太子"传说的主人公刘皇后也干过同样的事情。

　　唯一不同的是，北宋臣子的气节明显更过硬，纷纷拒绝了来自刘皇后的攀附。而现在的杨氏却是一找一个准。

怎么说呢？只能说，世风日下了吧。

把身世包装一番后，杨氏的后宫地位不断跃升：庆元五年，她晋封婉仪；仅过一年，又晋升为贵妃。

出身低微的杨氏在宫中极懂生存策略，她虽然入宫成了皇帝的女人，却全无恃宠而骄、争风吃醋的毛病，对太皇太后吴氏、太上皇后谢氏更是极尽尊重恭敬，平常的问候礼节比赵扩还要周到，对待身边人也举止得体，没有半点毛病。

可以说，杨氏和此前的李凤娘，简直一个天上，一个地下。这样一来，杨氏怎能不收获一批好评。

自韩皇后死后，杨氏成了皇后之位的最热人选。

可是，杨氏的皇后之路也不是全无阻碍，妨碍她完成最后一步的障碍来自一位重臣。

这位老兄便是韩侂胄了。

韩侂胄其实和杨氏也没什么私人过节，他只是觉得杨氏知书达理，又富有心机，不大容易控制，如果让杨氏成为皇后，会对他继续掌控赵扩产生不利影响。

所以，为了压制杨氏，韩侂胄力挺她的竞争对手曹美人来当皇后。曹美人是赵扩的另一个宠姬，她看上去性情柔顺，符合韩侂胄心中的"傻白甜"标准。

尽管杨氏无论是资历、能力、人缘，还是口碑，都全方面碾压曹氏，就连赵扩也更属意杨氏，但就因为韩侂胄的反对，立后一事迟迟没有办成。

　　杨氏自此也在心中给韩侂胄深深地记上了一笔。

　　此后，韩侂胄将用血的教训告诉我们一个道理：千万不要得罪女人，尤其是富于心计的美女。

　　到了嘉泰二年年底，后宫已经虚位两年整，赵扩终于下定决心立后，杨、曹二人的斗争也到了冲刺阶段。

　　有意思的是，这场激烈的后位之争，竟然是在一夜之间见了分晓。

　　那一天，杨氏和曹氏都接到了款待赵扩的任务。

　　杨氏一如既往地谦让懂礼，她坚持让曹氏在白天先接待，自己则定在晚上款待赵扩。

　　曹氏没那么多心眼儿，乐呵呵同意了。于是，她缠着赵扩从中午一直吃到了傍晚，直到天色变暗，才放赵扩移驾至杨氏处。

　　到了杨氏那里，杨氏使出浑身解数劝赵扩喝酒，赵扩被灌得七荤八素，最后顺理成章地留宿在了杨氏处。

　　杨氏见火候差不多了，拿出早就准备好的笔墨，撒娇、哄骗齐上手，请醉意朦胧的赵扩批一张御笔。

　　上书"贵妃杨氏可立为皇后，付外施行！"

　　赵扩已经醉意上头，哪管写的是什么东西，便依了杨氏要求。

　　写完之后，杨氏还不罢休，又请赵扩写了一份同样内容的御批。

　　待两张御批到手后，杨氏将其中一份连夜叫亲信内侍送给兄长杨次山，再让杨次山第二天一早送到政事堂。

　　到此为止，一切都在按照杨氏的精心安排进行：选择晚上接待，是为了方便灌醉赵扩，哄他下决心；写两张同样内容的御批，一张是留着走正常程序，一张是为了尽快送到政事堂，让宰执大臣们马上安排拟诏，防止韩侂胄发现后压下御笔。

规范高效两不误，不得不说，杨氏不愧心机过人。

嘉泰二年十二月，杨氏如愿以偿，被立为皇后。

从此，杨皇后的反击开始了。

到了开禧年间，杨皇后一直在给赵扩吹枕边风，认为北伐太轻率，可赵扩还是任由韩侂胄瞎折腾。

到了开禧三年，南宋陷入了北伐打不赢、和议谈不拢的境地。

杨皇后再次在赵扩耳边念叨，希望能严惩韩侂胄以促成议和。而这个时候，她的身边还多了一个重量级盟友——皇子赵询。

赵询并非赵扩的亲生儿子，他本是太祖赵匡胤的十世孙，燕王赵德昭的后人，六岁时才被赵扩收入宫中抚养。

需要说明的是，赵询自入宫后曾被三次赐名，分别是赵曮（yǎn）、赵憪（chóu）、赵询，所以说，赵询其实是他最后的定名。那些稀奇古怪的名字咱们就不记了，方便起见，统一称其为赵询。

赵扩之所以收养宗室子弟，还是因为那个恼人的继承人问题。赵扩也很倒霉，一生共诞育过九个儿子，竟然统统夭折了。在赵询入宫前，就已经夭折了两个。

估计大家是怕老赵家再次后继无人，所以在赵扩失去两个儿子后，便有人提议早点选取宗室子弟充当备胎。赵扩在这方面倒很爽快，立刻照办了。

嘉泰元年，九岁的赵询晋封卫国公，入读资善堂。

到了开禧元年，赵询被正式确立为皇子。

有人可能会产生一个疑问，赵扩找宗室子弟当备胎，为什么不从自己的近亲中选一个，反而舍近求远呢？

要弄清楚这个问题，大家还得跟着我从赵眘算起。

我们说过，赵眘有三个儿子，长子赵愭因为误诊死了，他有过一个儿子，但也死得早，这一支，没了。

二子赵恺有过两个儿子，一个早夭，一个便是赵扩的竞争对手赵抦，赵抦此时已经去世，他有过一个儿子，也早夭了。所以，这一支，也没了。

三子便是赵扩的老爹赵惇了，人家活着的后代也只有赵扩一人嘛。

现在赵扩没了后人，还能去找谁？再往前推，爷爷赵眘不就是高宗赵构从远支挑选出来的吗？

不过，赵眘出于太祖赵匡胤二子赵德芳的一脉，赵扩为什么没再从赵德芳一脉选备胎，反而找了赵匡胤长子赵德昭的后人呢？

按照赵扩的说法，这是他的无私之举。当时他还对诞育儿子抱有希望，所以希望自己的无私之举能够感动上天，给他带来个亲儿子，如果上天没被感动，那也认命了。

不管真心还是假意，就这么着吧。

不过，对于赵匡胤来说，他辛苦创业，儿子赵德昭、赵德芳却没能继位当皇帝，现在儿子的后人能即位当皇帝，倒也不失为一种慰藉。

当然，历史总是千回百转，赵询最后并没有登上皇位，而且这个备胎资格一度转回到了赵德芳一脉，待到又转一圈，重新回到赵德昭一脉，已经另有其人。

唉，你看老赵家这事给绕的，确实"烧脑"啊，"烧脑"！

好了，洗把脸，我们继续眼前的故事。

到了开禧三年，十五岁的赵询已经能够独立思考问题，他对轻启战端的做法也很反感，所以经常在赵扩耳边表示对韩侂胄的不满。不过，赵询毕竟还显稚嫩，他的观点不仅仅代表自己，更多还是来自背后的另一个狠人——史弥远。

史弥远，字同叔，隆兴二年（1164）生人，他的父亲是我们的老熟人史浩。

史浩因为当过赵眘的老师，又曾在赵眘即位过程中立过大功，在隆兴初年的时候，一度担任宰相。不过后来他因为反对北伐，很快被赵眘弃用了。

史弥远在淳熙年间靠着父亲荫补为官，做了几任不起眼的小官。淳熙十四年（1187），史弥远参加科举考试，考中进士。有了进士出身后，史弥远的仕途顺畅很多，先后担任太常寺主簿、池州知州、提举浙西常平使等官职。

开禧二年，史弥远迎来了他人生中最重要的一个职务——资善堂直讲，从此成为皇子赵询的老师。

史弥远家世雄厚，又有科举功名傍身，对韩侂胄这种靠裙带关系爬上来的人很看不上眼。

但是，史弥远的行事风格和父亲史浩相似，属于绵里藏刀、不露声色的那种。在韩侂胄大权在握时，他既没有曲意投靠，也没有公开站出来唱反调。直到北伐受挫，眼看舆论开始对韩侂胄不利时，他才字斟句酌地上疏表示应该休养生息，待国力更盛时再行北伐。暗地里，他又利用自己皇子老师的身份，通过赵询向赵扩不断递话。

开禧三年四月，史弥远的小动作终于收到了成效。

赵扩下诏，命钱象祖出任副相。

钱象祖本是铁杆韩党成员，于嘉泰四年升任同知枢密院事，被列为宰执成员。可到了开禧北伐前，钱象祖觉得这事太不靠谱，开始反水，公开对北伐之议提出批评，结果，被韩侂胄贬官外放。

放在以前，宰执成员任免，从来都是按韩侂胄的意思办，然而，钱象祖的回归显然并非出于韩侂胄的本意。

他的到来，对于韩侂胄来说，无疑是一个危险的信号。

诛韩议和

杨皇后和皇子赵询一开始还是把扳倒韩侂胄的希望寄托在赵扩身上，赵询在杨皇后的指使下，不断建议赵扩下决心惩治韩侂胄，最好以轻起兵端、危害社稷的名义把他给罢黜了。

可令赵询失望的是，赵扩虽然也曾有召回钱象祖这样的举措，但他似乎一直缺乏彻底惩办韩侂胄的决心，对于赵询的建议，听完之后，总是一言不发。

赵扩还真是封建君主界的一股清流，别人把权力看得比命还重，他却始终如一地甘做一个甩手掌柜，只要有人去替他打理那些琐事，不管弄成什么样儿，他都懒得去做出一点点改变。

见识了赵扩的"无为而治"后，杨皇后决定撇开这个不管事的丈夫自己单干，她相信，只要自己把生米煮成了熟饭，赵扩自然会接受现实。

主意打定后，杨皇后先通过"兄长"杨次山找到了史弥远，接着又拉来了副相钱象祖，几人迅速结成了一个倒韩同盟。

当然，杨皇后、赵询、钱象祖、史弥远只是倒韩联盟的核心成员，至于具体干活的，还得再拉一些。

这时候，史弥远成了串联上下的关键人物，经过他的一番运作，副相李壁、尚书右司郎官张镃、权主管殿前司公事夏震也加入了这场高风险的投资活动。

输了，就要赔掉身家性命，赢了，便是飞黄腾达。这回，大家就赌一把大的。

开禧三年十月，韩侂胄再次派人出使金国，继续和金国讨价还价，而与此同时，一场针对他的政变也在紧锣密鼓地策划之中。

关于怎么对付韩侂胄，倒韩团成员一开始也有争议。方案有两种：第一种，让杨皇后再捣鼓出一张御批来，然后拿着这张最高指示文件迅速把韩侂胄赶出京城；第二种，御批还是那个御批，接下来就玩点狠的，骗出韩侂胄后，直接把他给宰了！

最后，这帮狠人本着要么不做，要么做绝的原则，选择了第二套激进方案。具体方法也不复杂：趁韩侂胄上朝的机会，在半路截住，然后凭御批将他骗到一僻静处……

十一月二日，倒韩行动正式迈出第一步。

杨皇后故技重演，又冒用了一次皇帝的名义。这回，她连灌醉赵扩的步骤都省了，直接偷用赵扩的专用牙章，拟定了一张御批，内容是将韩侂胄罢官，外放宫观使。

然而，倒韩团队的计划走到第二步时，出了一个岔子。

御批刚发出，便被韩侂胄的党羽捕捉到了风声，心腹党羽当天就向韩侂胄急报，说是今天宫内签出了一张御批，具体内容还不知晓，感觉这事很蹊跷，恐怕有人要搞事。

韩侂胄一听，心生警觉，立刻找人过来商议对策。

韩党一讨论，决定先下手为强，还是老办法，利用掌握的台谏喉舌，在第二天上朝时向钱象祖开火，然后再由韩侂胄出御批，让他卷铺盖滚蛋。

韩侂胄之所以把矛头对准钱象祖，是因为韩党自己也摸不准背地里玩阴谋的具体有谁。当时暴露出来的反韩分子只有杨皇后、皇子赵询和副相钱象祖，皇子、皇后自然不好动，先干翻钱象祖却肯定没错。

韩侂胄布置完后，便大大咧咧地打道回府了，因为那天正好是他一位宠姬的生日，家里还有一个生日派对等着他呢。

当天晚上，韩侂胄在府中大宴宾客，一伙人闹得不亦乐乎。在韩侂胄邀请的朋友中，还有一个特殊的人物——倒韩团成员张镃。

张镃是大将张俊的曾孙，他和韩侂胄平时交情很好，所以也在受邀之列。关于张俊能吃会玩的情节，我们在第四卷里都说过了，张镃这位权贵之后，想来也不是省油灯。那天，张镃狠狠地发挥了自己娱乐特长，故意在韩府里喝酒嬉闹，一直赖着不肯走，好让其他倒韩团成员能够从容地部署计划。

酒宴一直喝到五更天，玩了一夜的韩侂胄见天色微亮，便打算直接起身去早朝。这时候，有人着急忙慌地跑来拉住准备出行的韩侂胄，声称今天外面风声不对，劝他还是别参加早朝了。

可韩侂胄平时都嚣张惯了，再加上酒意上头，哪里听得进这种话，白眼一翻："谁敢动我韩侂胄？"

说完，韩侂胄登上车驾，随即摆摆手，示意出发。

随着车驾的远去，一支神秘的殿前司禁军迅即来到，将韩府上下围得水泄不通。

与此同时，副相钱象祖、李壁正坐在待漏院里焦急等待。

李壁是历史学家李焘的儿子，他的性格和父亲相似，学问见识都属一流，就是有点胆小怕事。韩侂胄得势的时候，李壁为了保全自己，处处逢迎韩侂胄。开禧北伐时，李壁明知事情不靠谱，却仍曲意附和，那篇文采斐然的伐金诏书便出自他的手笔。韩侂胄觉得李壁又乖又有才，便把他拔擢到了副相的位置。

北伐失败后，李壁感受到了追随韩侂胄的危机，便有意脱离韩党，经史弥远一撮合，转头加入了倒韩联盟。

待漏院是大臣上朝前等候的地方，钱象祖、李壁此时已早早在里面等候。对他们来说，这次候朝，是一生中最漫长的一次等待。

因为，这回他们不是在等待上朝的指令，而是外面诛韩行动的讯息。

正当钱象祖、李壁在待漏院里坐立不安的时候，宰相陈自强和其他官员也陆续赶到了，当然，他们清一色都是韩党成员。这时，钱象祖和李壁惊奇地发现，韩侂胄新拔擢的台谏官员也第一次来到了待漏院。

陈自强意味深长地扫了一眼钱象祖，略带得意地说了一句："今日，大坡上殿。"

"大坡"是谏议大夫的别称。

也就是说，韩党也选择在这一天动手！

听了陈自强的话，钱象祖和李壁心里咯噔一下。看样子，要么升官发财，要么家破人亡，一切都赌在今天了。

钱象祖和李壁还在忐忑之时，外面突然传来了侍卫的一声传叫。

"太师到！"

听到侍卫的这一嗓子，钱象祖和李壁差点瘫软下去。

太师是韩侂胄才有的荣衔，难不成韩侂胄识破阴谋，躲过了他们的堵截？

过了片刻以后，钱象祖和李壁并没有见到韩侂胄的到来，原来，这只是韩侂胄的先头侍卫前来报告而已。钱、李二人这才稳住了心神。看来，今天确实紧张过度，都把这些规矩给忘了。

倒韩团的赌注都压到了权主管殿前司公事夏震的身上，这位殿前司将领负责拿着御批在上朝路上截杀韩侂胄。

和钱象祖、李壁的紧张不同的是，夏震这边倒进行得异常顺利。三日凌晨，夏震早早派人在御街西侧的太庙附近做好了埋伏。

南宋的皇宫位于西湖的东南方向，宫城正北是一条笔直的御街，太庙和各类官署都在御街西侧，韩侂胄上朝时一般经御街入皇宫。

夏震安排的伏击部队放过了先头侍卫，准确截住了韩侂胄的车驾。还没等韩侂胄质问怎么回事，禁军将校已经高声宣布："有御笔在此：太师罢平章事，即日押出京城！"

韩侂胄厉声怒喝："御笔都应由我来制发。皇上有旨意，我怎么可能不知道，这御笔一定是假的！"

禁军没兴趣和韩侂胄讨论御笔的真实性问题，直接选择了动手，全副武装的将士一拥而上，裹挟着韩侂胄向御街东侧的候潮门走去。

韩侂胄被挟持着一路前行，越走越发现不对劲，问道："即便是把我押送出城，也应走北边的城门，怎么走东边的候潮门呢？"

禁军侍卫也不搭理他，将韩侂胄一路押出了城门，然后又折入了城南的玉津园。最后，一路嚷个不停的韩侂胄被拖到了玉津园里的一处夹墙甬道内。

直到这时，韩侂胄才确信，今天等待他的命运不是罢官流放那么简单。眼前的这些禁军士卒，个个手握利刃，杀气腾腾，对自己步步紧逼。他们看待自己的眼神，丝毫不见往日的恭顺，更像是在欣赏一个金光灿烂的大元宝。

开禧三年十一月三日晨，横行朝廷十三年的韩侂胄被击杀在了玉津园。

韩侂胄被处死的消息迅速报到了夏震那里，夏震得知后，又马上赶到待漏院，把消息报给了钱象祖。

此时，瘫了半天的钱象祖立马神清气爽，转身向众臣宣布了韩侂胄已被诛杀的消息。韩党众臣一听老大没了，顿时全部蔫掉。

差不多时候，杨皇后也向赵扩透露了自己的行动计划。赵扩一听，本想立刻派人去阻止。结果，在杨皇后的一通泪水攻势下，他再次没了主意，最后只能默认既成事实。

韩侂胄被诛杀的时候，他派去谈判的使者还在金国嚼舌根。当韩侂胄被诛杀的消息传来后，惩办祸首的条款也就没了分歧，谈判的事情变得顺利起来。

金国很想早点促成和议，便也做了不少让步，称臣割地之类的都不再提及，接下来，只剩下钱的问题。

之前，完颜璟要求犒军钱白银一千万两，韩侂胄还价铜钱三百万贯。现在金国表示，大家都退一步，改成犒军钱白银三百万两好了。

宋朝方面一听，觉得价格也算公道，便也不再多嘴。

嘉定元年（1208）正月，宋使返回临安，转达了金国的要求。然后，两边人来人往，围绕一些细节问题磨了几个月嘴皮子，最终于九月十二日达成了一份新的和议，主要内容有六条：

一、金国皇帝和宋朝皇帝由叔侄关系改为伯侄关系。

二、宋金疆界恢复至"隆兴和议"时的状态，仍以大散关至淮水中流为界，金军主动撤出新占领地区。

三、宋朝每年向金国支付岁币白银三十万两、绢三十万匹。

四、宋朝额外一次性支付金国犒军钱白银三百万两。

五、宋金双方互相遣返战俘。

六、宋向金函送韩侂胄、苏师旦的首级。

根据"嘉定和议"，宋朝免去了称臣割地的尴尬，但在两国地位上还是输了一点，而且，函首乞和的事情说出去也很丢人。

韩侂胄毕竟是代表宋朝办事，再差劲也应该本国处置，函首送给外人还是有辱朝廷体面。议和时，朝内也有人反对函送首级，无奈声音太小，没被当回事。

当然，宋朝最大的损失还是在于钱财，对比"隆兴和议"，每年多出了白银、绢各十万，这对财政吃紧的宋朝而言，无疑是雪上加霜。

幸运的是，没过几年，宋朝再也不用交纳这笔冤枉钱了。

因为，正当宋金双方闹得不可开交时，北方的局势正发生着翻天覆地的变化。

第九章 和议之后

陆 游

伴随着韩侂胄的谢幕，韩党成员受到了大规模的清洗。当然，这也不算什么新鲜事，一场政变过后，胜利者开席欢宴，失败者黯然出局，向来如此。

只是，和韩侂胄的党同伐异一样，对韩党的清洗也走向了极端。

由于韩侂胄是因为倡导北伐而垮台的，所以，是否赞同北伐成了鉴别是否为韩党分子的重要标准，那些曲意逢迎的家伙固然难辞其咎。可有些人，平日连韩侂胄的面都没见过几回，只是基于爱国热情，埋头执行军事命令而已，却也被莫名其妙地划成了韩党。

最荒谬的是，韩侂胄为营造北伐氛围，追夺了秦桧的爵位，并把他的谥号由"忠献"改成了"谬丑"，如今，连死秦桧也沾了光，他的王爵和谥号竟然又恢复了过来！

总之，倒韩联盟的办事原则只有一条：凡是韩侂胄支持的，我们统统反对，凡是韩侂胄反对的，我们统统支持。

在这个荒谬逻辑的支配下，两位文武双全、才华盖世的人物成了无辜的牺牲品。

南宋乾道八年（1172），四川南郑（今陕西汉中）的一处山路上，一队外出公干的人因为天下大雪，在路边喝酒歇息。忽然，一阵狂风呼啸而起，林中突然蹿出了一只老虎。一行人面对这突如其来的一幕，都吓得不敢动弹。

万分危急之时，一个中年壮汉手持长矛，挺身而出，面对扑来的猛虎，一矛刺去，正中老虎的咽喉。老虎挣扎一番后，倒在血泊之中。

咱们上面所说的打虎英雄，并不是小说里的"武松"，而是我们今天要讲的第一位主人公——陆游。

陆游，字务观，号放翁，越州山阴（今浙江绍兴）人。

陆游出身于一个江南望族，高祖陆轸在真宗年间官至吏部郎中；爷爷陆佃是王安石的弟子，哲宗年间官至副相；父亲陆宰更是著名的藏书家和经学家，官至转运副使。如果在太平时段，按照这样的家庭配置，陆游妥妥属于赢在起跑线上的人群。

只可惜，我们的陆游先生出生年份不太好——宋徽宗宣和七年（1125），众所周知，接下来便是靖康之难了。

那一年，陆游的父亲陆宰从淮南转运副使的职位上卸任，准备回京以后转任京西路转运副使。陆宰带着家人一路走淮水、汴河前行，到了十月中旬，船只遇到了狂风暴雨，只能靠岸暂停。我们的陆游恰好就诞生在这艘停泊的客船上，这也似乎在冥冥中预示了这位大诗人风雨飘摇的一生。

在金军第一次南侵的时候，陆宰担负起了向太原城运输粮草的重任，为太原城的成功坚守作出了重大贡献。阴差阳错的是，出色完成任务的陆宰不久却被罢官了。只因宋朝为了送走金军，达成了屈辱的协议，而那些抗战卖力的官员反而被挤出了朝堂。

不过，塞翁失马，焉知非福。待金军第二次南侵，陆宰已经带着家人走在赶往老家山阴的路上，意外地躲过了一劫。

陆宰这一路走得也不容易，说好听是回家，其实就是逃难。当时的北方到处金兵肆虐，陆宰只能带着一大家子人有一顿没一顿地往南逃，有时为了避开金人，还要钻到草丛里啃干粮。小陆游能够一路撑过来，倒也不容易。

回到山阴后，南方同样兵荒马乱，陆宰便投靠了老家的一支抗金义军，在山寨里整整待了三年，直到南宋朝廷稳定下来后，才重新回到家乡闲居。

由于陆宰在主战派中小有名气，陆家也成了当地的主战人士的一个活动中心。陆游从小接受家人熏陶，养成了慷慨侠义的性格，在读书习文的同时，他还勤学骑马射箭，幻想有一天能驰骋疆场，将平生所学用到中兴恢复大业之中。

从绍兴十年（1140）起，十六岁的陆游开始参加科考，希望能够跻身仕途，可是他四年里两次参加科考，最终都名落孙山。当然，这怨不得陆游才学不够，只因当时是秦桧掌权时代，陆游却总喜欢在文章里嚷嚷抗金主张，被刷下来也就在情理之中了。

绍兴二十三年（1153），陆游第三次参加科考。相关情况我们在讲述秦桧那些事时也说了，被老秦一通操作，陆游又落榜了。

就这样，陆游在人生最美好的时候连续遇挫，始终处于郁郁不得志的状态。更让人感叹的是，这位大才子不但事业上屡遭困顿，在个人感情也经历了一次巨大的挫折。

陆游在二十岁的时候娶了一个妻子，名叫唐琬。唐琬自小和陆游相识，温柔贤淑且又知书达理，婚后两人十分恩爱。但陆游的母亲却对唐琬印象很不好，总觉得唐琬使儿子沉溺于儿女情长，丧失了上进的志向。而且，唐琬婚后一直没为陆家诞下儿女，这更让陆母心里不悦。

在母亲的干预下，唐琬最后被逐出了家门。陆游心中放不下唐婉，便偷偷在外面租了一栋房子让唐琬住下。可金屋藏娇的把戏并没有瞒过母亲，最后唐琬还是无奈地被赶回了娘家。后来，唐琬另嫁他人，陆游也在母亲的安排下续娶王氏为妻，从此两人彻底分离。

若干年后，陆游信步到沈园（位于浙江绍兴市越城区）闲游，偶遇与丈夫一同出游的唐琬，两位旧情人相见，各种酸楚涌上心头。见面当日，两人并没有太多交流，可这次偶遇却在两人心底激起了巨大的波澜。

陆游回去后，深情地填了一首《钗头凤》："红酥手，黄縢酒，满城春色宫墙柳。东风恶，欢情薄。一怀愁绪，几年离索。错、错、错。"陆游用自己的才情，为这段悲伤的感情留下了注脚。据说，唐琬得知后，还和了一首《钗头凤》，读来同样肝肠寸断。

对于倒霉的陆游，咱们也找不到合适的词语来安慰，只能说英雄气短，儿女情长吧。

到了绍兴二十五年（1155），秦桧死了，陆游的人生终于有所起色，有一个贵人向陆游伸出了援助之手——曾幾。

这位曾幾，也是南宋历史上的大诗人，小学课本里的古诗《三衢道中》，就是他的代表作了。

曾幾曾当过陆游的老师，当时在朝中担任礼部侍郎，经过他的推荐，陆游谋得了一个福州宁德县主簿的小官职。

此后几年是陆游一生中难得太平的几年。他的才华、品德在士大夫群体里广为流传，有很多官员都对他热情赞扬，帮助他在仕途上谋取进步。在赵构禅位前，陆游当上了枢密院编修官，品级虽不高，却能接触核心决策层。

赵昚继位初北伐热情高涨，也有意在官僚群体中吸纳一些有才华、敢担当的新鲜血液。陆游经友人力荐，进入了赵昚的视野。

绍兴三十二年（1162），陆游得到赵昚亲自召见。在这次召见中，陆游侃侃而谈，从政治到军事，从历史到文化，将平生所学倾囊而出，似乎是要把多年来积压的郁气，一朝全部倾泻出来。

赵昚听了陆游的对答，对他留下了极好的印象，当即赐陆游进士出身。在宋朝，进士功名总是读书人最看重的东西，赵昚的恩赐，无疑是对陆游才华的最佳肯定。

陆游经此召对，一度踌躇满志、意气风发。他感到新皇帝和赵构的施政理念大不相同，中兴北伐的机会正摆在自己的面前，他的一腔抱负，终于等来了实现的机会！

可命运在这个时候再次和陆游开了一个大大的玩笑。我们说过，赵眘即位不久就组织了一次隆兴北伐。照理说，陆游这样的主战人士，必定会参与其中。可真到了大军开拔的时候，咱们的陆游早已被外放到了镇江。

陆游和很多文人一样，对诗文很在行，对人情世故却天然不敏感，得到领导几句夸奖，就把自己当作兴周姜子牙、兴汉萧丞相了。

其实，领导夸几句，也就是想调动一下打工仔的积极性，你怎么就那么容易动感情呢？

自从得到赵眘肯定后，陆游大事小事都乐于提意见看法。当时，赵眘正宠信着两个东宫旧僚，朝廷里意见很大，可人家意见再大也就背后说说，陆游却借着一件小事，怂恿自己的上司给赵眘提意见。结果，赵眘知道是陆游在背后嚼舌根后，十分生气，把他赶出了朝廷，外放为镇江府通判。

再后来，陆游的日子又不好过了。隆兴北伐失败了，赵眘的积极性打折了，陆游像是一支走弱的股票，又开始全线飘绿。

他被罢去一切官职，遣回老家。

就这样，陆游从三十四岁进入仕途到四十二岁罢官，前前后后，总共也就热闹了八年。

好嘛，一夜回到"解放前"。

陆游的命，就是这么苦。

其实，陆游是真的很冤，他绝不是那种只会喊几句北伐高调的士大夫。他也曾对北伐大业有过自己的精心思考，他曾建议广泛发动金朝占领区的汉族百姓反抗金人压迫，建议朝廷对有实力的义军予以封地重赏；他还曾写奏折希望改变传统的三路进军思想，建议分兵直取山东，断金军右翼。陆游对仓促北伐一事也提出过自己的看法，希望能做好更充分的准备。

可惜的是，在朝廷眼里，他始终是一个不懂事的书生。

你一个在机关写材料的，成天瞎嚷嚷什么呀？

好在陆游还有一项赋诗填词的才华，朝廷少了一个有担当的臣僚，却还给了世人一个大诗人。在回老家闲居的时间里，陆游把精力都放在了诗文创作上。

乾道三年（1167），也就是陆游"下岗"后的第三年，他在一次游览山村时写了一首传世名篇：

游山西村

莫笑农家腊酒浑，丰年留客足鸡豚。

山重水复疑无路，柳暗花明又一村。

箫鼓追随春社近，衣冠简朴古风存。

从今若许闲乘月，拄杖无时夜叩门。

"山重水复疑无路，柳暗花明又一村"，在这首抒发闲情的小诗里，陆游似乎对命运还不死心，总希望有朝一日能够再得重用，以弥补自己的遗憾。

过了两年，陆游在诗中的寄托还真的应验了，他被朝廷重新起用，出任夔州（今重庆奉节）通判。尽管和中兴恢复大业还相差十万八千里，可好歹重新进入仕途了。

夔州路途遥远，等陆游拖家带口赶到，已经是第二年的十月。在那里，他听说同样倾向主战的王炎正担任四川宣抚使，便毛遂自荐，调到王炎麾下工作。

在王炎那里，他又是分析川蜀军事态势，又是实地考察边线情况，还写了洋洋洒洒的一篇《平戎策》，前面说的打虎事件，正发生在这段时间里。

陆游的激情也就燃烧了短短八个月。

乾道八年，王炎突然被朝廷召回，陆游也被调任成都府路安抚司参议官，成了一个没多少事的闲官。接下来三年里，他一直在蜀地任职，职务虽偶有变动，但都无大的起色。唯一值得一说的是，范成大曾在此期间调任四川制置使，两位大诗人惺惺相惜，结下了深厚友谊。

淳熙三年（1176），倒霉的陆游居然再次被奏劾罢官，这回理由更无厘头，说他行为比较放浪（燕饮颓放）。其实，宋朝的文官谁没有喝酒作诗之类的行迹？没办法，那个时候赵昚的第二次北伐冲动已经被扑灭，风向又转了，陆游这类官员自然没好果子吃。

五十二岁的陆游此时已经看惯了这类明争暗斗，再也不会如年轻时那样愤愤不平。你们不是说我"颓放"吗？那好，我就颓放到底！

于是，陆游干脆给自己又取一个别号——放翁。

陆游，陆放翁。

第二次罢官后两年，陆游再被起用，接着又在官场上混了十二年。

到了绍熙元年（1190），光宗赵惇当政，陆游人老心不老，以为新君会有新气象，重新提出了北伐之议，结果又因为多嘴，迎来了第三次罢官。

这一回，他一闲就是十二年，直到嘉泰二年（1202）才重新出来做官，负责编修国史。

七十八岁的陆游之所以能够重获进用，只因当时的韩侂胄已经开始动了北伐的心思。陆游是著名的主战人士，正好能拿来为他充门面。不过，陆游毕竟年事已高，才干了一年，便获准致仕了。

陆游退休了，韩侂胄却不想放弃这块招牌，还是时不时来拉拢他。在开禧北伐前夕，韩侂胄专门把陆游请到私家园子里来游览宴饮，事后又请陆游为自己创作了一篇《南园记》。

实事求是地说，在北伐这件事情上，陆游确实是支持韩侂胄的，也写过不少诗来歌颂北伐。可当时他已经是个远离朝堂的老人，早就不谙世事，更不可能参与具体的筹划部署，无非是仍怀抱着恢复故土的一片热忱而已，诗作中更没有对韩侂胄的阿谀奉承。

但等到韩侂胄被诛杀，朝廷大翻烧饼之时，陆游居然也被加上了"党韩改节"的罪名，而那篇应景的《南园记》，竟成了罪证之一。

不过，不管怎样泼污水，对于年迈的陆游已经毫无影响。

嘉定二年（1209）秋，这位一生坎坷的诗人走到了人生尽头。

那一年，八十五岁的陆游染病卧床不起。当年十二月，他在留下"王师北定中原日，家祭无忘告乃翁"的长叹后，与世长辞。

陆游的创作热情和他的北伐意志一样，炽热汹涌，绵延不息。他一生为我们留下了9300多首诗、130多首词，报国雄心、田园生活、亲情爱情……内容包罗万象，笔法变幻万千。

陆游，作为传世诗词最多的宋朝文人，得此荣誉，也算无憾了！

辛弃疾

在诸多被韩侂胄坑惨的主战派名士中，陆游只是其中之一。接下来要说的这位文化大师，无论名气才华，还是历史地位，都不弱于前者。

南宋咸淳七年（1271），诗人谢枋得和友人从临安特地赶到江西铅山县阳原山，前来祭奠一位他们心目中的传奇英雄。

谢枋得赶到的时候，见天色已晚，便在墓地附近的一座寺庙里暂住。不料，到了黄昏时分，他听到墓地边的祠堂里传来一阵阵急促的呼喊声，声音越来越大，隐隐透着悲愤、抑郁之情。呼喊声持续不停，搅得谢枋得无法入睡。

此时的南宋，在新兴蒙古帝国的威胁下，已经到了亡国边缘。谢枋得猜想，莫不是这位英雄也感知了世事，在为苍生社稷疾呼？抑或是在为自己的郁郁不得志而鸣不平？

谢枋得越想越睡不着，干脆披衣起床，点起蜡烛，为这位英雄写了一篇慷慨激昂的墓记。谢枋得在文章里热情歌颂这位英雄有"英雄之才，忠义之心，刚大之气"，是宋王室南渡以来的"忠义第一人"，是忠臣义士的榜样……

说也奇怪，谢枋得的文章刚写完，呼喊声竟戛然而止。

谢枋得所写的那篇文章，名为《祭辛稼轩先生墓记》。

稼轩者，辛弃疾也。

辛弃疾，字幼安，号稼轩，高宗绍兴十年（1140）生人。

辛弃疾祖籍山东济南，他出生的时候，家乡早已被金国占领了十四年。出生后的一年，金宋达成了"皇统和议"，从此辛弃疾沦为了金朝治下的子民。

辛弃疾的父亲去世较早，他从小就由祖父辛赞抚养。辛赞的具体履历缺乏详细史料的记载，但有一点是确定的，他是金国的一名官员，而且担任着不小的官职。光看这点，很多人会觉得辛赞是一个标准的"宋奸"，否则，他怎么会接受伪职呢？

事实上，辛赞只是表面上顺从而已，内心却无时无刻不在想着驱逐金人、报效朝廷。因此，他在培养辛弃疾的时候，总是灌输着忠君报国的思想，希望这位孙儿有朝一日能够返正归宋，洗刷家国耻辱。

辛弃疾十四岁的时候，参加了金国组织的科举考试，他这么做当然不是为了在金国谋官。事实上，那一回，他接受了祖父辛赞的一项秘密任务：通过科考，搜集关于金国的政治军事情报。

在我们的认知中，辛弃疾只是一个才华横溢的词人。事实上，年轻的辛弃疾在祖父教导下，反而将更多的精力投入到了兵法和武艺之中，至于作诗填词，其实只是寄托感情的副业罢了，这一点和上面的陆游十分相像。

祖父辛赞虽然一心报国，却无奈当时金宋之间已经达成和议，所以他至死也未等到机会。最后，辛赞只能将未竟的心愿寄托到孙子辛弃疾身上。

绍兴三十一年（1161），老天给二十一岁的辛弃疾送来了一个大好机会——完颜亮南侵。

前面也说了，完颜亮的南侵引来了金国内部的大震荡，不仅金国上层有人反对，境内的汉族百姓也因不堪压榨而揭竿起义。当多支义军在金国统治区内起事的时候，辛弃疾也趁机起事，拉起了一支两千人左右的队伍。随后，他又带着队伍投靠了当地最大的一支义军。

这支义军的领袖叫耿京，耿京是农民出身，对既通文墨又知兵法的辛弃疾非常欣赏，任命他做了掌书记（类似于机要秘书），甚至义军的大印都交给他保管。

辛弃疾没想到，耿京的这份信任，却差点要了自己的命。

辛弃疾为了帮助壮大义军，替耿京招揽了一个叫义端的人。义端原本是个和尚，北方混乱的时候，也拉起了一支小队伍。辛弃疾和义端有过交情，便把他也拉进了耿京的队伍。这个义端偏偏是个心怀鬼胎的投机分子，干了一段时间就想开溜了，溜就溜吧，居然顺手拿走了辛弃疾保管的义军大印！

辛弃疾弄丢了大印，惹得耿京大发雷霆，一怒之下要斩了他。辛弃疾连忙表示，自己三天内一定能追回印章，这才把这颗脑袋暂时寄存下来。辛弃疾判断义端肯定会拿着大印去金人那里讨赏，便骑马狂奔两天，终于在半路截住了义端，一刀下去，结果了这个叛徒的性命，重新取回大印。经此一事，辛弃疾的生猛表现让耿京对他更加器重，倒也算因祸得福。

正当辛弃疾所在的义军不断壮大的时候，外面的形势又有了变化。如前所说，完颜亮死了，金世宗完颜雍当了皇帝。完颜雍即位后果断停止南侵，开始集中精力对付境内的义军。

义军毕竟不是经过训练的专业军队，待金军全力投入清剿时，很快陷入了困境。这个时候，义军面临着两个选择，要么继续死撑，能干成什么样全看运气，要么南下投靠南宋朝廷。辛弃疾建议耿京选择后者。

耿京同意了辛弃疾的提议，并派他南下联络。当时南宋朝廷还没和金国重新议和，也愿意接纳前来投靠的义军。辛弃疾和宋军接上头后，宋军允诺接纳他们，并愿意对耿京、辛弃疾等人封官行赏。辛弃疾完成联络任务后，兴奋地拍马北返，待他走到海州的时候，却获悉了一个惊人的消息——耿京被杀！

耿京是被一个叫张安国的叛将所杀。耿京被杀后，义军群龙无首，立刻就全部溃散了。此时，对于辛弃疾来说，他除了孤身跑回南宋，已经别无选择。但是，辛弃疾又不甘心就这样灰溜溜地跑回去。

震怒之下，辛弃疾点起五十名轻骑兵，不分昼夜一路向敌营奔去。摸清张安国所在的营地后，辛弃疾亲自率领这支小分队杀进敌营，将正在与金人一起喝酒的张安国一把擒住。因为事发突然，金人也是措手不及，只能眼睁睁看着辛弃疾像拎小鸡一样把张安国提溜回去。辛弃疾跑回南方后，将叛徒张安国交给南宋朝廷处置，最终，这个叛徒落了个斩首弃市的下场。

辛弃疾投奔到南宋后，被安排出任江阴军签判一职。这个职务官小事少，和高层决策更沾不上半点关系，当然不能满足辛弃疾的胃口。

待赵眘即位后，朝廷风向有变，辛弃疾立刻来了精神，在隆兴北伐前，他想办法联系上了主持北伐大局的张浚，向他提出了自己的军事想法。

辛弃疾建议宋朝出奇兵收复山东，和当地义军遥相呼应，在北方建立根据地。这个建议很有创新性，但张浚并未给予重视，只是回了一句：这事我也做不了主（此事恐不能主之）。

辛弃疾的想法涉及宋朝的整体战略布局，确实是一个需要最高层拍板的大问题。但当时张浚说自己做不了主，倒也未必，因为那时赵眘正把他当菩萨供着呢，他在朝堂具有极大的话语权。

更大的可能是，在张浚眼里，辛弃疾只是一个义军出身的底层军官，人微言轻，也就没能引起太多重视。

张浚的轻视并没浇灭辛弃疾的热情，在隆兴北伐失败后，他拿出当代大学生写博士论文的架势，创作了整整十篇讨论宋朝军事的文章，从宋金总体态势到具体战略构思，从间谍情报到屯田练兵，内容无一不包，取名《美芹十论》。

文章打包进呈，最后到了皇帝赵眘手中。不过，赵眘那时候正垂头丧气呢，所以回给辛弃疾的答复很简单：

朝廷刚议和，你的方案不行（以讲和方定，议不行）。

第二次上疏被忽视后，辛弃疾略微有点失望：看样子，他除了安心做他的官，别无他法。

朝廷虽未采纳辛弃疾的意见，但对他的才华和热情还是比较认可，辛弃疾自担任江阴签判之后，又先后调任广德军通判、建康府通判。

建康府是南宋的核心城市之一，能做那里的二把手，对于年仅二十九岁的辛弃疾来说，已经非常不错了。

乾道六年（1170），赵昚心中又产生了北伐的念头，辛弃疾作为小有名气的主战派，也得到了一次召见的机会。不过，这次召见后，辛弃疾还是没有得到上层的重用。

召见过后，辛弃疾调任司农寺主簿，在这个主管粮食的机构里，他仍未找到施展才华的空间。唯一的好处是，辛弃疾这回至少成了一名京城官员，他终于有机会见识大城市的繁华热闹。那首脍炙人口的《青玉案·元夕》即是那段时期的作品。

乾道八年（1172）起，辛弃疾又出任滁州知州、江东安抚司任参议官、江西提点刑狱等官职。在江西提点刑狱任上，他因平定茶商作乱有功，官职得到大幅提拔，先后在湖北、湖南、江西三地担任安抚使，从此跻身路一级的封疆大吏。

淳熙八年（1181），四十二岁的辛弃疾迎来了官场的第一次挫折，他因监察御史奏劾而被免职，来到上饶闲居，这一闲，居然一下子闲了十年。

关于辛弃疾为什么会被奏劾，史料上缺乏明确记载，最大的可能是辛弃疾在安抚使任上，组建了一支叫"飞虎军"的队伍，为此花掉了不少钱。在别人眼里，这就是在瞎折腾。

绍熙二年（1191），五十一岁的辛弃疾重新出山，担任福建提点刑狱，隔两年，又转任福州知州、福建路安抚使。

辛弃疾在福建安抚使任上没干多久，又被弹劾了，问题和上回差不多，还是因为"经济问题"。

安抚使被称为帅司，是负责地方军事工作的，在和平岁月里，你其实只要安心做个太平官就可以了。可辛弃疾偏偏居安思危，总想干一些囤积粮草、招募壮丁之类的事情。在福建，辛弃疾想用一些灵活的经济手段，搞一个用于维护地方治安的"备安库"，结果被御史盯上了。

辛弃疾的第二次落职，又是整整十年，直到嘉泰三年（1203），六十四岁的辛弃疾才复出担任绍兴知府、浙东安抚使。

六十四岁，在当时已算高龄，年迈的辛弃疾能重获任用，只因当时的韩侂胄已经考虑北伐，辛弃疾是他所需要的主战派人物。

一开始，辛弃疾的态度让韩侂胄十分满意。在入朝接受赵扩召对的时候，辛弃疾力陈金国必亡、北伐可行，韩侂胄听了也很受用。

可在接下来的交流中，韩侂胄和辛弃疾渐渐出现了分歧。因为辛弃疾支持北伐，是从政治大方向上阐述自己的见解，并不意味着赞成马上和金国开战。在具体事务上，辛弃疾久历地方，熟知南宋的虚实，所以他还是强调要静心等待时机（务为仓猝可以应变之计），不要头脑发热。

这话韩侂胄就不爱听了。

什么叫"应变之计"？那要等到什么时候？

我本来就是为了出风头、固权位，你说要耐心准备、等待时机？

等时机来了，还不知道是不是我掌权呢！如果自己把脏活干完了，最后让别人摘了桃子，那还不如不北伐呢！

因为和韩侂胄有了分歧，辛弃疾在召对后没能留在临安，而是被外放到镇江去当知府。当然，镇江府也是长江沿线的重要地区，把辛弃疾安排到那里，说明韩侂胄并没有完全放弃辛弃疾。

辛弃疾上任后，立刻着手开始搜集情报、重整军备等工作。

到了嘉泰四年（1204），韩侂胄已经迫不及待地要和金国开战。而在这个时候，辛弃疾却提出了不宜仓促北伐的建议。

为了证明自己的观点，辛弃疾还出示了一份精心绘制的情报图，图上标注着金军兵马数量、驻扎地点、将帅姓名等详细信息。这些信息都是辛弃疾利用间谍手段，花大价钱搜集整理得来的。

辛弃疾认为，从图上的信息看，金军仍然具备较强实力，宋军还是未可轻动。

辛弃疾确实是一名合格的军事工作者，却不是一个"合格"的官僚。领导和你谈态度，你却站出来讲业务，明显不懂事嘛。

毫无悬念，辛弃疾的言论再次被高层忽视。

辛弃疾看清了上层的急功近利和颟顸（mān hān）无知，他心中燃起的一点希望再次熄灭。那一年，他外出视察京口（镇江府辖区重要渡口），登上北固山远眺江河，留下了那首千古流传的《永遇乐》。

永遇乐·京口北固亭怀古

千古江山，英雄无觅，孙仲谋处。舞榭歌台，风流总被雨打风吹去。斜阳草树，寻常巷陌，人道寄奴曾住。想当年，金戈铁马，气吞万里如虎。

元嘉草草，封狼居胥，赢得仓皇北顾。四十三年，望中犹记，烽火扬州路。可堪回首，佛（bì）狸祠下，一片神鸦社鼓。凭谁问，廉颇老矣，尚能饭否？

"廉颇老矣，尚能饭否？"辛弃疾在问古人，同时也在问自己。他有感于北伐的前途莫测和自己的壮志难酬，不禁悲从中来。

开禧元年（1205），就在北伐开始前，辛弃疾在谏官的攻击下，第三次被罢官。虽然此后朝廷马上又给他安排了新官职，但辛弃疾已经无意官场，他连续上章辞免，要求回到江西铅山闲居。

开禧三年（1207）秋，北伐的闹剧已然落幕，朝廷再次起用辛弃疾为枢密都承旨。但诏令到达时，辛弃疾已病重不起。

当年九月，辛弃疾在铅山去世，年六十八。

辛弃疾走了，留给后世的，除了他的传奇故事，还有六百余篇绝美词作。他的作品一如他的为人，豪爽率性、不拘一格。

读"醉里挑灯看剑，梦回吹角连营"，你能看到豪情；读"郁孤台下清江水，中间多少行人泪"，你能感受悲伤；读"众里寻他千百度，蓦然回首，那人却在灯火阑珊处"，你又能找到侠骨柔肠。

沉重时，他说"而今识尽愁滋味，欲说还休"；欢乐时，他说"山无重数周遭碧，花不知名分外娇"；豁达时，他又说"醉里且贪欢笑，要愁那得工夫"。

六百首词里，你能遇到六百个辛稼轩。

六百首词里，藏着六百个词坛飞将军。

新权臣

韩侂胄被诛杀后，倒韩联盟马上进行了胜利果实的分配。

钱象祖升任右丞相兼枢密使，史弥远当上了同知枢密院事，夏震则晋升为福州观察使、主管殿前司公事，杨皇后的"兄长"杨次山最实惠，只是当了几次"快递"（传御批）小哥，居然得到了使相的荣衔。

唯一没分到果实的是副相李壁，他虽然参与了诛韩行动，但因过去和韩侂胄关系太密切，最后还是被夺去两级官阶，外放抚州。不过，如果对比其他韩党，李壁的活也没白干，要不是及时反水，他恐怕连小命都难保。比如那位头号韩党分子陈自强，被罢官赶出京城后，第二年就被吓死在了贬所里。

最郁闷的要数张镃，他曾力主杀掉韩侂胄，现在大功告成，本以为应该分到美差，可史弥远却觉得这个人太阴狠，最后只给了他一个司农寺少卿。再后来，张镃早年巴结韩党成员的丑事也被抖搂出来，他不但没能继续升官，就连自己原来那顶官帽都弄没了。再后来，张镃又被史弥远随便扣了一个罪名，发配到了象州（今属广西象州县），彻底失去了翻身的可能。

在南宋历史上，史弥远是一个神奇的人物，他是公认的四大权臣之一，可秦桧、韩侂胄以及后面的贾似道，无一例外都被打入了奸臣传，只有他全身而退，没有被扣上奸臣的帽子。

这全赖他高超的权术手腕。

史弥远最大的特点便是做事不显山露水，别人巴结权贵，从来都是赤裸裸地逢迎，史弥远却总给人一碗水端平的假象。

事实上，他不是不巴结，而是干得比较隐蔽。史弥远最大的靠山便是杨皇后和皇子赵询，他深知皇帝赵扩是个不管事的主儿，所以早早地就和这两位最能影响赵扩的人物搭上了关系。

正因为有这层关系在，史弥远成了倒韩行动的内外的串联者，他不抛头露面，却又掌控着整个事件的进程。即便如此，这个狡猾的官僚，还是细心地为自己做了两手准备，正当其他倒韩团成员紧锣密鼓地实施诛韩行动时，他却一边等消息一边准备好了包袱行李，就等万一事情办砸，自己直接扮成百姓跑路！

开禧三年（1207）年底，刚办掉韩侂胄不久，史弥远便力主确认赵询的皇太子身份。没有子嗣的杨皇后和赵询早就形成巩固的政治联盟，自然乐见其成。而待赵询拥有了皇储身份后，谁都知道，这个年轻的太子是他亲自教出来的学生，他的话语权自然在无形中被成倍放大。

韩侂胄在庆元党禁时得罪了一大批士大夫，而史弥远一上台便大翻烧饼，不但被迫害的人被统统平反，已经故去的赵汝愚、朱熹等人也被抬出来重新追复，美其名曰"嘉定更化"，意思是对韩侂胄错误做法的全面拨乱反正。

这种做法，让史弥远收买了大量人心。短短一年，史弥远成了上层庇护、下面拥护的大贤人。

关键是你细细推敲一下就会发现，其实他自己根本没冒啥大风险，完全是顺手捡了大便宜。

嘉定元年（1208）六月，史弥远升任知枢密院事兼副相。这个政变前的礼部侍郎，如今华丽转身，成了仅次于钱象祖的第二号大臣。

然而，他的野心还不止于此。

史弥远虽然成了宰执大臣，但同时还兼着资善堂翊善的身份，凭借着这个宫内的职务，他得以经常单独面见赵扩。

我们也知道，赵扩素来耳根子软，很容易被人牵着走。

有人看到苗头不对，唯恐史弥远成为第二个韩侂胄，便委婉提醒赵扩，以前皇帝和宰执大臣商量事情，向来都是集体召见，现在好不容易收回大权，更要守住老规矩，防止冒出第二个韩侂胄来。

可提意见的人明显不了解赵扩，他平时最讨厌的就是管事，因为管事就要决策，决策就要思考，一群大臣在下面吵得不可开交，你让他听谁的好？在赵扩的意识里，这类伤脑细胞的事情最好有多远滚多远。

所以，所有好心的规劝都没引起赵扩的注意。

嘉定元年十月，右相钱象祖进位左相兼枢密使，史弥远进位右相兼枢密使。

拜相仅一个多月，史弥远因母亲去世，赶回鄞（yín）县（今浙江宁波）老家守丧。这对事业上升期的史弥远来说，绝对不是一个好消息。他目前正筹划着怎么把钱象祖挤掉，好让自己坐上首席宰相的位置，这个节骨眼上，怎么能走人呢？

可史弥远就是史弥远，他人虽走了，事情却一点都没耽误。

就在史弥远回老家的十天后，钱象祖受到台谏官的疯狂攻击，被罢去了相职，以观文殿大学士的身份出判福州。

原来，史弥远在走前拉拢了几个台谏官员，就等着他动身离开后，集中火力对付钱象祖。

当然，钱象祖之所以被轻松罢免，也怪他自己曾有过依附韩侂胄的黑历史，尤其是在庆元党禁的时候，他也是镇压异己分子的主力，迫害庆元六君子便是他的一大杰作。

这样的人，在朝中能有多少人缘？所以一受攻击，钱象祖便乖乖认尿，主动缴械了。不久，钱象祖又被罢为闲职，彻底歇菜。

就这样，史弥远自己都没出面，就把对手给干趴下了，好处拿到手，还不用背上陷害盟友的恶名，实在是玩得高明。

史弥远其实也没离开朝廷太久，他前脚刚走，太子赵询便建议赵扩在临安赏赐史弥远一座豪宅，好让他就近守丧，以便随时能够入朝召对。赐第诏书写得非常肉麻，把史弥远吹捧成了再造宋朝江山的不世功臣（祖宗基业三百载，反掌而安）。

当然，史弥远并没有马上赶回来，该装还是得装一下。

嘉定二年（1209）五月，赵扩又下诏起复史弥远为右相，并派内侍去敦请他。

这回，史弥远不再矫情，守丧半年的他重新出山，出任右相兼枢密使。由于左相空缺，史弥远其实已经成了朝内的第一人。

经过开禧、嘉定年间的这场政治动荡，史弥远成功将政敌一扫而空，成了事实上的最大赢家。

记得韩侂胄刚被诛杀时，便有人警告赵扩："如用人稍误，是一侂胄死，一侂胄生也。"

然而，残酷的事实又告诉我们：历史给人们的最大教训，便是人们从未在历史中吸取教训。

史弥远现在所拥有的权势，较韩侂胄有过之而无不及。

第十章 大变局

蒙古崛起

嘉定元年是中国历史上一个重要分水岭。

嘉定之后，南宋的政局发生了急剧变化，新一代权谋大师史弥远逐渐上位，成为帝国的实际掌控者。此时的南宋朝廷，慢慢走向迟暮，仅存的一点中兴气象已在不断的内耗中消磨殆尽，美丽的西子湖畔，只剩下了一抹落日余晖。

同样是在嘉定元年（金泰和八年），金国政坛也发生了剧变。新的和议刚达成，金章宗完颜璟因病去世了，取而代之的是卫绍王完颜永济。

完颜永济是金世宗完颜雍的第七子，论辈分是完颜璟的叔父。完颜璟有过六个儿子，但都早夭了，加上他是突然去世，也没留下什么遗诏，因此，在一群金国勋贵的操作下，皇位落到了完颜永济头上。

关于完颜永济的能力，无论是宋史、金史，都有个一致的评价——"水货"。

在完颜永济的统领下，金国颓废得比南宋还要彻底。

和金宋两个难兄难弟的没落相比，在遥远的北方草原上，一股新兴的力量已经勃然兴起——蒙古帝国。

关于蒙古族的历史，最早可以溯源到商代的东胡族，东胡族因位居匈奴东部而得名。到了公元五六世纪，在蒙古高原的呼伦贝尔草原上，东胡族演化出了一个室韦部落，其中的一个分支则被称作"蒙兀室韦"。

蒙兀便是"蒙古"一词的最早汉文译写，有时又被称为"萌古""朦骨""蒙古里"等，后来逐渐被固定为"蒙古"。

可见"蒙古"刚开始只是一个氏族或部落的名称，并不能代表一个民族。到了十到十二世纪，蒙古高原及其周边地区还存在着民族渊源复杂的乞颜、塔塔儿、蔑儿乞、克烈、汪古、乃蛮等众多部落。在漫长的历史中，各氏族、部落间通过贸易、迁徙、通婚、战争等方式融合，形成一个以"蒙古"为名称的新民族。在连年的部落战争中，乞颜部首领铁木真势力急剧扩张，逐渐成为草原上最有实力的部落领袖。

开禧二年，正当金宋打得不可开交之时，铁木真在漠北斡难河（今蒙古国和俄罗斯境内的鄂嫩河）上游召集各部落首领隆重地举行了忽里勒台（蒙古语"聚会""会议"之意，蒙古族各部落首领的议事会），在众人推戴下，铁木真即大汗位。

从此，他拥有了一个令人生畏的称号——成吉思汗！

成吉思汗，在汉语语境中，意为像海洋一样强大的帝王。

也正是在那一刻，蒙古民族实现了由部落联盟向统一政权的转变，一个强大的蒙古帝国横空出世。在接下来的一个多世纪里，成吉思汗及其继任者将率领万千铁骑横扫亚欧大陆，给世界历史带来一场天旋地转的大动荡、大变革。

成吉思汗刚即位便把目标锁定到了南边的金国。因为，蒙古和金国积怨已久。

这事还得从草原游牧民族的历史纠葛说起。

早年的游牧民族多以部落的形式生存，为了争夺人口和财物，互相打打杀杀也是常事，谈不上什么正义非正义。当某个民族强盛的时候，总免不了恃强凌弱，对附近的小部落进行勒索压榨。

比如，契丹人建立辽国后，女真人就成了被欺负的对象之一。辽国在强盛过后，逐渐走出了一条由强到弱的曲线，契丹贵族在不断的汉化过程中丧失了尚武精神，文恬武嬉的模样和宋朝有得一拼。新兴的女真人则在完颜阿骨打的带领下，走上当年耶律阿保机的道路，金灭辽的故事随之上演。

待到金国成了北方的主人，他们似乎一点都不愿意在对手身上吸取教训，对北方各族肆意巧取豪夺，享受着奴隶翻身做主人的快感。

在金人的欺凌对象中，自然包括蒙古诸部落。金人对蒙古各部实行分化瓦解政策，不服从自己的就暴力镇压，老实的就给点封赏，让他做自己的忠实鹰犬。有时，金国还指使顺从的部落去打击图谋反抗的同族兄弟，自己则坐收渔翁之利。

成吉思汗的堂曾祖父俺巴孩就曾是个刺儿头，最后因为塔塔儿部的出卖，被金人活活钉死在了木驴上。

天道轮回，同样的剧情即将在历史舞台上再次上演，只不过角色换位了，如今的女真人变成了昔日的契丹人，如今的蒙古人变成了当年的女真人。

成吉思汗将用自己的马刀告诉金国一个颠扑不破的真理——出来混，迟早要还的。

蒙古人的战斗力确实强大。早在成吉思汗冒头前，他们其实已经给金人造成了不小的麻烦，只不过那时金人总体上还能对付过去。在得过且过的氛围下，金人同样错失了扑灭火苗的历史机遇。

当成吉思汗建立大蒙古国的消息传到金廷时，金廷还是未予太多重视，因为南边正热热闹闹地开展着"开禧北伐"，实在有点顾不过来。

从这个意义上说，尚未谋面的蒙古和南宋其实无意间进行了一次精彩配合，南宋帮蒙古吸引了金人注意力，而蒙古又促使金人在占据主动的情况下，匆匆答应议和。

完颜永济即位后，派出使者向蒙古发布了诏书。按照以往的规矩，成吉思汗应该跪拜着接受来自宗主国的诏书。可如今的成吉思汗早就有了不臣之心，他不但没有跪拜，还挑衅似的问了一下金使，如今是谁做了金国新皇帝。

当成吉思汗从金使口中听到完颜永济的名字，狠狠地朝地上吐了一口唾沫，轻蔑地说道："我原来以为中原的皇帝，必须是天上的人才能做，这等庸懦之辈竟然也可以做，那我还拜什么？"

说完，成吉思汗傲慢地骑马飞奔而去，只留下金使在风中凌乱。

金使回去后就把成吉思汗的无礼行为奏报给了完颜永济，完颜永济听后非常生气，表示下次成吉思汗再来进贡的时候，就把他给宰了。

只可惜，完颜永济再也没有机会了。

成吉思汗既然敢骂完颜永济，便已经做好翻脸的准备，哪里还会再来贡奉。蒙古军团在他的带领下早就磨刀霍霍，准备走出复仇的第一步。

第二年，成吉思汗发动西征，对金国的盟友西夏展开了猛攻。

西夏已经离开我们的视线很久，现在我们不得不重新把它拽上舞台。此时，西夏的皇位已经传到了第九任统治者李安全身上，即历史上的夏襄宗。

李安全的日子过得一点都不安全，在开禧年间，成吉思汗已经揍了西夏两回。这一次，蒙军更是拿出了要把西夏灭国的架势，一度围住了他们的都城中兴府（由兴庆府改名而来，今宁夏银川）。

李安全被蒙军打得嗷嗷叫，连忙派人向金国求援。金国和西夏原本关系不错，一直是互通声息的盟友。可这次完颜永济接到西夏的求救信后，却没心没肺地来了一句："敌人相攻，是金国之福，我有什么好担心的？"

西夏被金国抛弃后，只能一边死命抵抗，一边向蒙军求和。也算李安全运气好，当时蒙军引黄河水冲灌中兴府，结果堤坝垮塌，倒灌了自己的军营。于是，蒙军顺水推舟，接受了西夏的求和，在勒索了大量金银后退兵而去。

蒙军走后，西夏和金国的友谊小船算是翻了，李安全怨恨完颜永济见死不救，频繁在夏金边境进行骚扰挑衅。

从此，金国身边又多出了一个敌人。

成吉思汗解除了西夏的侧翼威胁后，于嘉定四年（1211）开始向金国进军。

接下来几年，金国以自己的实际行动，诠释了什么叫作兵败如山倒。

嘉定四年，金国举全国精锐四十万大军，与成吉思汗所率的十万蒙古主力军在野狐岭对决。是役，金军上演开局即结束的表演，四十万精锐几乎被一次性报销，从此处于战略守势。

嘉定五年（1212），蒙军攻略河北、辽东地区，包围西京大同府（今山西大同），金国多路援军被击溃。

嘉定六年（1213）七月，蒙军攻下宣德府（今河北张家口市宣化区）、德兴府（今河北涿鹿县），金国北线要塞居庸关失守，北方门户大开。

正当蒙军势如卷席的时候，金国内部还出了乱子。负责防守中都大兴府（燕京改名而来，今北京）北面的右副元帅纥石烈执中，畏惧蒙军的强大攻势，竟然临阵脱逃了。

纥石烈执中在开禧北伐时曾任金军东路统帅，此人平时劣迹斑斑，已经有过几次战场跑路的经历，可完颜永济无人可用，还是对他委以重任。结果，这家伙关键时候又撂了挑子！

金国名义上有六个都城（有段时间是五个），可中都大兴府是真正的朝廷驻地，纥石烈执中这么做，就等同于把完颜永济给卖了。

完颜永济听说纥石烈执中逃跑，便派人去责问。纥石烈执中挨了批评后，进行了深刻反省，反省的结果是——老子反了！

纥石烈执中谎称朝内有人叛乱，自己奉诏讨贼，带着军队杀入皇宫，把完颜永济赶回卫王府，然后一刀给剁了！

杀掉完颜永济后，纥石烈执中拥立完颜雍的孙子、金章宗完颜璟的异母兄弟完颜珣做了皇帝。

完颜珣从此成为金朝的第八任皇帝，即历史上的金宣宗。

可怜的完颜永济则和海陵王完颜亮一样，成了一个没有庙号的金国君主。

堤外损失堤内补

完颜珣称帝后，纥石烈执中被封为泽王、太师、尚书令、都元帅，掌控了金朝大权。在纥石烈执中的胡乱摆弄下，金国朝政黑暗得伸手不见五指。

在金国乱成一堆的时候，蒙军并没停止自己的步伐，他们一如当年的金军，分路向中原腹地发起猛攻。这一年里，金国黄河以北土地大片沦丧，仅剩下大兴府、大名府等十一个州府尚未沦陷。

金国中都大兴府是蒙军的进攻重点。蒙军兵临城下的时候，纥石烈执中命令元帅右监军术虎高琪率军出战，可术虎高琪每次出战都大败而归。

纥石烈执中自己打仗不行，教训起人来却头头是道，他告诫术虎高琪："你已经接连败了好几次了，若出战再不胜，我必定军法从事！"

这一逼，还真逼出了术虎高琪的战斗力——对付纥石烈执中的战斗力。

术虎高琪也不对付蒙军了，干脆学习纥石烈执中这个好榜样，也反了！

术虎高琪回军包围了纥石烈执中的府邸，然后把他给宰了。事情办完，术虎高琪提着纥石烈执中的脑袋向完颜珣请罪。

完颜珣本来就讨厌纥石烈执中，高兴还来不及，不但赦免了术虎高琪，还任命他为左副元帅，不久又拜他为平章政事。

结果，术虎高琪成了纥石烈执中第二代。

术虎高琪也不是什么省油灯，他掌权后办事比纥石烈执中还要专断，还要荒唐。

就这样，金国在不停的内耗下，如同一辆被疯马拖拽着的破车，一溜烟儿地朝着万丈深渊奔去。

嘉定七年（1214）三月，成吉思汗围住中都大兴府后久攻不下，便想着先退兵。于是，他派出使臣去和完颜珣讲和。

完颜珣听后求之不得，献上了完颜永济的女儿岐国公主，同时奉上大量金帛、马匹，送瘟神一样地礼送蒙军退兵。

送走蒙军后，完颜珣赶紧把都城迁移到了开封府（金国以开封府为南京）。因为当时河北、山东等大片地区已经被蒙军占领，大兴府成了北方的一个孤岛，很不安全。

成吉思汗听说完颜珣南迁后，非常气愤。他霸道地表示：你和我议和后还要南迁，摆明了对我有疑心嘛，不行，我还得收拾你！

于是，蒙军很快又来到了大兴府城下。

当然，成吉思汗的开战理由是否站得住脚，其实大可商榷。可战场也不是讲理的地方，完颜珣除了自认倒霉，也无计可施。

金军在强大的蒙军攻势下，还是输得毫无悬念。嘉定八年（1215）五月，蒙军攻破了大兴府。

到了这个时候，金国的状况已经比靖康年间的北宋还要凄惨，因为宋朝至少还有江南的大片回旋余地，可金国退到开封后，已经无路可走。

当然，有人可能会提出疑问，金人为什么不往东北方向撤呢，那里不是金人的老家吗？

类似的想法，金人也不是没考虑过，只是他们的情况实在太惨了。

金人强大后不是长期反过来欺负契丹人嘛，现在蒙军一到，契丹人也跟着起来报仇了。一个叫耶律留哥的契丹人在蒙军帮助下起兵，占据了辽东半岛一带，他随后还建立了一个独立的小政权，即历史上的"东辽"。

再往北看，黑龙江、吉林一带倒仍是金人掌权，在那里，一个叫蒲鲜万奴的金国将领负责带兵驻守。可蒲鲜万奴一看金国不行了，也产生了单干的想法，他在东京辽阳府宣布自立为王了，成立了历史上的"东夏"。

至于河北山东一带，要么是蒙军占领，要么就是汉人义军的天下，尤其是汉人的红袄军，当时正如火如荼地起义抢地盘。

也就是说，眼下的金国穷得只剩下了现在的河南、陕西以及淮北的一小块，无论是人口，还是财力，都已濒临枯竭。

什么叫破鼓乱人捶，墙倒众人推，嘉定年间的完颜珣应该最有发言权。照这样子下去，亡国也就是个时间问题了。

不过，被逼到墙角的金人还真被逼出了一个主意。

咱们打不过蒙古人，还打不过宋朝人吗？

金国的日子越来越不好过，击败蒙古军已经成为一个不可能实现的目标。这个时候，权臣术虎高琪想出了一个主意：既然咱们干不过蒙军，是不是可以转头向宋进攻，用南边得来的土地弥补北边的损失？

所谓"堤外损失堤内补"嘛。

完颜珣一开始还下不了这个决心，因为那个时候北边有蒙古压境，内部有义军作乱，西北有西夏的骚扰，已经是三面开战，如果再和南宋翻脸，敌人都能凑成一桌麻将了。

有鉴于此，完颜珣刚开始只是命令军队做一些南征的准备工作，然后继续观望形势变化，直到嘉定十年（1217），他才打定主意对南宋动兵。

因为，那段时间里，金国的外部压力已经有所缓和。

成吉思汗在拿下黄河以北土地后，并没有接着对金国发动大规模进攻，而是把目光转移到了西方。他正筹划着自己的第一次西征，目标是更为遥远的西辽，以及中亚古国花剌子模。

于是，成吉思汗西征的那几年，恰好成了金国和南宋"菜鸟互啄"的宝贵时间。

嘉定十年五月，完颜珣下令出兵讨伐宋朝。

宋金这对老冤家在和议达成后的第十个年头，又开打了。

金国发动南侵总得找个理由，这倒也简单，现成的就有一条：南宋违约不纳岁币。

关于南宋不交纳岁币的事情，确属实情，但也是事出有因。

自从"嘉定和议"达成后，南宋朝内的总体氛围是大吹"和平风"。有韩侂胄的教训在前，谁也不敢再提打仗的事情。即便知道金国被蒙古打得满地找牙，两国之间的关系还是维持着正常交往，南宋方面也是如数交纳岁币。

直到嘉定六年，事情发生了一点变化。

那一年，卫绍王完颜永济被纥石烈执中杀害，蒙军又在围攻金国都城，在一片混乱中，南宋想交纳岁币，却没办法和金国正常对接，所以这事给黄掉了。

南宋再迂腐，这种便宜还是会占的，当即两手一摊，对金国表示：想送钱都送不出去，那可怨不得我。

穷得都快当裤子的金国，正等着岁币救急呢，当然不能舍弃这么一笔大收入。

第二年，新登基的完颜珣连续两次派人来和南宋交涉，表示你们该交的保护费还是得交，上一年拖欠的，连同今年要交的，一起送过来吧。

完颜珣的要求，引发了宋廷内部的一番大讨论。

到底还要不要交这笔钱？

大多数宋朝臣子都坚持不再交纳岁币，不过，赞成继续交纳岁币的大臣也零星有几个。

两种意见都能讲出一些道理来，争论的热度也不断升级。

这个时候，人们会惊奇地发现，其实，赵扩和他的臣子们又走到了一个需要做出历史抉择的岔口。

究竟该如何面对蒙古兴起、金朝衰落的局面？

选择无非是三种：

第一种：躺平。他们爱怎么样怎么样，我们还是关起门来该吃吃，该喝喝，有空还可以翻出几张蒙金战况报告来消遣一下。

第二种：联蒙灭金。至于理由嘛，金国对宋朝干过的恶心事还数得过来吗？不说了，说多了都是泪。相信很多宋朝士大夫都想向金国狠狠吐一口唾沫，然后来一句：你也有今天？

第三种：联金抗蒙。理由是现在的蒙古太恐怖，将来金国玩完了，迟早他们会把矛头对准宋朝。所以，这时就该抛弃前嫌，主动给金国续命，好让他们替自己挨揍。

具体到是否继续交纳岁币这个问题，持第二种意见的人建议不再交钱，持第三种意见的人建议继续交钱。

是的，一百年前，摆在宋徽宗赵佶面前的那道选择题又回来了。

怎么选呢？

选第二种？历史的教训就在眼前，当年联金灭辽的后果还不够你吸取教训？

选第三种？似乎是借鉴历史教训，可感情上是实在说不过去啊！

两样都不能选，当然只能选第一种。

这个选择倒也符合赵扩的一贯秉性，权臣史弥远也表示赞同，因为他是以"和平鸽"姿态登上舞台的嘛。

那么，回过头来，岁币到底还交不交呢？

不交，但事情得办得委婉一点。

嘉定八年三月，赵扩派使臣到金国祝贺完颜珣生日。宋使试探性地提出，将原有岁币的数额减免一点，从"嘉定和议"时的白银三十万两、绢三十万匹降为"隆兴和议"时的各二十万。

完颜珣听了宋使的要求，当然不高兴：你们已经拖欠了三年的岁币，现在还要减少数额，摆明了欺负人啊。

无奈金国已经国力不济，完颜珣对宋使的态度也不敢太生硬，只是说使臣是为祝贺生辰而来，不宜谈论其他话题，含含糊糊打发了。

针对金国的态度，宋朝君臣一通嘀咕后，决定仍然拒不交付岁币。但是，宋朝也不想主动撕破脸，只是转告金国：钱我们是想付的，就是最近河道干涸，水路走不通，没法运过来。

总而言之，南宋面对嘉定年间的大变局，在政治上采取了"躺平"战略，在经济上玩起了"赖账"策略，大致如此。

既然如此，当金国决定向南开疆拓土时，催缴岁币自然成了最好的借口。

金国下诏南征后，南宋也很硬气，表示咱们不服就打！

金宋之间的这场战争从嘉定十年开始，一直延续到了嘉定十七年（1224），两军在两淮、京湖、川陕三条战线上断断续续斗了七年。

虽然看上去时间很长，两边也叫得很凶，但如果从具体过程来看，却非常无聊，非常容易让观众打瞌睡。

对金国来说，它实在力不从心，每每总是初期偶有斩获，后期却缺乏巩固战果的能力，许多城池得而复失。而且，金国用兵的意志也不坚决，几次占得优势后就有人嚷着去和南宋议和，心心念念的，还是那点可怜的岁币。

更何况，外战期间，金国内部还上演了完颜珣诛杀权臣术虎高琪等内斗戏码。

就这副乱哄哄的样子，还能对胜利抱多大希望？

对南宋而言，还是那股熟悉的味道，好在靠着地利、人和，终归是保住了自己的土地。

总而言之，这场战争打得非常拖沓、非常敷衍，很多将士简直成了打卡上班的雇佣兵。如果你是买票看戏的，甚至都会产生退票的念头。

时间来到嘉定十六年（1223），无聊的战争终于快要画上句号了。

那年年底，金宣宗完颜珣病逝了，继位者是他的第三个儿子完颜守绪，历史上的金哀宗。

我们知道，出现以"哀"字为庙号的君主，离亡国也就不远了。

嘉定十七年三月，刚即位的完颜守绪决定结束宋金战争，他主动派出使节前往宋朝，表示愿意恢复和平。

又过了三个月，完颜守绪还未等南宋做出回应，便主动命人到边界张榜告示，单方面宣布停战。

南宋这回倒是稳得很，既不答应重新议和，但也不再和金国继续缠斗。

其实，这个时候，南宋自己家里也忙得很，人们的注意力根本就没放在金国身上。

因为，就在双边停战那一年，赵扩病危了！

第十一章 惊天阴谋

皇子与老臣

如果抛开甩手掌柜的属性，其实赵扩应该算一个不错的老实人。他出行不讲排场，穿戴不讲奢华，不好声色，不喜欢宴饮，不喜欢到处瞎逛，修园子、盖宫殿之类的事情和他都不沾边。

最有意思的是，赵扩因为有肠胃不好的毛病，对饮食特别小心。他命人特制了两个小屏风，一屏上面写着"少饮酒，怕吐"，另一屏上写着"少食生冷，怕肚痛"几字。别的皇帝出行时，威风霸气的仪仗四处显摆，他却让两个小内侍扛着小屏作前导，碰到妃嫔向他劝酒了，就用手指指屏风上的字。靠着这套行走的"微信签名"，他还真挡掉了不少应酬。

如果不揭示他的身份，人们怎么看都不会想到，这居然是一个皇帝！

赵扩最为人称道的优点便是节俭，为了节省点费用，他把自用的银制酒器都换成了锡制的，如果听说百姓遭灾，连常规的节日宴会都没心思办了。因此，宋人评价赵扩：三十一年敬仁勤俭如一日。

只可惜，历史也告诉我们，赵扩的清心寡欲只是他个人的清心寡欲，赵扩的朴素节俭也只是他自己的朴素节俭。

比较讽刺的是，在赵扩节俭的时候，宫廷的用度却在与日俱增，朝野的奢靡攀比之风更是日盛一日。

所以说，赵扩错就错在他不是一个普通人，他是一个掌控帝国的皇帝。

他个人的私德丝毫不影响对他治国无能的评价。

关于这一点，可怜的赵扩不是不愿改变，而是根本没有这个意识和能力。所以，在他漫长的统治时期，前面出了韩侂胄，后面来了史弥远。

臣强主弱，就必然会带来权臣时代，没有韩侂胄、史弥远，照样会有张侂胄、李弥远出来接着折腾。

弱势的赵扩终于迎来了暮年，就在生命的最后几年，他又因为自己庸懦的性格犯下了一个大错。

皇位继承问题。

赵扩本不该遇到这个赵家的老问题，因为自开禧三年诛杀韩侂胄后，赵询已经坐稳了皇太子之位，一比一等额选举，毫无悬念。

可赵询太没福气，到了嘉定十三年（1220）八月，竟然因病去世了，年迈的赵扩不得不重新考虑国本大计。

我们说过，赵询本就是以"备胎"上位的，现在"备胎"也爆了，那可怎么办？

重新找一个？

谈何容易。

前面早分析过了，赵构以下的皇脉都断光了，现在要重起炉灶，那是相当麻烦的。

不是说辈分、年龄合适的赵家子孙找不到，而是当皇帝毕竟要有一个培养过程（至少他们这么认为），突然从泥地里拉来一个，一点文化素养都没有，总不好办。

赵扩想来想去，眼前只剩下了一个唯一的选项——赵贵和。

赵贵和是太祖赵匡胤次子赵德芳的九世孙，当时的身份是沂王赵抦（赵抦死后封为沂王）的继子。

赵抦曾经是赵扩的皇位竞争者，他于开禧二年（1206）去世，因为没有后代，赵扩从宗室子弟中挑选了赵贵和过继给他，延续香火。

现在，赵扩只能把别人的"备胎"找过来，自己凑合着用一下，因为赵贵和至少已经得到了十多年的王府历练，对宫中朝中的大小规矩终归有所了解。

无论怎么说，眼下赵贵和确实是最合适的选择。

于是，在太子赵询去世后，赵扩把赵贵和召入宫中，立为皇子，授任宁武军节度使，封祁国公。

同时，赵扩还给赵贵和起了个新名字——赵竑（hóng）。

从此，赵竑成了新的皇位继承人。

可是，继承人的问题还是没有彻底解决，因为这一看似合情合理的安排引起了一个人的不满——史弥远。

史弥远自嘉定二年（1209）到此时，已经独领宰相兼枢密使长达十二年，早就成了绝对的朝中大佬。他和赵竑此前也没什么交集，为什么会有矛盾呢？

这个问题还真不好回答，因为南宋的史料实在少得可怜，很多事情都没交代清楚。我们只能根据零星的信息，做一个推理。

史弥远成为权臣后，和秦桧、韩侂胄差不多，一样地遍植党羽，一样地控制台谏，一样地排除异己。这些做派自然会招来一大堆口水。此外，更让人恼火的是，他身上还藏着一件更加不可描述的传闻——和杨皇后的关系非同寻常。

什么叫"非同寻常"呢？

根据元代笔记史料《钱塘遗事》记载，史弥远与杨皇后"私通苟合"，传闻遍及闾巷，甚至还被当时的人作诗嘲讽。

这个传闻未必属实，但终归造成了不良社会影响。

赵竑过继给赵扩后，怎么也算个宗室贵族，对这个一身烂事的权臣当然看不顺眼。

看不顺眼也就算了，赵竑偏偏又是一个缺少城府的人，喜怒哀乐都写在脸上，说话也没个把门的。所以，很可能在他成为皇子前，言行中就已经显露出了对这个权臣的厌恶。

而史弥远为人阴险，宫里宫外到处安插眼线，要收到一些关于赵竑的消息，也不是难事。

如今，赵竑成了皇子，将来的皇帝，史弥远自然更加不敢怠慢，他想尽办法在赵竑身边安插亲信，时刻观察着皇子的一举一动，以便随时作出应对。

较之老狐狸史弥远，赵竑确实太嫩了。

他但凡聪明一点，还是有机会消除危险的。方法很简单，只要改变态度，主动向史弥远示个好，或者掩饰一下自己的敌意，都可能让自己顺利过关，毕竟之前两人并没有什么直接冲突，喝杯酒吃个饭也就过去了。

而赵竑实在单纯得让人着急，在他眼里，讨厌就是讨厌，憎恶就是憎恶，从来黑白分明，根本不可能有半点妥协。他不知道，官场里的斗争手段从来都是耍心眼、赔假笑、背地里玩阴、软刀子捅人。

赵竑一直将自己对史弥远的厌恶之情写在脸上，他甚至为了泄愤，将一张写着“弥远当决配八千里”的纸条留在纸案上，结果很快被人报到了史弥远耳朵里。

嘉定十五年（1222）五月，赵竑进封济国公，史弥远故意送给了他一个擅长弹琴的美人，以示庆贺。赵竑因为自己也喜欢琴艺，欣然接纳了这份礼物。接纳了美人后，赵竑竟然也不避嫌，在那个女人面前直呼史弥远为“新恩”。

“新恩”是什么意思呢？就是新州（今广东新兴）、恩州（今广东阳江）的合称。原来，南宋对于犯下重罪的犯人，都会流配到岭南边远州郡，新州、恩州即在其列。

言下之意，将来赵竑得志，定要把史弥远发配到新州、恩州这样的穷乡僻壤。

事实上，这位美人也是史弥远安插到赵竑身边的一条眼线。史弥远在听到美人的密报后，为了再次证实赵竑的态度，特以祝贺七夕节为名，向济国公府进呈了一批珍宝奇玩。不料，赵竑见到馈赠，竟借着酒意把它们扔到地上，摔了个粉碎。

赵竑的过激言行也不是没人劝阻，曾任沂王府府学教授的真德秀就曾三次写信给他，苦口婆心地劝他注意低调行事，尤其是不要得罪史弥远。

真德秀是著名的理学家，学问品德都属上乘，在满朝都是史弥远党羽的局面下，还能够站出来诚心替赵竑考虑，已属不易。但赵竑任性惯了，没把他的话当回事。

嘉定十五年，真德秀离朝外任，赵竑身边再也没人敢于直言进谏，他完全陷入了史党的包围之中。

经过几次试探，史弥远终于确信，有朝一日赵竑即位，自己必定没有好下场。

面对即将到来的危险，史弥远自然不会坐以待毙。事实上，他在密切关注赵竑的同时，正紧锣密鼓地布局着一个惊天阴谋。

一号方案

赵竑毫不遮掩地表达对史弥远的不满，一方面固然是因为胸无城府，另一方面恐怕还是因为过于自信。

目前自己是唯一的皇位继承人，谁能把我怎么样呢？

你史弥远再牛，难不成还能找人来替我？

很遗憾，史弥远的回答是：这个，可以有。

史弥远无愧为南宋历史上的头号阴谋家，其实，就在旧太子赵询去世后不久，他已经开始了第二手准备。

嘉定十三年秋的一天，史弥远秘密召见了自己的心腹门人余天锡。

余天锡在相府里担任着塾师（教育儿童的老师），为人谨慎小心，办事低调稳重，深得史弥远信任。这回，史弥远交给他一项特殊任务：以回乡为名，去寻访两个宗室子弟。

史弥远口中的宗室子弟，缘于余天锡一年前的一次偶遇。

嘉定十二年，余天锡告假归乡，参加秋试，途中遇到了一个僧人，便结伴而行。当他们乘船到绍兴府西门时，突然遇到了一场大雨，在僧人的提议下，两人来到附近的全保长家避雨。

全保长热情款待了余天锡和僧人，言谈间还提及了自己的两个外孙，大的叫赵与莒，时年十六岁，小的叫赵与芮，时年十四岁。全保长对两个外孙一通夸赞，还不忘特别强调，两个外孙虽然看着不起眼，其实却是赵家皇室血脉。

原来，赵与莒和赵与芮是赵匡胤的十世孙，出自长子赵德昭一脉，当然，随着皇室宗族繁衍和岁月变迁，他们已经属于宗室远族，除了翻家谱时可以向别人吹吹牛，其实和普通人也没什么区别。

赵与莒和赵与芮的实际生活境况，甚至还不如普通人，他们的父亲只当过小县尉，而且很早就过世了，母亲无法独立抚养两个孩子，才把他们带到娘家生活。

余天锡在全保长家中见到了这两个少年，当时，他也只是礼节性地点头赞许，并没太在意。

如今，史弥远为什么秘密地让余天锡去把这两个宗室子弟找回来呢？

明面上的理由很充分——为沂王重新安排继嗣。

赵竑既然成了皇子，那么沂王赵抦就又断了香火，重新选择宗室子弟过继，也在情理之中。

赵与莒和赵与芮的年龄和辈分正好符合要求，所以史弥远让余天锡把两人接到临安来，好亲自考察一番。

余天锡来到全保长家后，告诉他想把两个孩子接到临安，做沂王继嗣。全保长一听，顿觉喜从天降，立刻忙着给两个外孙置办行装。为了能好好炫耀一把，老爷子不惜变卖田产，大宴族人亲朋，生怕别人不知道自家祖坟冒了青烟。

全保长满心欢喜地看着两个外孙离去的背影，已经开始憧憬即将到来的富足生活。

不久，临安还真来人了！不过，并不是接老爷子去享清福的。

来者又把赵与莒和赵与芮送回来了！

这让全老爷子很郁闷：说好的事情，怎么能反悔呢？

原来，回到临安后，余天锡把赵与莒和赵与芮都引见给了史弥远。史弥远见到两个少年后，也表示十分满意，尤其对看上去成熟稳重的赵与莒，更是中意。

可史弥远是一个心思缜密的人，即便心里满意，嘴上却丝毫没有表示，为了不暴露自己的真实想法，他让余天锡又把两个孩子暂时还了回去。

史弥远的缜密坑苦了全老爷子，你现在闹这么一出，人家老脸往哪里搁？

很长一段时间里，全保长都成了村里的一个笑话。

过了一年，史弥远感到时机已经成熟，命令余天锡将看中的赵与莒找回来，先抚养在余家做进一步观察。

余天锡领命后，再次动身去找全保长。可全保长一朝被蛇咬，十年怕井绳，说什么也不肯答应了。余天锡费尽九牛二虎之力，才把老全给说服。

余天锡将赵与莒带回家里后，让母亲亲自照管他的学习、生活，并悉心教导各种礼仪规矩。待赵与莒在史弥远的皇子速成培训班里快毕业的时候，史弥远启动了沂王后嗣的遴选工作。

为了掩人耳目，史弥远特地命人选取十个同辈宗室子弟作为预选对象，弄出了一副公平选拔的架势。

毕竟，不管是不是暗箱操作，表面上的选人用人程序还是要走的。

宗正寺经过一番"认真仔细"地考察后，得出的结论让史弥远十分满意。

嘉定十四年（1221）九月，赵与莒被确立为沂王后嗣，赐名赵贵诚，特授果州团练使。从此，这个普通的农家子弟，摇身一变，成了尊贵的皇侄。

对于史弥远来说，他已经不动声色地完成了计划中的第一步。

接下来，史弥远开始耍弄各种手腕打压赵竑。

他放着宰相的正事不干，一天到晚找机会在赵扩面前嚼舌根，说赵竑怎么怎么荒淫好色，怎么怎么傲慢无礼。赵扩也没辨别力，听信史弥远的话后，时不时批评赵竑一通。

相比较而言，史弥远在杨皇后那里下的功夫，更加到位。当时，杨皇后安排自己的侄孙女吴氏做了王妃，史弥远却很阴损地经常给赵竑送美女。

赵竑也没脑子，一边骂着史弥远，一边笑纳他送来的美女。史弥远的美人计有一石三鸟的功效：第一是充当间谍；第二是显得赵竑好色，让他风评下降；第三个功效最可怕，美女围在赵竑身边争宠，便使他无意中冷落了正妃吴氏，而吴氏自然会到杨皇后那里说赵竑的坏话。

有一次，赵竑和吴氏又闹了矛盾，杨皇后亲自出面为小两口调解。

在一次宫中宴会时，她特地准备了一枝水晶莲花，让赵竑亲手插到吴氏头上。

杨皇后本以为自己兼职干了一回村妇女主任的活儿，成就感满满。结果，小两口刚回家就又闹上了，赵竑还失手打碎了那个水晶莲花。

事情传到杨皇后耳朵里，她心中不免嘀咕：小子你是一点儿不给老娘面子啊。

在贬损赵竑的同时，史弥远不失时机地抬高着亲选的赵贵诚（赵与莒）。

于是，一些关于赵贵诚的神话故事开始在宫廷内外传播。

有人说，赵贵诚出生的那天夜里，他的父亲梦见一个紫衣金帽的神仙前来拜谒，梦醒后，室内赤光连天，如日正午。到了出生后的第三天，家人听见门外车水马龙，十分喧闹，等打开门一看，却什么都没有。

又有人说，赵贵诚幼时午睡的时候，曾有人亲眼看见他身上隐隐出现了龙鳞。

还有人说，赵贵诚出生之前，他母亲全夫人想要回娘家，刚上船便发现长着两个角的大黑蛇压在船舷上，把船都压歪了，根本没法开动。过了几天，全夫人便生下了赵贵诚。

史弥远制造这些无聊的传闻，无非是想为赵贵诚制造点舆论声势，最终触动赵扩产生以赵贵诚取代赵竑的想法。

可尽管史弥远卖力地坑赵竑，抬赵贵诚，最终效果还是不尽如人意。

我们说了，赵扩平生最怕麻烦，好不容易安生下来，再也不想起波澜了。再退一步说，反正不是亲生的，谁当皇帝不是当呢？

而杨皇后的积极性也不高，因为换皇子的事情实在影响面太大，没有要死要活的利益干系，谁都不想惹麻烦。

既然第一号方案行不通，史弥远只好冒险启用了备选方案。

偷天换日

嘉定十六年四月，史弥远为了超度亡父史浩，在临安净慈寺施舍斋饭，很多亲近的官员也到场拍马屁。

史弥远登上寺院的慧日阁，特地召见了他的心腹官员郑清之。郑清之时任国子学录（国子监教育人员），他刚入慧日阁，史弥远便使了个眼色，让左右悉数退下。

郑清之见到这样的情景，知道史弥远必定有要事交代，不觉紧张起来。

史弥远走近郑清之，字斟句酌地说道："皇上和中殿（内宫，代指皇位）关系社稷大计，现在皇上虽然有了皇子济国公，但他不堪大任，几年来，都没有确立他储君的身份（未正储号）。"

史弥远说赵竑未正储号，是指赵扩只是确立了赵竑的皇子身份，但并没有正式册立他为皇太子。

皇子与皇太子尽管只有一字之差，从礼法上说，性质却差远了，只有皇太子才是皇位的法定继承人，而皇子只不过是皇上的后嗣而已。

当然，在赵扩眼里，赵竑是唯一的皇子，自然也是皇太子的不二候选人，有没有太子名号其实没什么差别。然而，正是这个致命的失误，如今成了史弥远大做文章的切入点。

郑清之听史弥远说到这里，不禁寒毛直竖，因为众人的想法其实和赵扩差不多，早把赵竑当成了当然的皇位继承人，哪里还会在这个问题上进行推敲。

史弥远扫了郑清之一眼，继续说道："听说沂王府的皇侄对待两宫恭顺端重，朝谒的时候，皇上经常注意到他。现在正要为他选一位讲官，我看你忠实可靠，可以担当此任。"

听到这里，郑清之更坐不住了。傻子都明白，史弥远这是要冒天下之大不韪，干一件废立皇储的大事。让自己充当沂王府教授，岂不是等于拉自己入伙？这可是拿全族脑袋开玩笑的买卖！

郑清之听完，立刻站起来推辞。

史弥远并不在意郑清之的态度，只是又补了一句："此先公事业。"

史弥远口中的先公，是指自己的父亲史浩。史浩是赵昚的老师，在扶助孝宗赵昚上位时立下大功。现在史弥远以自己父亲的功业比拟，是在暗示郑清之，跟我干这桩大事，你就是扶立新君的大功臣。

郑清之明白了史弥远的意思，但一时半会儿还是不敢应承。

史弥远斜视了一眼郑清之，挤出一丝笑容，慢悠悠地又吐出一句："事成之后，我史弥远现在的位子就是你将来的位子。"

郑清之此时反而冷静下来。史弥远既然说出了这个惊天阴谋，就等于箭已离弦，如果不跟着一条道走到黑，估计也没好果子吃，更何况前面还有巨大的权力诱惑……

想到这里，郑清之不再推辞，算是默认了史弥远的安排。

史弥远见郑清之答应下来，又收起了笑脸："话出我口，入于你耳，若有一句泄漏，你我都要灭族！"

郑清之听后，惶恐拱手："岂敢。"

此后，郑清之出任了沂王府府学教授，专门负责教育赵贵诚读书学习。每隔一段时间，郑清之都要向史弥远汇报赵贵诚的学习情况。此时的赵贵诚，已然成了史弥远的牵线木偶，尽在他的掌控之中。

真正的斗法很快就来临了。

赵扩的身体原本就不好，长期都是一副病恹恹的样子，能撑这么久，本身就算奇迹了。

嘉定十七年入秋后，赵扩的病情开始恶化，到了八月下旬，赵扩一病不起，再也无法正常上朝。

挨到二十六日，赵扩自感将不久于人世，便把史弥远为首的宰执大臣召入宫中，开始托付后事。

赵扩在弥留之际究竟交代了些什么，无法得知，唯一可以确定的是，他并没有废立皇子的表示。

直到此时，赵竑仍是赵扩心目中当然的皇位继承人。

在赵扩快要咽气的当口，史弥远加紧了自己的阴谋活动。

闰八月二日，史弥远派郑清之前往沂王府，令其转告赵贵诚，决定立他为帝。

郑清之不敢怠慢，赶紧找到赵贵诚，对他和盘托出史弥远的谋划。

然而，面对一脸焦虑的郑清之，赵贵诚却始终不发一言，既不应允，也不拒绝。

对于赵贵诚而言，这个答复，确实太难了。

自嘉定十三年被召到临安以来，这个未经世事的少年在五年里经历了脱胎换骨般的心智成长。他原本只是一个淳朴的乡村少年，对生活从未有过太多奢望。就在几年前，他的梦想仍不过是得到几垄良田，娶一个贤惠的妻子，平平安安地度过一生。

刚被余天锡带到临安的时候，他也只是惊喜于命运的垂青，让自己过上了从未想象过的优渥生活。但是，经过岁月磨砺，他也渐渐地明白，自己的这段奇遇并非想象的那么简单。宫内的生活，除了各种奢华享受外，还有更多的尔虞我诈，而自己更像是他人棋局中的一个棋子，任人摆布，却又不明就里。

郑清之说明来意后，赵贵诚终于看清了这个棋局的全貌，他终于知道，自己已经在不知不觉中被带入了险境，想要抽身都不可能。

赵贵诚有点畏怯，他不想拿自己的身家性命去冒险，更不愿意成为别人手中的筹码。他甚至有点怀念儿时农村的生活，那时虽然清贫，但没有这么多权谋算计。

但他又分明有点兴奋，谁能想到，一个农村小子如今居然离最高的皇位近在咫尺？

郑清之见赵贵诚始终不表态，急了："丞相（指史弥远）与我有多年交情，这才让我转达一句心腹话。你不回答，让我怎么去回复他呢？"

赵贵诚表面沉静如水，其实内心早就万分躁动，他努力压抑着心中的激动，慢慢说道："绍兴还有老母在。"

郑清之听后，长舒一口气。

赵贵诚这句话是什么意思呢？说老母在绍兴，其实是暗示郑清之，要接自己的老母来临安，妥善照管。换句话说，他已经答应了史弥远的要求。

闰八月三日凌晨，赵扩服完最后一剂药后，撒手归天了。

他壮年（二十七岁）登基，在位长达三十年，本该有充分的精力和时间去打理这个帝国，却生生活成了最无存在感的皇帝。

他稀里糊涂地登上皇位，又稀里糊涂地一走了之，只留下了一个千疮百孔的朝局。

史弥远得知赵扩去世后，立即派出了准备好的两路人马。第一路人马负责宣召皇子赵贵诚入宫，为了防止出错，史弥远在宣召人员出发前厉声吩咐："现在让你们宣召的是沂王府的皇子，不是万岁巷（赵竑的济国公府位于万岁巷）的皇子。如果弄错了，你们全部处斩！"

命令下达后，一辆神秘的绿盖车向沂王府迅速奔去。

另一路人马的目标人物是杨皇后，要想完成这偷天换日的阴谋，没了杨皇后的首肯也不行。

史弥远派去找杨皇后的人，是她的侄子杨谷、杨石。

杨谷、杨石是杨皇后的兄长杨次山的儿子，杨次山于嘉定十二年去世后，两兄弟被史弥远所笼络，成了他与杨皇后沟通消息的中介人。

　　杨谷、杨石见到杨皇后后，转达了史弥远的意思。杨皇后虽然对赵竑没有好感，但也没产生过废掉他的念头。她本已无欲无求，更不想忤逆赵扩的意思，所以断然回绝了侄子的劝说："皇子是先皇所立，怎能随便改变？"

　　杨谷、杨石被杨皇后回绝后，悻悻地跑去向史弥远复命。此时史弥远已经利剑出鞘，断不可能回头，只能严令杨谷、杨石再去劝说。

　　无奈，杨皇后态度依然坚决，杨谷、杨石的第二次劝说还是无功而返。

　　可回到了史弥远那里，得到的指示很简单：继续劝。

　　得，能怎么办呢？继续玩儿命地跑吧。

　　就这样，杨谷、杨石两兄弟化身人肉传声机，一夜之间在内外朝跑了七个来回。跑到最后一次，杨谷、杨石眼见自己要被活活跑死了，只得喘着粗气在杨皇后面前跪哭起来。

　　杨谷、杨石一边抹眼泪，一边苦劝："现在朝内朝外的人都归心赵贵诚，你如果再不同意，必定会招来祸乱，到时候，恐怕我们杨氏一门都要丢掉性命了！"

　　杨皇后听后，痛苦地沉默下来。她也清楚，到了这个地步，阴狠的史弥远什么事情都干得出来！

　　沉默过后，杨皇后喃喃说道："那人在哪里？"

　　杨谷、杨石一听这话，连忙起身抹掉眼泪，麻利地给史弥远报喜去了。

　　很快，赵贵诚被带到了杨皇后跟前。杨皇后也不再多话，只是将赵贵诚唤到跟前，轻轻拍拍他的背脊，吐出一句："从现在开始，你就是我的儿子了。"

赵贵诚、杨皇后都已搞定。

史弥远露出了胜利的微笑。

与此同时，可怜的赵竑还在翘首等待宫内的宣召。

赵竑早就得知赵扩的病情，正伸长脖子站在王府门前，等着宫里人来接自己登基即位。

在沉重的夜色里，赵竑忽见一队人马簇拥着一辆绿盖车，急匆匆地赶来。看样子，这绿盖车应该出自宫内！他顿时心头一喜。

不过，赵竑又发现，这队人的行进方向似乎有点不对头。

那绿盖车经过济王府门前时，并未做丝毫停留，而是径直向宫内奔去，从车的吃重来看，里面似乎已经坐了一人，但又不知是谁。

赵竑到此时仍被蒙在鼓里，对眼前的一切百思不得其解。

终于，宣赵竑进宫的传令来了。赵竑已经等得太久，闻命立即往宫中赶去。

来到宫门前，禁卫士卒拒绝赵竑带着随从进入，赵竑虽然心中疑惑，但也来不及细想，只好单身进入宫内。

此时，宫内已经挂满白幔，赵竑被引到赵扩的灵柩前举哀。这个时候，赵竑又奇怪地发现，自己身后不知何时冒出了一个威武的将领，仔细一看，分明是殿前都指挥使夏震。

夏震是史弥远诛杀韩侂胄时的得力干将，这次他又站到了史弥远一边。在这场废立的大阴谋中，他负责死死盯住赵竑，并率领军队弹压可能出现的反抗。

赵竑对碰到的一系列异常愈加困惑，心中渐生不祥的预感，可此时，他已经失去了反击的机会。

过了一会儿，内侍走到殿前，宣布百官立班敬听遗诏，赵竑也被引到了原来的班列上。

这个时候，赵竑更加不安，他惊愕地质问一旁的夏震："今天这样的状况，我怎么能仍站在原来的班位上？"

夏震轻描淡写地回道："没宣诏之前，你就应该仍站在原位，等宣诏完毕，就可以即位了。"

赵竑听了夏震的回答，将信将疑。他不安地扫视着四周，抬头一看，猛然发现：烛影摇曳之间，有一人，已经端坐在大殿御榻之上！

赵竑还来不及反应，宣诏已经开始：

"立赵贵诚为皇子，赐名赵昀，并进封武泰军节度使、成国公。"

"以皇子成国公昀即皇帝位。尊皇后为皇太后，垂帘同听政。"

赵竑这才明白，自己被史弥远当猴子戏要了一番，他脸涨得通红，怒不可遏地想要大声争辩。

然而，他还来不及发声，大殿里又响起了内侍的高呼：

"百官拜舞，贺新皇帝即位！"

赵竑倔强地不肯低头，可一旁的夏震早就收起了仅存的一点点礼数，粗暴地伸出手，将他的头狠狠按下……

嘉定十七年闰八月三日凌晨，史弥远一手导演了废立皇子的大戏。

在史导演的安排下，平民赵与莒，变成了皇子赵贵诚，皇子赵贵诚，变成了皇帝赵昀。

赵昀从此成为南宋的第五位君主，即历史上的宋理宗。从此，赵家君主转到了赵匡胤长子赵德昭的一脉。

可怜的赵竑，则失去了唾手可得的皇位。

而他的悲惨命运远远还没结束。

湖州之变

赵竑很快收到了朝廷对他的安排。

进封济阳郡王，开府仪同三司，出判宁国府（今安徽宣城）。

到了九月，赵竑又充任醴泉观使，迁居到湖州。在那里，朝廷专门为他安排了一处宅邸，从此，他过上了形同软禁的生活。

在空荡荡的寓所里，赵竑陷入了无尽的愤慨和恼怒之中。他没想到，史弥远竟敢干出废立皇子的事来。他更怨愤那些文武百官，明知自己是先帝默定的储君，却任由史弥远胡作非为。

这些平日满口忠君报国的士大夫，为了保住自己的地位俸禄，竟把一切道德准则践踏在脚下。

赵竑也痛悔自己没听真德秀的忠言，不该早早地锋芒毕露，结果招来如此横祸。

现在，说什么都晚了。

在朝廷安排的寓所里，赵竑甚至不敢流露一丝真实的想法，因为身边尽是史弥远安排的眼线，他的一举一动都逃不脱这个权臣的掌控，哪怕是有一点点不满的表露，都会为他招来更可怕的报复。

赵竑极其压抑地过着寓居生活，身边除了家眷外，再无可以信赖之人。

可命运似乎故意要和这个可怜的皇子过不去，即便是这种卑微的苟活也不肯留给他。

宝庆元年（1225）正月，赵竑在寓所里度过了人生中最郁闷的一个新年。

当月八日，赵竑刚刚入睡不久，突然被外面的一阵喧哗吵醒，好像是有一群人闯进了他的宅邸，正在乱哄哄地闹事。

警觉的赵竑连忙从床上坐起，惊问身边人发生了什么事情。

侍卫急匆匆地前来报告，称自己也不太清楚怎么回事，只知道是一群来历不明的人突然闯入府内，声言要找到济王（赵竑），并拥立他做皇帝。

赵竑一听，心头顿时一个激灵，他的称帝之心经过三个月的软禁生活后，早已被冷却，现在突然遇到如此莫名其妙的情况，竟也不知如何应对。

经过短暂的迟疑后，赵竑决定先躲起来看看形势。

于是，赵竑换上了一身破旧衣服，藏到了府内的一个洞里。

然而，一个大活人终究藏不了太久，不多会儿，他还是被人给找了出来。

直到这个时候，赵竑才看清，这群夜闯府邸的不速之客个个臂缠着红带，身上还隐隐透着一股鱼腥味，从穿着打扮看，只是一群普通的百姓。

赵竑被人从洞里拽出后，又被簇拥着带到了湖州衙门，接着又被转移到了附近的东岳祠。安顿下来后，这群挟持者才向赵竑说明来意。

原来，主谋闹事的是一个叫潘甫的渔民，以及他的两个堂弟潘壬、潘丙，其他跟着起事的人也差不多，都是太湖边的打鱼汉子，总共也就几十人。他们这次连夜起事找赵竑不为别的，就是觉得他没当上皇帝太冤了，想帮他夺回皇位！

扶持我做皇帝，就凭你们？

赵竑看着眼前这群衣衫不整的渔民，只能哭笑不得地狂摇头。

兄弟，玩笑开大了吧？我不是不想做皇帝，可就凭你们几个，一个县衙的差役就能搞定了，还起什么事？这不是拿我放在火上烤吗？

赵竑连哭带叫，死活不肯答应。

潘甫等人也不惯着赵竑，一边亮出兵器威胁，一边声称马上会有大军前来相助。赵竑怕小命难保，只好口头应承下来。

赵竑刚松口，潘甫就搬来一把椅子，把他摁在上面，然后再掏出准备好的一件黄袍，往赵竑身上一披。

接着，潘甫等人又连夜把当地官员给揪了过来，让他们老老实实排队站好，祝贺赵竑即位称帝。

就这样，一场极简版的黄袍加身算是大功告成。

闹剧演完后，无论是赵竑还是被挟持的地方官，脑袋里都冒出同一个问号：这几十个渔民莫不是抽风吧？就这么点力量，也就勉强半路打个劫，现在居然敢造反？

可是，他们很快发现，事情并不像他们想的那么简单，第二天，湖州城的城门以及很多地方，都出现了一张榜文。榜文上的内容让所有人为之一震：

山东李全将率精兵二十万，水陆并进，直捣临安，声讨史弥远私立皇帝的罪行。

李全？他也要参与拥立的事情？

在这里，我们还得简单介绍一下李全的来历。

前面说过，当金军被蒙古人打得狼狈不堪时，境内的山东地区成了"红袄军"的天下。"红袄军"其实是当地民间豪强自发组织的武装力量，因身穿红袄而得名。李全所统领的红袄军则是其中最强大的一支。

李全，山东潍州（今山东潍坊）人，他本出身农家，初以贩卖马牛为业，后为反抗金人压迫，拉起了一支队伍。李全平时喜欢练习武术，因擅长使用铁枪，混得一个"李铁枪"的名号。早在开禧年间，李全的队伍便已驰骋齐鲁大地，并在征战中不断充实壮大。

蒙古大军西征以后，金军开始缓过劲来，便抽出军队前来镇压山东的红袄军，李全成了重点打击对象。同时，因为金国发动南侵战争，宋金双方也进入了战争状态。

如此一来，金军便成了李全和南宋共同的敌人。

于是，从嘉定十一年（1218）起，南宋朝廷对包括李全在内的红袄军采取了招抚政策，经常提供粮草以做支持，并改称之为"忠义军"。

李全接受了宋朝册封的官职后，积极协助南宋的军事行动，宋金在淮西交战的时候，他还曾亲自率军赴援，为击败金军立下不少功劳。

然而，待金军的攻势消减后，李全和朝廷的"蜜月期"很快结束了。

当时，李全和南宋淮东制置使许国关系很紧张，在淮东的重镇楚州（今江苏淮安），官军和"忠义军"闹到了剑拔弩张的地步。

如今，楚州的火药桶眼看就要爆炸，"湖州之变"发生了。

如果传闻是真的，李全的战斗力加上赵竑的号召力，倒还真能让赵昀和史弥远"喝上一壶"。

不过，事实证明，起事者所张贴的榜文，只是虚张声势，李全并未真的掺和进来。

原来，潘甫起事前确实想拉李全入伙，可他派去的人连李全的面都没见到，只是联系上了李全的部属。这些义军也很有意思，表面上答应配合，其实却未动一兵一卒，只想先看看热闹再说。

结果，这些渔民也忒"朴实"了点，竟然仅凭别人的一个口头承诺，直接就开干了！

大笔"风投资金"还没打入账户，你却已经急着上项目了？

这笔买卖，不亏那就见鬼了。

宝庆元年正月九日，被折腾了一晚上的赵竑彻底看清了"拥立者"的虚实，他就算再傻，也知道仅凭这不满百人的渔民，绝对不是朝廷的对手。

为了保全自己，赵竑和当地的驻军守将商议，赶紧派州军前来镇压。

后来的过程就简单了，湖州的军队一到，这些渔民便一哄而散，被抓的被抓，逃跑的逃跑，平定这场所谓的"叛乱"，前后也没消耗几个时辰。

当史弥远紧急抽调的禁军前来征讨时，赵竑和地方官们都已经在处理善后事宜了。

"湖州之变"虽然火速平定了，却让赵昀和史弥远惊出了一身冷汗。这次事变让他们认识到，自己虽然能用权势钳制众人的口舌，但并不能完全慑服人心。只要赵竑还在，那就是一个随时可能引爆的炸弹，让他们不得安生。

于是，在事变后不久，史弥远便派余天锡到湖州，以替赵竑治病为名，用一剂毒药结果了赵竑的性命。

事后，赵昀和史弥远为了安抚人心，做了一些表面文章，先是辍朝哀悼，后又给赵竑追赠了一些名号。

可是，在赵昀和史弥远的内心深处，赵竑尽管已经去世，却仍是一种无形的威胁。任何一种抬高赵竑地位的行为，在两人眼里，都是对自己的否定，让他们深感不安。

于是，待舆情稍有平息，赵昀又收回了对赵竑的追赠，甚至连生前的王爵也一并收回。最后，留给这个已故皇子的，只有区区一个"巴陵县公"的名头而已。

最后，咱们顺带交代一下李全的结局，毕竟，出来客串一下，也不容易。

"湖州之变"的一个月后，李全倒是真动手了，他派遣部将回楚州发动兵变，攻杀了淮东制置使许国，然后将楚州的财物钱粮洗劫一空。

赵昀和史弥远刚被"湖州之变"吓了一跳，特派和李全关系较好的官员出任淮东制置使，暂时稳住了李全。

再后来几年，李全彻底混成了墙头草，和金军、蒙军、宋军搅和在一起，一会儿依附蒙古，一会儿又顺从朝廷，其间还和其他义军打成一团乱麻。

杀到绍定四年（1231），李全在一次和宋军的交战中，因坐骑陷入泥淖，被宋兵用长枪刺死，这才结束了他混沌的一生。

法医宋慈

令赵昀和史弥远始料不及的是，尽管他们对赵竑的死进行了冷处理，但关于这个皇子的话题，还是甚嚣尘上。

在儒家理论体系里，孝敬君父、友爱兄长始终是一条必须恪守的道德规范。大臣固然不敢借赵竑否定赵昀的皇位合法性，却希望能对死去的赵竑有所尊崇。

于是，此后几年里，一有天变灾害出现，就有一些理学派大臣借机为赵竑说话，希望朝廷能够为赵竑隆重安葬、恢复王爵，安排后嗣延续其香火。

对于这些言论，赵昀是非常反感的，因为这挑动了他最脆弱的一根神经。他不顾议论汹汹，对此类言论一律给予严厉打压。那些胆大的臣子不是被贬官外放，就是被免官离任，有的甚至贬死远乡。

终理宗一朝，赵竑的话题成了朝廷的敏感禁区。

这个问题直到德祐元年（1275）才得到彻底解决，在一些士大夫官僚的坚持下，朝廷终于为赵竑追封镇王、追谥昭肃，并安排同辈宗室子弟为其继嗣。

此时，离赵竑过世已经整整半个世纪，离南宋的灭亡也已经只剩下四年。

对于赵竑的冤屈，似乎连现代人都念念不忘。在曾经热播的电视剧《大宋提刑官》（第二部）中，这段历史被再度唤醒，搬上了荧幕。

这回，揭开这桩沉年冤案的主人公变成了南宋提刑官宋慈。

当然，电视剧经过艺术加工后，与真实的历史已经相去甚远。不过，这部剧的主人公宋慈，确实是真实存在的，也是一位值得我们铭记的南宋传奇人物。

宋慈，字惠父，福建建阳（今福建南平市建阳区）人，淳熙十三年（1186）出生于一个官宦家庭，父亲宋巩曾官至节度推官。

宋慈少年时求学于朱熹弟子吴稚门下，曾受过理学的系统教育。开禧元年，二十岁的宋慈考进太学学习，受到当时的太学博士真德秀赏识。

嘉定十年，宋慈参加科考，中乙科进士，被补授浙江鄞县（今浙江宁波鄞州区）县尉。不巧的是，正在那段时间里，父亲宋巩去世了，宋慈未及赴任便回乡丁忧守制。或许是受嘉定年间金国南侵的影响，当宋慈真正复出做官时，已经是理宗宝庆二年（1226）。

宋慈出任的第一个官职是赣州信丰县（今江西信丰县）主簿。在任内，他因为办事认真、勤勉敬业而受到江西安抚使的欣赏，并被揽入幕府参决事务。再后来，宋慈经人推荐，先后成为江西路提点刑狱、福建路提点刑狱的幕僚。

经过这段时间的历练，宋慈对南宋社会的风土人情、民生百态有了系统的观察和了解，最吸引他注意的，则是当时的刑狱勘验状况。

根据宋慈观察，宋朝的刑狱办理状况极其令人担忧。

虽说刑狱之事人命关天，但对于大多数地方官来说，那就是挂在嘴边的口号而已。现实情况是，这些靠读圣贤书走上仕途的地方主官压根看不起这些"民间琐事"，都喜欢把这种脏活甩锅给新入职的武官来办，自己乐得清闲。

直接办案官员能怎么样呢？抛开徇私枉法不说，他们也确实缺乏断案的经验和能力。如果真碰到了重大命案，别说科学验尸了，恐怕见了尸体都只能捏着鼻子到处躲。

于是乎，很多地方的办案手段只剩下了一个——给我打，往死里打，看你说不说。

如此断案，不搞得"窦娥"满天飞才怪。

宋慈对这种现象深恶痛绝，他秉持"恤刑慎狱""人命为重"的思想，在断案中强调实证推验，并不断将这套理念付诸实践。

绍定四年，宋慈出任长汀（今福建长汀县）知县，终于成了一方的主官。他刚上任，便遇到了一件前任知县留下的杀人命案：

长汀县里有一户人家娶媳妇，洞房之夜，新郎却莫名其妙地死了。

前任知县审理案件时，发现新郎尸体发黑，怀疑是中毒身亡，而新郎死前唯一接触的人便是新娘。于是，知县把新娘子当成了最大嫌疑人，严刑拷问。新娘一开始并不承认自己谋杀亲夫，可架不住大刑的残酷，还是招了。宋慈到时，新娘已经入狱，只等秋后问斩。

宋慈接手这个案件后，觉得此案判得太草率，当即下令开棺验尸。棺材一打开，他便察觉了一股特殊的蛇腥气。宋慈此后又在察访中了解到，新郎暴死当日，村里一口鱼塘的鱼也死了不少，宋慈命人抽干塘水，在里面找到了一个小瓶子。宋慈由此怀疑，新郎很可能是因蛇毒身亡。

在接下来的走访中，宋慈又从村民口中得知，新娘的邻居龚三正是一个养蛇户。顺着这条线索，差役很快在龚三家中搜出一个同样的小瓶子，里边还装有半瓶蛇毒。

至此，案情终于大白，真正的凶手龚三也被绳之以法。

从长汀县卸任后，宋慈又先后担任南剑州（今福建南平）通判、赣州（今江西赣州）知州等职。嘉熙四年（1240），宋慈迎来了人生中一个至关重要的职务——广东提点刑狱。

五十五岁的宋慈，真正成为了一个大宋提刑官。

在第一卷中我们说过，"提刑官"是宋代路级地方行政机构提点刑狱司的长官，全称为"提点刑狱公事"，主要负责督查地方刑狱断案情况，职权类似于现在的省检察院检察长、法院院长。

在广东提点刑狱任上，宋慈用了短短八个月时间，清理了两百多件冤案、悬案，替许多无辜者洗刷了罪名，同时也惩处了一大批赃吏和逍遥法外的罪犯。广东提点刑狱任满后，宋慈还曾转任江西、湖南两地的提刑官，每到一处，都政绩斐然，成了百姓口中的大清官。

在提刑官任上，宋慈发现，冤假错案的产生，很大程度上缘于刑事断案技术的落后。认识到这一点后，他产生了一种前所未有的使命感。于是，他在办案之余，开始博览书籍，并结合自己的实践经验，起草编撰一部关于刑狱断案的专著。

淳祐七年（1247），宋慈在湖南提点刑狱的任上完成了一部标准的法医学著作——《洗冤集录》。

这部《洗冤集录》倾注了宋慈的全部理想和心血。

在《洗冤集录》的序言中，宋慈开宗明义地说道：刑狱案件中最重要的是死刑案件，判好死刑的关键在于查清案情，而要查清案情，关键在于做好检查验证（狱事莫重于大辟，大辟莫重于初情，初情莫重于检验）。

《洗冤集录》共分五卷五十三项，根据内容，大致可以划分为三个部分：第一部分是关于现场检验的基本原则和疑难复杂情况处置；第二部分为对不同状况下的尸检方法；第三部分最为重要，也是《洗冤集录》的精华，宋慈在其中详述了自缢、水溺、中毒、压塌、火烧、虫兽咬、雷劈等不同死伤原因的鉴别方法，为今后断案人员去伪存真，查清案件事实提供了科学的手段。

《洗冤集录》还记载了许多神奇的刑侦手段。

如，书中曾提到了一个"用红油伞检验尸骨伤痕"的方法：把尸骨洗净，按次序摆放到竹席上，再挖出一个长五尺、宽三尺、深二尺的地窖，里面堆放柴炭，将地窖四壁烧到火红时，除去炭火，泼入酒二升、醋五升，再乘着地窖里升起的热气，把尸骨抬放到地窖中去，然后盖上草垫，等候半个到一个时辰，再取出尸骨，放在明亮处，迎着太阳撑开一把红油伞，来进行尸骨检验。如果尸骨上有被打处，就会看到红色微荫，骨断处也会有血晕色。再以有痕骨迎着日光验看，如果是红色，则可肯定，死者生前被打过；骨上如果没有血晕，即便有损伤，也是死后的伤痕。这样，死者生前的死因也就在红油伞下全部呈现出来。

又如《洗冤集录》还记载了"用米醋和酒来检验被焚烧尸体"的方法：将被害人伏尸的地方打扫干净，先用酽米醋浇泼，再用酒浇泼，土质地面上很快就会显现被害人流淌过的血迹。有了这个方法，毁尸灭迹的伎俩也就无处遁形了。

以上方法虽然属于经验范畴，却和现代科学方法不谋而合，比如用红油伞验尸的方法就和现在的紫外线照射差不多，都是利用了光线部分吸收的原理。

《洗冤集录》书成后，赵昀大加赞赏，立刻下令全国刻版颁行，每位负责刑狱断案的官吏人手一册。它成为当时断案的权威指南，为减少冤假错案作出了无法估量的贡献。

只可惜，当《洗冤集录》完成的时候，宋慈的生命也即将走到尽头。

淳祐九年（1249）初，宋慈升任广州知州、广东经略安抚使，上任不久，宋慈便重症缠身，久治不愈。

同年三月，这位伟大的法医学家病逝于任上，享年六十四岁。

　　或许是由于古人对这种技术人才的重视不够，卷帙浩繁、收录人物众多的《宋史》竟然没有给宋慈留下一篇传记。我们只有在清代人编撰的《宋史翼·循吏传》中才能找到关于他的片言只语。最可惜的是，在这份粗略的记载中，我们已经无法看到宋慈经办的大量鲜活案例，这些宝贵的断案故事也和宋慈一样，从此长眠地下。

　　不过，宋慈的事迹并未就此消失。史事和案例的空白，却为后人用艺术手段重塑宋慈留下了广阔的想象空间。比如，一部演绎宋慈事迹的电视连续剧《大宋提刑官》曾经在全国热播，一度创造了收视奇迹。

　　人们不仅为惊险曲折的悬疑剧情所吸引，更为那个拥有种种神奇办案手法，一心为民请命的"大宋提刑官"所深深折服。

　　在那里，人们不但看到了伟大的宋慈，也借此释放了内心深处对公平正义的敬仰、向往。

　　我们不会忘记，公元十二世纪，中国诞生了一位伟大法医学家——宋慈。

第十二章 联蒙灭金

关河防线

前面说到，成吉思汗在占领金国的中都大兴府后，并没有接着向南征伐金朝，而是率军发动了第一次大规模西征。

这次西征历时八年，耶律大石建立起来的西辽、中亚的花剌子模王国都成了蒙古大军的战利品。成吉思汗把这块土地封给了次子察合台，建立了一个察合台汗国。

成吉思汗率领主力西征的时候，还是留下了部分军队继续"修理"金朝。此时的金朝，早就被打出了"恐蒙症"，即便是面对一支偏师，也是全身打战、两腿发抖。

为了遏制蒙军的进攻，从金宣宗完颜珣开始，金朝君臣们苦心孤诣，构筑了一条闻名历史的关河防线。

所谓关河防线，又称"潼关—黄河防线"。在北面，金朝沿着黄河南岸设置了四个行省，布置精兵二十万，分地划界屯防。在西面的山区，以潼关为核心，设置四个行省，布置精兵十万，同样实行分区防守。

当时，金朝的疆域恰似一个"叵"字，中间的"口"字，便是以开封为核心的河南腹地。上面一横便是漫长的黄河防线，金军利用地理优势严把渡口，遇到冬天河面要结冰的时候，便提前"燃草敲冰"，反正只要蒙古战马没学会游泳，就甭想过来。西面的一竖正好是山区，地形狭小，不易行军，只要守住潼关天险，问题也不大。至于下面的一横，那是金宋的边界，只要宋朝不惹事，也安全。如果要说东边，那里大海茫茫，更别提了。

从上面的布置看，金朝君臣还是比当年的北宋靠谱一点，至少知道利用地形优势防守一下，不像当年的宋军，直接"躺平"，连黄河渡口都没像样的人把守。

金朝正是依仗着这条密不透风的天然防线，又勉强续命了二十年。

话说回来，黄河以北的陕西、山东就真不要了吗？金朝虽然心里舍不得，但还真没办法，只能是给各族的自主武装发几顶官帽，让他们自己在外面折腾，打成什么样不管，只要不投降蒙军就成。因此，除了长安（今陕西西安）、凤翔（今陕西宝鸡）等核心城市，很多地方都是"城头变幻大王旗"，集体"放飞自我"了。

当然，好日子总会到头，宋宝庆二年（1226），成吉思汗"出差"回来了。

　　蒙军就是一架天生的战斗机器，从来都没有放假休息一说。西征回来后，成吉思汗立刻策动了灭金的战争。

　　蒙古要灭金，最先挨揍的，却还是可怜的西夏，谁让它位于金国侧翼呢。

　　西夏自上次向蒙古乞和后，日子过得也是王小二过年——一年不如一年。

　　蒙古长期征调西夏的人口、财物，稍有不从就舞着大刀威胁，这让他们难以接受，所以又产生了反抗的想法。金哀宗完颜守绪上台后，主动修复了与西夏的关系，两位难兄难弟又走上了共同抗蒙的道路。

　　可成吉思汗实在太猛了，宝庆二年春，蒙军一顿组合拳，连续拿下了西夏的沙州（今甘肃敦煌）、肃州（今甘肃酒泉）、甘州（今甘肃张掖），接着西凉府（今甘肃武威）、灵州（今甘肃灵武）这两个最重要城市也在一番血战后落入蒙军之手。

　　仅仅一年，西夏就输得精光彻底，只剩下一个孤零零的中兴府（今宁夏银川），还在蒙军的重重围困之中。

　　此时，西夏的君主是末帝李睍（xiàn），他已经毫无还手之力，只能把最后的希望寄托到好邻居金朝身上。

　　金哥，说好的合力抗蒙，你干啥呢？

　　李睍的苦，完颜守绪不是不知道，可他真没办法。

　　如果说，完颜永济那时候，金朝面对挨揍的西夏是见死不救，那么，现在他们则是想救也没实力了。因为，如果要去救援西夏，就得从关河防线抽兵，一共才那么点本钱，真的没办法冒险。

于是，完颜守绪在收到西夏的求救信号后，只能装聋作哑。

大概情况就是这样。

唉，外面的小老弟，你就自求多福吧，哥也没办法啊。

到了宝庆三年（1227）七月，弹尽粮绝的西夏终于服软，出城向蒙古投降。从李元昊称帝建国起算，立国一百九十年的西夏至此退出了历史舞台。

西夏灭亡后，蒙军接下来的目标便是金朝。

不过，完颜守绪很幸运，他的生死考验因为一个意外事件又拖后了两年。

就在西夏灭亡前夕，一代天骄成吉思汗病逝了。

成吉思汗病逝后，蒙古政局出现了短暂的动荡，最有实力角逐汗位的三子窝阔台和四子拖雷经过一番明争暗斗，最后以窝阔台的胜利而告终。

待窝阔台夺得汗位后，他继承父亲的遗志，向金朝挥起了屠刀。

然而，当蒙军兴冲冲地再次南下时，结果却大大出乎他们的意料，此前那个被打得满地找牙的金军，现在似乎又"满血复活"了？

蒙军想从西北外围啃起，结果一败于宁州（今甘肃宁县）。

蒙军想从中部的黄河防线突破，结果二败于卫州（今河南卫辉）。

蒙军想硬啃潼关，结果，横扫中亚的蒙古名将速不台竟然被正面击破，损失达万余人，差点毁掉了一世英名。

几战过后，所向披靡的蒙古铁骑竟然一度陷入"渡河不能、入关不可"的困境。

对于金国来说，这三次胜利无疑是给一个垂死的病人打进了一针强心剂。长年压抑的金朝君臣重新拾起了信心，他们终于透过重重昏暗，看到了一丝亮光——回光返照。

绍定四年，几次进攻失利的窝阔台想起了父亲临终前的遗言：假道于宋。

从军事角度说，成吉思汗无愧于一位杰出的军事家，他在看到金军所设置的关河防线后，意识到蒙古骑兵不可能靠强攻打开突破口，最便利的方法是绕过防线，在金国的南边发起进攻，使他们腹背受敌。

而绕道南边，则必须经过宋朝境内，成吉思汗考虑，金宋两家是世仇，如果蒙古向南宋借道，宋朝必定会答应。

不过，成吉思汗还是把南宋想简单了。

绍定四年二月，窝阔台几乎同时向南宋的两淮、京湖、四川三个制置司派出了"假道"专使，要求宋朝借出道路，允许蒙军通行，去攻打金朝。

蒙古和南宋的联络，其实很早就开始了。

最先是蒙古刚刚崛起，忙着揍金朝的时候，蒙古曾主动派人来联络南宋。那时蒙金战争形势还不明朗，所以南宋的回应很冷淡。

到了嘉定年间，金朝想通过入侵南宋来弥补损失，本着"敌人的敌人就是朋友"的原则，蒙宋的联系开始热情起来，但由于双方隔得太远，也没什么实质性的合作。

待完颜守绪和南宋重新讲和后，南宋对蒙古又冷淡起来，因为蒙古实在太强大了，让他们依稀看到了之前金国的影子。更可怕的是，蒙古攻城略地起来完全不分你我，就在成吉思汗攻打西夏期间，部分蒙军入侵到了宋朝陕南地区，宋蒙之间产生了第一次军事摩擦。

所以，南宋对于蒙古的态度一直很稳定——"躺平"。

换句话说，惹不起，躲得起。

蒙古专使提出借道要求后，赵昀一律予以拒绝。

这时的南宋早就把金国当成了自己的屏障，再蠢也不至于自毁藩篱。当然，南宋更怕蒙古借道以后，帮助自己重温"假虞灭虢"的故事。

南宋的拒绝并没有让窝阔台知难而退，人家素来豪横，还会在乎你借不借？

不借？那我就抢！

于是，在窝阔台的战略里，"借道"变成了"抢道"！

当年五月，窝阔台做出了征伐金朝的全面部署，他自率中军从正面强渡黄河；另部署东路一军从山东南下，牵制金军。至于抢道的任务，则由弟弟拖雷所率的西路军负责。

按照计划，拖雷要率军出凤翔，渡渭水，迂回到南宋四川境内，然后再沿着汉水东下，进入河南，进而对金朝发起攻击。

十月，蒙古使臣再次来到四川制置司，向制置使桂如渊提出借道要求，不过这回蒙古人就没那么客气了，他们赤裸裸地发出威胁：

"大军压境，不可能白走一趟，你借也得借，不借也得借！"

桂如渊在蒙古的武力恫吓面前，根本不敢组织军民进行抵抗，只是傻乎乎地派人带着牛羊美酒去讨好蒙军，希望能给好处把这些凶神恶煞送走。

拖雷当然不是这么好打发的，他立刻指挥三万蒙军闯入大散关，一举拿下兴元府（今陕西汉中），轻而易举地占领了入蜀门户。

拖雷成功楔入宋朝境内后，分兵沿汉水而下，一直杀到了邓州。

邓州，正位于开封的南面。

也就是说，由于南宋糟糕的后防线，金国精心打造的关河防御体系瞬间变成了一堵漏风的城墙。

关河防线的失守，敲响了金朝灭亡的丧钟。

金国之危

听说拖雷所率的蒙军绕道出现在自己后方，完颜守绪连骂娘的心思都有了。之前关河防御体系构筑完成后，金朝君臣们最担心的便是宋朝太菜，让蒙古人钻了空子，可防线在别国境内，你又不好替他去防守。

现在好了，想什么来什么。

那还等什么，赶紧抽调兵力堵漏吧。

拖雷的蒙军赶到邓州后不久，金国连夜派宰相完颜合达率二十万大军前来阻击，希望能第一时间掐死这支背后偷袭的敌人。

绍定四年十二月，完颜合达和拖雷在禹山（位于邓州西南）布阵对峙。当时，拖雷的蒙军除去辎重部队，能够用于机动作战的只有两万余人，而金军却有二十万之众，所以蒙军虽然战斗力强悍，却始终无法战胜金军。

拖雷见强攻不行，改变了战术，他以少量军队牵制金军，另派主力分兵绕行北上，直接奔着开封而去。

完颜合达见蒙军绕道走了，赶紧扭头追回去。这个时候，蒙军骑兵的机动性展现出了极大的优势，他们且行且战，在兼程赶路的同时，不断派小股部队偷袭金军的补给线，导致金军防不胜防，损失了大量辎重。而此时的金军一板一眼地复制着当年北宋的模式，他们虽然人数众多，却以步兵为主，防守有余，而进攻不足，一旦陷入野战，就暴露了机动性差、补给困难的短板。

绍定五年（1232）正月十四日，金军的形势愈发危急。

由于防守兵力被大量抽调，窝阔台的蒙古中路军顺利突破黄河防线，占领郑州。这支中路蒙军主力，一面向东威胁开封，一面又分兵南下，企图与拖雷所率的西路军会和。

完颜合达带军拼死力战，终于杀开一条血路，挺进到了钧州（今河南禹州）附近。

拖雷见完颜合达率军杀到，又故意使出拖刀计，将蒙军撤到禹州西南的三峰山以东驻扎。金军见蒙军退却，果然跟进追击，就这样，蒙军停停打打、打打停停，在运动战中不断消耗着金军的战斗力。

这时，老天似乎也决意抛弃金军了。就在双方鏖战的时候，突然降下了漫天大雪，大雪一连下了三天，金兵本来就因长途奔袭作战疲惫到了极点，再加上这场大雪，很多将士连刀枪都无法握稳，更不消说对抗蒙军。

蒙军却非常适应寒冷天气的作战，再加上刚得到中路军的强力增援，人人战意高涨。

金军知道打不过蒙军，便拼死向钧州挺进，希望进城得到喘息，而狡猾的蒙军却在路上设下埋伏，不断轮流冲杀伏击。仓皇迎战的金军一路上损失惨重，完颜合达最后只率着少量残部退入钧州。

金军进入钧州后，蒙军很快尾随而至，并迅即发动了攻城，一场恶战过后，钧州沦陷，完颜合达战死，这支硕果仅存的金军精锐悉数被俘。

三峰山一战过后，金军的有生力量几近耗竭，窝阔台与拖雷所率的两路蒙军在钧州会合后，接连收割了河南十余个州，然后顺利完成了对开封的包抄。

至此，金国到了生死存亡的关口。

完颜守绪听说蒙军到来，急忙宣布京城戒严、坚壁清野，下令动员京城所有力量，誓死守卫开封。

接下来，蒙金双方展开了一场异常惨烈的开封攻防战。

关于这场攻防战，照理说应当好好讲一讲，可阅读史料后，我立刻打消了这个念头。

因为，这场战斗和一百年前的那场太相像了，简直就是历史的重演。

当年北宋被两路敌军围攻，现在金朝也一样。

当年北宋主力尽失，组织全城军民上城御敌。现在金朝也一样。

当年北宋君主上城激励将士死战。现在金朝：俺也一样。

当年北宋将士用艮岳上的山石砸击攻城的敌人。现在金朝：俺也一样（艮岳居然还没挖完）。

当年北宋以火器焚烧金军的攻城器械。现在金朝：俺也一样。

当年北宋以宗室子弟为人质，前去请和。现在金朝：俺也一样。

当年北宋想着夜袭金军，最后失败。现在金朝：俺也一样。

当年北宋派人冒死出城找援兵勤王。现在金朝：俺也一样。

…………

唯一不同的是，金朝君臣的抵抗意志，比起当年的宋军还是要强上很多。

或许是金朝君臣的殊死血战感动了上天，正当开封岌岌可危的时候，蒙军的主力竟然主动撤走了。

三月，窝阔台命大将速不台领三万兵马继续围攻汴京，自己和弟弟拖雷回到北方去避暑了。

蒙军主力走后，攻势也相应减弱，完颜守绪终于得到了喘息之机。

四月，完颜守绪派使臣带着金帛去军营向速不台求和，速不台也知道靠自己手头的兵力拿不下开封，便做了个顺水人情，也领兵走了。

蒙军的突然转向，让完颜守绪又奇迹般地续命了两年。

这里有一个疑问必须得探究一下。

窝阔台为什么丢下唾手可得的胜利，突然就走了呢？

诚然，金国现在已经被打得奄奄一息，再回头收拾，也很容易，可一次性搞定，不香吗？拖拖拉拉，也不是蒙军的风格啊！

要说农历三月就回去避暑，似乎也太早了点。

唯一的理由是，窝阔台要处理一件比灭掉金朝还要要紧的事情。

到底是什么大事呢？

内斗嘛，这也算优良传统了，辽宋蒙金，概莫能外。

此前说了，成吉思汗病逝后，最有希望问鼎汗位的是窝阔台和拖雷，窝阔台能够上位，主要还是因为能够压下拖雷。可两人的明争暗斗并未因为汗位的确定而停止。

窝阔台刚继承汗位，就有臣子建议，要抓紧剿灭金朝，以此树立威信、巩固权位。窝阔台也依计而行。

然而，形势的发展却不如窝阔台预料的那样。本来他只是安排拖雷偏师绕道，作为主力的策应，可是拖雷这次的表现太抢眼，不但顺利绕到了开封的南面，还在三峰山一战中一举歼灭金军主力，立下旷世奇功。

如果蒙军这次顺利灭掉老对手金朝，拖雷就是蒙古人心目中的头号功臣。

配角马上要抢了主角的光环，这可怎么办？

那只能改剧本了。

后来发生的事情非常蹊跷。

史载：五月，窝阔台经燕京出古北口后，忽然得重病，倒下了。到了六月，窝阔台又神奇地康复了！弟弟拖雷却突然病逝了。

　　这段有点玄乎，而且语焉不详、疑窦丛生。这事背后肯定藏着猫儿腻。

　　好在《蒙古秘史》中还有一点详细的描述，说是窝阔台当时得了怪病，并请了巫师前来医治，当时拖雷也在旁边。拖雷见兄长病势很重，非常着急，希望巫师作法让自己代替兄长承受这次灾祸。然后巫师就取了咒水给拖雷喝，拖雷喝完就死了，然后窝阔台病就好了。

　　这样的情节，当然没人信，可当时的窝阔台就是这么对人解释的。结果，拖雷在立下赫赫战功后，又成了献身替兄的大英雄，窝阔台则消除了一个心头大患。

　　至于拖雷真实的死因，更多人说是被兄长窝阔台给毒杀的。此说查无实据，但有极大可信度。大家就当他是一个蒙古版的"烛影斧声"吧。

　　蒙军退去后，金国的日子仍不好过。当蒙军攻城时，金国把军民都迁入城中固守，小小的开封城，一下子涌入了二百五十余万人，这样一来，吃饭成了大问题。一时间，开封城内饿殍遍野、瘟疫横行，再加上兵匪的作乱，繁华的都城顿时变成了人间地狱。

　　是的，历史一直在重演，只是角色发生了变换。

　　完颜守绪觉得开封城已经待不下去了，便萌生了弃城出走的想法。

　　绍定五年十二月，完颜守绪不顾众人反对，丢下皇后、嫔妃，带着军队离开开封。

　　逃离开封的完颜守绪并没有固定的行进目标，他开始像无头苍蝇一样在中原大地上乱窜。

完颜守绪先是想往河北、山东一带跑，希望袭取大名府、东平府，重新经营黄河以北地区，可当他听说卫州（今河南卫辉）的蒙军屯有粮草时，又转而前去攻打卫州。

然而，金军久攻卫州不克，反而被前来支援的蒙军追上一顿揍，狼狈的完颜守绪又转头往归德府（今河南商丘）跑。

就在跑往归德府的路上，完颜守绪收到了一个让他更加郁闷的消息。

开封陷落了。

自从完颜守绪出走后，开封人心涣散，其中一个叫崔立的将领起了异心，想学习张邦昌、刘豫，过一把傀儡皇帝的瘾。

绍定六年（1233）四月，崔立趁乱发动兵变，杀光了一众留守大臣，并将金国皇太后、皇后等宗室贵族统统押出城外，自己则靦着脸跑到蒙军军营，向速不台摇尾乞降。

速不台进入开封后，命崔立依旧留守城池，自己则率领兵马前往归德府追击完颜守绪。

躲在归德府里的完颜守绪听说速不台杀奔而来，只能暗暗叫苦。幸亏这时又有消息传来，最南边蔡州（今河南汝南县）尚屯有不少粮草，尚可一避。

完颜守绪听说后，仿佛抓到了最后一根救命稻草，连忙领着残部南下。

绍定六年六月，完颜守绪溜进了蔡州。

　　蔡州位于金国的最南端，与南宋相接壤，那里还未曾受到战火荼毒，所以城池坚固，兵员粮草齐备。

　　蔡州，成了金国苟延残喘的最后一站。

蔡　州

　　金国的穷途末路迫使南宋不得不重新考虑对待蒙古的态度。

　　此时的南宋朝廷，赵昀已经逐渐掌握实权。

　　赵昀即位之初，在朝中毫无根基，所以一切都由史弥远说了算，近十年来，基本处于渊默无为的状态。

　　待到绍定六年，史弥远已经重病在身，再也没有精力干涉朝政。到了当年十月，这位南宋第三代权奸一命呜呼，结束了他长达二十六年的擅权生涯。

　　至于另一位可以制约赵昀的杨太后，也已于绍定五年十二月去世。

　　故而，赵昀得以真正走到前台，成为名副其实的一国之君。

　　当金国和蒙古死磕的时候，南宋出于过去"联金灭辽"的教训，一直对蒙古很冷淡，自拖雷强行借道后，更是对这个新崛起的北方势力又怕又恨。

　　但形势比人强，老邻居金国眼看就要被灭国，而待金国一亡，也就无所谓屏障作用。那么，对于南宋而言，再这么"躺平"下去，也不是个办法了。

　　在这种情势下，南宋朝内开始出现了"联蒙灭金"的声音，赵昀听后，也颇为心动。

在一些史书中，有人批评宋朝的"联蒙灭金"是另一个愚蠢的"海上之盟"。其实，这种说法倒是冤枉赵昀了，他的为人虽然不讨喜，但在这项决策上并没有太多问题。

因为，南宋的"联蒙灭金"其实属于被动合作，以蒙古的实力，有没有南宋帮助，它都可以搞定金朝。如果南宋此时掺和一下，既可以报仇雪恨，又可以和蒙古搞好关系，应该还算明智。

在这种背景下，南宋朝堂一时间宾客盈门，蒙古和金朝争相前来拉拢。

完颜守绪抵达蔡州后，向南宋派出了使臣，希望南宋能够给予兵粮支援，一起合作抗蒙，说辞很老套，"唇亡齿寒"嘛。

南宋方面收到消息后，根本未予理睬。理由前面也说了，赵昀此时已经打定主意联蒙灭金，更何况，他还得了一个确切情报：那位流亡到蔡州的完颜守绪很不安分，居然正酝酿着一个偷袭四川，在巴蜀复国的秘密计划（进取兴元，经略巴蜀）。

这个白眼狼，真是贼心不死。

相比而言，对于蒙古派来的使臣，南宋方面给予了热情接待。蒙古的意见很明确：大家约个时间，双方共同攻打蔡州，蒙军从北往南攻，宋军从南往北攻，同时再请南宋支援一点军粮。

这个要求也不过分，赵昀一口应承下来。

不过，和蒙古一起攻打蔡州，也隐含着一个小小的风险。

如果大家看过前面的故事，应该还记得当年北宋和金军联合攻打燕京的情景。当年，宋军与辽军上演了一场惊世骇俗的比烂大赛，面对屡战屡败的辽军残军，宋军居然被打得找不着北，从此被金军看穿了实力。

这回，蔡州的金军实力看上去虽比当年的辽国还要菜，但保不齐咱们的宋军又上演"奇迹"啊。

幸运的是，这次宋军的领军人物并不是"水货"。

他是名将孟珙（gǒng）。

孟珙，字璞玉，庆元元年（1195）年出生，湖北枣阳人。

孟珙出身将门，曾祖孟安、祖父孟林都曾是岳飞的部将，父亲孟宗政也是南宋少有的猛将，官至右武大夫、左武卫将军。

孟宗政在开禧北伐时崭露头角，在嘉定年间金国南侵时，因参与守卫襄阳而闻名，曾率军连败金人，一直追杀到金国境内。

孟宗政有十个儿子，孟珙是第四子。

孟珙自小就被父亲带入军中历练，和兄弟们一起跟随父亲练习武艺、研习兵法。嘉定十年（1217），孟宗政在一次和金人的作战中身陷敌阵，不能走脱。二十三岁的孟珙临危不惧，率领骑兵勇敢地突入敌阵，救出了父亲，战后因功补授进勇副尉。此后，孟珙跟着父亲屡立战功。

赵昀即位后，念孟珙忠勇，特授他为京西第五副将，权管神劲左右军统制，还令他接管了父亲生前所编练的"忠顺军"。

让孟珙真正扬名的正是刚刚完成的保蜀之战。

前面说到，完颜守绪在向宋朝请援的时候，还偷偷摸摸地进行着图谋四川的计划。

绍定六年，金将武仙率军进攻南宋京西路的光化军（今湖北老河口），企图向西打开入蜀的通道。孟珙率军迎击，阵斩金军五千余人，取得首功。

武仙首战失利，转而进军吕堰（今湖北襄阳境内），孟珙诱敌深入，再次大败武仙。此后，孟珙开始转守为攻，向金军屯驻的马蹬山（今河南淅川县）发动突袭，一日连拔七寨，将来犯金军彻底击溃。

马蹬山战后，孟珙乘胜追击，打得武仙溃不成军，一路投降的金军加民夫达到了七万人。最后，武仙在逃窜中慌不择路，撞到了蒙军怀里，终被擒杀。到此，金朝偷袭蜀地的企图被孟珙一举击碎。

孟珙领军回师后，因功转授为修武郎、鄂州江陵府副都统制。当朝廷需要派人带军攻打蔡州时，他成了最合适的人选。

绍定六年十月，孟珙领兵两万，运粮三十万石，北上与蒙军会师。

十一月，宋军抵达蔡州，在城南安营扎寨。

在蔡州外围，孟珙受到了蒙军统帅塔察儿的热情欢迎，两军划分了屯防地界，约定择日合力向蔡州城发出最后一击。

十二月初，蒙宋联军开始向蔡州城内的金军发起总攻。

完颜守绪知道自己已经到了生死关头，开始拼尽全力做困兽之斗。金军征调了城内的全部青壮参与守城，就连妇女也被征调过来搬运木头石块。

十二月六日，宋军和金军的恶战首先发生在蔡州外围的柴潭。

柴潭是位于蔡州南面的一处防御壕堑，濒临城外的汝河，柴潭高汝河五六尺，成为蔡州南城的天然屏障。金军在柴潭附近的城墙上搭起了高楼，再配上强弓劲弩，居高临下地对攻城宋军进行"火力压制"。

金军的立体式防御一度遏制了宋军的攻势，但孟珙很快看出了其中的破绽。他发现，金军布置在楼上的弓弩虽然能够从远处射杀攻城宋军，但由于角度问题，一旦攻城将士冲到城墙下，反而很难进行垂直射击。

于是，孟珙组织敢死队冲杀到墙根下，奋力掘开柴潭的堤坝，将潭内的水引入了汝河。待潭水干涸后，孟珙又命人用柴草填充上去，如此一来，金军所依仗的柴潭天堑便成了一个摆设。

当宋军在城南得手的时候，蒙军也顺利突破了城西外围。

负隅顽抗的金军急红了眼，竟然爆发了极强的战斗力，他们直接从城门冲出去进行阻击，和蒙宋联军进行了惨烈的白刃战。守城的金兵也十分顽强，玩儿命地向城下抛掷石块、火油。

为了防止蒙宋联军攀附城墙，金军还准备了大量铁钩，一旦攻城者靠近，便伸出铁钩来钩拽，攻城者一旦被钩住，不是被拉近剁成肉泥，便是被弓弩射成刺猬。

当蒙宋两家联合攻城时，蒙军将领张柔也被铁钩钩住，差点就要命丧城下。幸亏孟珙及时发现，立刻率军赶去救援，用飞剑斩断铁钩，把张柔从死亡线上拉了回来。

张柔本是河北易州的一个汉人，在蒙金交战的时候，成为一个地方豪强。他先是接受金国的册封，后来又投降了蒙军，从此成为蒙军中的一员悍将。

孟珙飞剑搭救张柔本是两军联合作战中的一段佳话，此举自然无可厚非。只是历史总是让人琢磨不透，孟珙绝不会想到，他这次顺手救下的"友军"，事后却为南宋培育了一位最可怕的敌人。

战斗进行到十二月二十四日，金军再也无法支撑蒙宋联军的连续进攻。此时，蔡州城内已经弹尽粮绝，甚至连马鞍、皮靴、鼓皮都拿来煮烂当饭吃，人吃人也成了司空见惯的现象。

完颜守绪自知蔡州城已无法坚守，企图趁夜突围逃跑，但都没有成功。

熬到端平元年（1234）正月，完颜守绪见城池行将陷落，打算自杀殉国。他不想做亡国之君，于是便在九日晚召集百官，将皇位传位给了元帅完颜承麟，希望这位金军骁将能侥幸突围，为金朝保留火种。

宋端平元年、金天兴三年（1234）正月十日，蒙宋联军攻入蔡州城内，金军仅剩的残余力量还在顽强抵抗，双方陷入了惨烈的巷战。

就在蒙宋联军攻破城门的同一时刻，完颜守绪在城内的幽兰轩自缢身亡。

完颜承麟得知完颜守绪的死讯，率群臣赶来哭祭，可哭祭还未结束，外面的喊杀声已经逼近。完颜承麟命人焚烧掉完颜守绪的遗体后，转身投入混战。

只可惜，完颜承麟并没有守住金人最后的希望，他随即也在混战中被乱兵杀死。

　　这位悲壮的金末帝成了在位时间最短的帝王，仅仅半天。

　　事后，孟珙与塔察儿平分了完颜守绪的遗骨和一些珍宝财物，凯旋回朝。

　　至此，金朝立国一百二十年，传十帝，终为蒙宋所灭。

第十三章 中原梦

诱 饵

端平元年四月，赵昀迎来了人生中的"高光"时刻。

那一月，南宋朝廷举行了盛大的仪式，庆祝世仇金朝的灭亡。完颜守绪的函骨以及被俘的金朝高官都成了宋朝君臣用以炫耀的战利品，灭金有功的将士得到了丰厚的赏赐。

赵昀拿着完颜守绪的函骨祭告列祖列宗，经他之手，宋朝终于洗刷了百年来的奇耻大辱，实现了南宋几代君臣可望而不可即的梦想。

一时间，整个临安都仿佛进入一种盛世气象。

理性点看，赵昀其实也没什么好骄傲的，因为他只是借了蒙古崛起的东风而已。在灭金这事上，南宋还真像童话故事"拔萝卜"里的那只小老鼠，最后时刻赶上去蹭了点热度，却真把自己当奥特曼了。

当然，考虑到南宋君臣们毕竟憋屈太久，自娱自乐一下，似乎也可以理解。

然而，自娱自乐过后，他们马上又要面对一个新问题。

如何应对新邻居蒙古？

蒙古帝国的崛起其实和金国还是有很多不同的，成吉思汗的子孙显然要比完颜家族更有扩张欲望，对于他们来说，无论西夏、金国，乃至宋朝，都只是他们版图扩张计划中的一部分而已，他们的目光所及，早就越过了高山瀚海，从中亚一直延伸到了欧洲，那种气吞宇宙的气概是任何一个政权都不能比拟的。

然而，蒙古的人丁数量却和他们的野心远远不符，所以，蒙古大军在摧垮一方敌对势力后，很难短时间内实现有效统治，因为这涉及招抚投降者、扑灭零星反抗力量、驯服统治区百姓等一系列复杂的工作。

所有的一切，都需要时间。

基于上述原因，自蒙军征讨金朝开始，他们的很多占领区变成了乱兵横行之地，当地的百姓或是战死或是饿死，侥幸存活的，也纷纷携家带口到别处去讨生活。横征暴敛加上连年战火，使昔日繁华的中原变成了处处残垣断壁的无人区。

蒙古帝国当时尚缺乏成熟的治理经验，他们仍沉浸在掠夺的快感之中，自然不愿意长久驻扎在已经榨干油水的地方。蒙古人甚至也没来得及像金朝一样，扶持一个类似"张邦昌"的角色，来打理这块地方。

正是在这种背景下，当赵昀和他们的臣子们从胜利的喜悦中清醒过来的时候，蓦然发现，那片广袤的中原大地，如今竟然成了一片唾手可得之地。

昔日的西京洛阳府、东京开封府、南京归德府（宋朝称应天府）如同一个个诱人的果子，赤裸裸地摆放在南宋君臣面前。

这时候，要不要趁机出兵收复中原成了南宋朝廷的热门话题。

按照宋朝臣子特别喜欢蜘架的传统，朝堂上又分成了观点对立的两个阵营，两派大臣开始用最文明的语言进行最野蛮的互相问候。

支持出兵恢复的主要有四个人：郑清之、赵范、赵葵、全子才。

郑清之自史弥远去世后，继任右丞相兼枢密使。在史弥远死后，赵昀清理了很多名声不佳的史党成员，郑清之却完好无损地留了下来，而且坐到了人臣的第一把交椅。这既是缘于他在扶立赵昀时卖了大力气，更因为他做事比史弥远厚道得多，没有那一手遮天的德性。

郑清之赞成出兵恢复的理由很简单：有便宜为什么不占？光复三京将是足以和"灭金"媲美的壮举，再者，赵家祖宗陵寝还在开封呢。

无论是政治上，还是道义上，郑清之都爬到了最高点。

赵范、赵葵是两兄弟，他们的父亲赵方是南宋的一员悍将，嘉定年间曾任京湖制置使，金朝南侵时曾经立过不少功勋。

赵范、赵葵哥儿俩从小跟着父亲到处征战，因为剿灭红祆军首领李全而成名。赵范时任两淮制置使，赵葵时任淮东制置使，是当时南宋扼守东部防线的主将。

赵家两兄弟支持恢复的理由主要出于军事角度考虑，他们认为蒙军太可怕，迟早会南侵，应该提前做好准备。金国凭借那条关河防线为自己顽强续命二十年，现在宋朝也应该学习一下，趁蒙古还没缓过神来，及时抢占三京和潼关，把防线推到黄河一线。

赵范和赵葵的提议听上去蛮合理，但有一个情况还是得补充一下。

赵家两兄弟此前并不属于激进派，就在前一年还在谏阻赵昀联蒙灭金。结果，两人在灭金一战中没有捞到出彩的机会，让孟珙成了后起之秀，多少有点嫉妒。再八卦一点的话，据载，郑清之和赵家关系素来密切，郑清之和赵方是莫逆之交。

所以说，赵范、赵葵支持郑清之的提议既有军事考虑，也夹杂着一点私心。

全子才也是一员武将，时任淮西制置使，从官衔上看，他和赵范、赵葵构成了南宋两淮战区的三位最高将官。全子才支持恢复的理由和赵家兄弟差不多，不再啰唆。

回头再看反对派，阵营要比支持派大得多，咱们只能挑三个有代表性的说一下。

反对派的头号人物叫乔行简。乔行简时任副相兼知枢密院事，地位仅次于郑清之。乔行简的反对理由是国力不足（不忧出师之无功，而忧事力之不可继），他认为南宋的经济、军事实力都不足以守住这么大片土地，咱不能贪这点小便宜。

反对派的二号人物叫史嵩之。史嵩之是史弥远的侄子，时任京湖制置使，是南宋中部战区的统帅。需要特别说明的是，在蔡州出尽风头的孟珙所部正出自京湖制置司，史嵩之便是孟珙的直属上级。可这位刚在战场上抢到头彩的统帅，这次却一反常态，成为了坚定的"和平主义者"。

史嵩之反对出兵的理由是后勤能力不足，通俗点说，便是缺少钱粮。他认为，如果南宋要出兵收复三京，势必要从最近的中部战区寻求后勤补给，可自己所统辖的荆襄地区连年遭灾，饭都吃不饱，根本没办法再挤出钱粮来支援前线。

第三位反对者叫吴潜。吴潜是状元出身，时任淮西总领，主要职责便是负责筹措军马钱粮。不过吴潜倒没有光从后勤角度倒苦水，他认为朝廷的军力太菜，根本不能和金国相比，故而也不可能复制金国的关河防线。

概括言之，当时的局面是：宰相支持出兵，副相反对出兵；管打仗的（武将）支持出兵，管后勤的反对出兵；少数人支持出兵，多数人反对出兵。

当然，朝廷的决策从来都不是民主投票产生的，不管两边怎么吵，关键还是要看赵昀的态度。

赵昀自从尝到联蒙灭金的甜头后，总感觉自己是上天特别垂青的人，要不怎么会天上掉皇冠、天上掉功业（灭金），每次都能准确无误地砸中自己呢？

现在，是不是自家祖坟冒青烟，又给送来了一个大礼包？

赵昀认为，肯定是的！

结果便是，在赵昀的支持下，郑清之等少数人支持出兵的意见占了上风。

端平元年五月，宋朝以赵范为统帅，屯驻光州（今河南潢川县）、黄州（今湖北黄冈）一线，总领全局。以全子才为前锋，率领一万兵马，从淮西直取开封，由赵葵率主力五万兵马，自泗州（今江苏盱眙县）渡淮北上，负责接应。

收复中原的军事行动，就这样全面展开了。

从兵力配置上看，赵昀把这次出兵的任务全权交给了东部的两淮制置司，京湖制置司因为史嵩之的态度消极，没有分到一点作战任务。不过，史嵩之也不是无事一身轻，筹划粮饷的重任还是压到了他的肩上。

六月初，赵昀向中原地区发出檄文，宣称自己要尽君父之责，收复中原。

历史上的"端平入洛"拉开帷幕。

端平入洛

宋军的收复行动一开始十分顺利，全子才带领的先头部队兴奋地开启了收割模式。

六月十二日，自庐州（今安徽合肥）出发；

十八日，自寿州（今安徽寿县）渡淮河；

二十一日，抵达蒙城（今安徽蒙城县）；

二十四日，抵达亳州（今安徽亳州）城下；

月底，收复归德府（今河南商丘）；

七月初二，抵达开封城外。

全子才一路是唱着歌过来的，别说蒙军，连一根毛都没见到。偶尔碰到若干金国残存的散兵游勇，也没有发生战斗，人家反而转向为他们热情地当起了向导（因为有饭吃）。

到了开封，宋军总算看到敌人了。

不过，还是蒙军留下的金国人。

前面说了，蒙军攻克开封后，留下了"金奸"崔立留守。崔立倒是有做"张邦昌第二"的热情，无奈他平时作恶多端，别人都很嫌恶他。当宋朝军队抵近开封的消息传入城中后，那些不满崔立的金军残兵立刻宰了崔立，集体出城投降了。

所以说，那种状况下，宋军连打仗都成了奢望。

七月初五，全子才率军进入开封城，这个沦陷了一百余年的都城又回到了宋朝的版图。

接下来，宋军继续四处出兵割韭菜。旁边的郑州、陈州、蔡州等地的情况也差不多，那些原来替蒙古看门的金国降将纷纷倒戈。

大约到了七月中旬，宋军开始遇到麻烦了——粮草问题。

之前宋廷在讨论是否出兵的议题时，就已经有很多人考虑到了这个问题。

中原空荡荡，想在当地筹粮是绝无可能的，这不，人家本来还拿着破碗，等着你过来接济呢。因此，前方将士所需要的粮草就只能靠大后方运上去。

那么，早料到有此困难的南宋朝廷就没做好准备吗？

准备倒是有，就是不充分。

　　这事也怨蒙古人有点损，明明自己不想留驻，却也不想扔给别人。蒙军在撤离前，为阻止宋军行动，竟然掘开了一段黄河堤坝，引得河水泛滥，从寿州到开封这一路上，水深至腰，宋军行进得非常困难。

　　路程一艰难，行动便迟缓；行动一迟缓，路上耗时就长；路上耗时一长，所带的粮食自然不够吃。

　　前方将士没饭吃，势必要催着后方赶紧送粮。

　　赵昀原本把任务交给了京湖制置使史嵩之。

　　史嵩之却两手一摊，表示我早说过了，咱们这里连年遭灾，没粮可调，现在找我干什么？

　　赵昀一气之下解除了史嵩之的官职。但是老史走了，粮食问题依然没解决啊。

　　没办法，既然距离最近的京湖地区调不出粮食，那只能舍近求远，从东部的两淮、江浙地区调粮。这些地方倒是有粮，可这么多粮草从征集到起运涉及方方面面，怎么可能说完成便完成？

　　更糟糕的是，从两淮运粮到开封，路程实在太绕了：先要在江南装船，再北渡长江，再转入大运河，再转到泗州，再进入淮河，再运抵寿州……到了寿州，连水路都不能走了，只能靠马拉车运，费时费力地运往开封。

　　以前是条直线，现在玩出了一条函数曲线，要命哉。再说了，运粮的人自己路上也得吃饭啊，如此一算，效率就更低了。

　　当然，有人可能会产生疑问，以前开封所需的粮食不是能通过汴河直接进城吗？

　　唉，南宋和金朝对峙了一百多年，这条串联南北的漕运线自然也就没人管了，时间一久，漕运废罢、汴河淤塞，到头来坑苦了如今的宋朝运粮大军。

全子才在开封饿得前胸贴后背，每天都盼着后方送粮过来。过了几天，后方还真来人了，不过不是白花花的粮食，而是赵葵所率的主力军。

七月二十日，赵葵率宋军主力赶到了开封，这些军队好歹是带着些口粮的，也能替全子才救急。不过，全子才还没吃几顿饱饭，就受到了赵葵的责问："你到开封已经半个月了，为什么不赶紧率军向西，占领洛阳和潼关？这不是早就定好的事情吗？"

全子才一听急了：敢情你没看见？我们手头没粮呀！

赵葵可没心思听全子才哭穷，他认为军情大于天，这种百年不遇的捡落地桃子的机会绝不可错失。至于粮食嘛，后方总会运到的。

全子才可不听赵葵的，咱俩官衔一样，你凭什么对我指手画脚？

赵葵见全子才不听自己的，出了一个主意，咱俩也别争了：干脆二一添作五，你出一部分，我也出一部分，合伙投资这项"很有前途"的冒险行动。

于是，赵葵命自己的部将徐敏子等人率军先行，全子才的部将杨义则随后跟进，两支军队一起去抢占洛阳和潼关。在出发前，赵葵给出征军队拨付了五天的口粮。

七月二十一日，徐敏子所部出发了。为了节省口粮，他让将士们少吃饭，五天的口粮当作七天来用。

二十六日晚，徐敏子的军队来到了洛阳城外。根据可靠情报，此时的蒙军已经收到了宋朝进兵中原的消息，并派出了前来阻击的部队。不过，当徐敏子派人夜袭洛阳之时，却发现城内依然空无一人，他们又白捡了一座城池！

到了二十八日，徐敏子全军都已进入洛阳，事先制定的占领"三京"计划便兵不血刃地实现了。

徐敏子占领洛阳后日子也不好过，因为七天已过，身上带的粮食已经吃完了。虽然他反复派人去开封向赵葵申请粮食，可总是毫无音讯。

这不，粮食还在路上嘛，赵葵又变不出来，开封城内的军队都还嗷嗷待哺呢。

没饭可吃的徐敏子只能让军队用野菜和面，做成菜饼来充饥。

这个时候，全子才麾下的杨义一军也来到了洛阳城东三十里处，他们在那里就地扎营休息。

杨义所部赶到洛阳城外的时候，已经筋疲力尽，一堆人都忙着生火做饭，就等吃饱了睡觉。他们不知道的是，自己早就成了草原上的羚羊，正被一群狮子恶狠狠地盯视着。

原来，奉命前来阻击的蒙军非常狡猾，他们在人数上处于劣势，所以避免和宋军正面交战，一早就在城外隐蔽处打好了埋伏。而宋军一路过来畅通无阻，早就没了戒备之心，甚至连哨探都没安排一个。

二十九日，洛阳城外，杨义带领的宋军遭到蒙军的突袭。他们仓促应战，还没交手几下，就全军大溃，许多士兵在奔逃中被赶入洛河淹死，主将杨义带着少数亲随侥幸逃脱。

洛阳城里的宋军听说杨义军溃败，赶紧打起精神准备应战。

八月一日，蒙军进逼洛阳，徐敏子硬着头皮领军迎战。也幸亏蒙军人少，徐敏子总算顶住了蒙军的第一轮攻势。可这样下去，也不是个事，因为他们已经饿得连战马都吃了，再耗下去，不被打死，也要被饿死。

第二天，徐敏子决定放弃洛阳，率军从城南突围。

可他们刚出城门，便遇上了前来截击的蒙军。饥饿的宋军无心恋战，毫无意外地又接受了一次惨败。主将徐敏之身受箭伤，徒步狂奔十多天，才带着残部三百余人退至南宋境内，比杨义还狼狈。

徐敏子、杨义惨败的消息很快传到了开封。赵葵和全子才只能大眼瞪小眼，全子才怨赵葵轻率冒进，赵葵怪全子才没有及时派军支援。

埋怨归埋怨，眼前的问题还是要处置。接下去无非是两个选择：第一，率领大军去和蒙军死磕，消灭敌人，夺回洛阳；第二，坐守开封等粮食。

结果，两人硬是想出了第三套方案：连开封也不要了，赶紧撤回去吧。

这个决策是否明智真不好说，因为我们不知道开封城内宋军的口粮情况到底如何，如果真是饿死也等不到粮食补给，那也真怨不得他们了。

可不管怎么说，这个决策确实足够荒唐，大老远吭哧吭哧跑过来，结果却成了开封半月游，丢人丢到家了。

八月初，赵葵下达了全军出发的命令。当时，南撤的计划还属于保密状态，将士们都以为是去增援入洛的宋军，等一出发才知道，原来是打包回老家。

一时间，军内谣言四起。大家都以为蒙古大军马上就要杀过来了，生怕自己走得慢，成了刀下鬼。于是，宋军又开启了疯狂的跑路模式，什么行军队列、辎重器械也没人顾得上了，反正就比谁的长跑耐力好。

结果，这次退兵比当年刘延庆率军收复燕京时还窝囊，竟然在没有敌人的情况下，自己跑出一副溃败的鬼样子。

"端平入洛"成了一个天大的笑话。

亏本买卖

当"赵跑跑""全跑跑"一路溜回来的时候，南宋朝廷还沉浸在收复"三京"的喜悦当中。

赵昀咧着嘴，眯着眼，畅想着美好的未来。他一边安排江南地区调拨米麦帮助中原恢复生产，一边忙着任命新占领区的官员。按照初步构想，赵范将进驻开封，成为东京留守；赵葵将进驻应天府（名字改回来），任南京留守；全子才将进驻洛阳，任西京留守。

搞定核心的"三京"后，他将安排各级官员去打理中原州县，经营屯田防卫等事务。

再接下来，安排一场风风光光地祭扫祖宗陵寝的活动。

……

风光，忒风光了。

不过，前方的败报很快来到了临安。

阿昀，醒醒吧，大麻烦来啦。

赵昀的黄粱梦告吹后，十分沮丧。

这两个多月的武装旅游，损失了大量的装备、钱粮不说，刚和蒙古建立起来的友好关系也玩没了。虽说蒙古迟早会翻脸，但现在是主动授人以柄，挨揍了都没地方说理。

简直就是偷鸡不成蚀把米。

赵昀很生气，可也没把办砸事情的赵葵、全子才怎么样，只是象征性地给了一个降低一级官阶的处罚，名义上的统帅赵范更没被怎么样，只是调任到中部战区，担任京湖制置使。

也不能怪赵昀心软，毕竟有军事经验的人本来就不多，接下来还要准备着应付蒙古呢。

这一点，还真让南宋君臣给猜着了。

窝阔台并不是胸无大志的君主，绝不会放着南宋这一大片膏腴之地不管。他之所以目前还没有动作，只是因为实在太忙了。

自从率领主力北归后，窝阔台一直将注意力放在稳定北方形势上，当他听说宋军前来捡便宜的时候，也只是部署少量军队实施反击。没承想，宋军那么不经打，几股小部队便轻松解决了。这让窝阔台更加轻视南宋，把它当成了自己迟早要收割的一盘韭菜。

窝阔台除了忙着铲除各地残余势力，同时还在推动政治制度转型。在那段时间里，他得到了名臣耶律楚材的大力帮助。

耶律楚材，字晋卿，号湛然居士，契丹族人，辽国东丹王耶律倍的八世孙，父亲曾在金国担任宰相。耶律楚材出身于一个极度汉化的家庭，连他的名字都是父亲引用《左传》中"虽楚有材，晋实用之"一句得来。

耶律楚材在金朝素以博学多才著称，他本可以凭借父亲的地位恩荫得官，却偏偏要参加科举考试博得功名，进入仕途后也是顺风顺水。然而，这位金朝版的人生赢家在二十六岁时，不幸遭逢国难，在蒙军攻克金国中都后，他成了一名俘虏。

当时的成吉思汗听说过耶律楚材的名声，不但没有为难他，还让他留在自己身边出谋划策，连西征的时候都把他带在身边。

窝阔台上台后，继续对耶律楚材委以重任，让他当上了执掌中枢的宰相。耶律楚材告诫窝阔台既要"马上得天下"，也要学会"下马治天下"。在他的筹划下，蒙古帝国逐渐在占领区推行恢复文治的计划，修法律、定赋税、择官吏、建学校等一整套措施也被搬了出来。

蒙古最初占领黄河南北的时候，就有人建议把当地的汉人通通驱杀，让中原变成草木茂盛的放牧之地。幸亏有耶律楚材的劝谏，才叫停了这个疯狂的想法。

在耶律楚材的治理下，蒙古帝国慢慢走出了只知道攻掠抢劫，不知道经营治理的最初状态，渐渐有了成熟的统治模式。

端平元年年底，窝阔台派使节出使南宋，借着宋军出兵中原的由头，前来讨一点嘴上便宜，顺便再来探探南宋的虚实。

听说蒙古使臣入境，赵昀和他的臣子们第一感觉都认为不是什么好事。

自己的出师计划刚刚失败，现在人家摆明了是来"兴师问罪"的。

可赵昀也有自己的委屈，他觉得出兵中原这事也很难说宋朝理亏。

蒙古和南宋的最初关系，本来就是一笔糊涂账。

说关系好吧，当蒙古征讨金朝的时候，早就野蛮地把战火烧到了宋朝境内，在川陕地区，两国其实已经不知拳来脚去多少回；说关系不好吧，双方还联合灭了金朝。而且，双方始终没有一个正式的协议，甚至连个临时军事分界线都没有。

所以说，宋朝收回这块祖宗之地又有什么错呢？

不过实力不如人，你说什么都是浪费口舌。当蒙使真正来临时，南宋朝廷上下还是摆出了一副热情姿态。

按照以往规矩，外邦使臣来南宋，都只能从淮东入临安，可宋朝为了讨好蒙使，破天荒地允许他从襄阳入境，再顺长江东下赴临安。

蒙使一路受到高规格接待，活像是领导前来视察，直到端平元年十二月初，才赶到临安。蒙使到来后，赵昀更是破例在后殿召见。

双方到底有没有谈出点成果不知道，只知道赵昀是希望能够仿照金朝的前例，用每年供奉岁币来换取和平。

当然，这只是一个没有具体条款的初步协商。为了尽快落实和议方案，在蒙使走后，南宋马上派出了两拨使臣，继续跑去谈判。

端平二年（1235）正月，宋朝的第二批使臣受到了耶律楚材的接见。耶律楚材对宋使的到来非常冷淡，他根本就没兴趣和宋使扯什么称臣、岁币，随便几句话就把宋使打发了。

宋使灰溜溜地回到了临安，他们没给赵昀带来半点好消息，只捎来了耶律楚材的一句话：

"你们只恃着大江，我朝马蹄所至，天上天上去，海里海里去。"

赵昀一听，心里顿时凉了半截。

看来，好日子到头了。

端平二年秋，已做好战争准备的窝阔台下令兵分三路，大举南侵。

宋蒙战争全面爆发。

第十四章 抗蒙（一）

挨揍岁月

南宋挨揍已经挨出经验来了。

自从和金国打打闹闹一个世纪以来，南宋为对付北方的敌人已经形成了固定的西、中、东三面防御模式。

为了更好地了解南宋挨揍过程，我们有必要重新温习一下它的战略部署。

西部的四川制置司统辖利州东路、利州西路、成都府路、潼川府路、夔州路，驻地成都，主要负责川陕地区的防务。如果对西部战区再做细分，又可分为三层防线，第一是陕西汉中地区（利州东路北部），这是入蜀的前沿阵地；第二是蜀口地区（利州东路南部），著名的剑门关就在此处；第三便是川蜀腹地了。

对于南宋来说，要防止蒙古抢占四川盆地，关键在于守住前两条防线。一旦让蒙军驰骋四川腹地，不仅是粮仓被端，而且蒙军还可以向西入夔州路，抢占长江上游，呈顺江东下的态势。

中部的京湖制置司统辖京西南路、荆湖北路，驻扎襄阳府（今湖北襄阳），范围大致包括现在的河南南部和湖北地区。岳飞当年统辖中部战区时一举收复襄阳六郡，这才把中部防线往北推进了一大截。

中部防线可细分为前后两道，前者以襄阳府为核心，后者以江陵府（今湖北荆州）为核心，过了江陵，便是长江了。所以，这段防线又被称为荆襄防线。京湖制置司一肩挑两头，重要性不言而喻。

东部的两淮制置司，严格来说可分为两部分：一是统辖淮南西路的淮西制置司，驻地庐州（今安徽合肥）；二是统辖淮南东路的淮东制置司，驻地扬州（今江苏扬州）。如果大家记性好，应该知道那是以前刘光世、韩世忠的地盘，"大漏勺"刘光世总是掉链子，岳飞没少替他擦屁股。

以上便是南宋人通常所称的"三边"之地，它是南宋的第一道防线。

为了确保自己小命无虞，南宋朝廷还在京湖、两淮的后方，沿着长江设置了第二道防线，统帅机构称为沿江制置司，统辖江南东路、江南西路，驻地分别为建康府（今江苏南京）和鄂州（今湖北武汉市武昌区）。

特别要说明的是，赵昀还把蔡州一战中表现出色的孟珙调到了地处京湖、两淮两制置司的接合部黄州（今湖北黄冈），作为强大的战略机动力量。

从整体上看，两道防线有山有水、层次分明，各负其责，又能互为犄角，组成了全方位立体化的防御格局。

嗯，看起来，确实很完美。

当然，这套防御体系究竟完不完美，还是通过了蒙军的破坏性试验才知道。

蒙方检验人员很实在，上来就是一脚飞端。

在战争的最初阶段，压力最轻的要数东部两淮制置司，因为那里江河纵横，不利于骑兵奔袭作战，蒙军没有投入重兵，所以比较太平。

相比而言，四川制置司和京湖制置司日子就没那么好过了。

蒙军的西路统帅是窝阔台的次子阔端。

八月，阔端率蒙军主力从凤州发动南侵，进逼汉中地区的重镇沔州（今陕西略阳县）。稍后，另一路蒙军向更西边的巩州（今甘肃陇西）发动了进攻。巩州当时仍掌握在金国守将之中，金朝灭亡后，这位边将成了无可依靠的弃子，蒙军一到，金将立刻成了"带路党"。

蒙军此后将进攻重点锁定在了大安军（今陕西宁强县）。大安军归属利州东路，东西两侧分别有阳平关和鸡冠隘两个重要关口。在那里，宋军靠着猛将曹友闻的死战，最终打退了蒙军。蒙军死磕不过去，便对关外几个州的人口、财物大肆劫掠后，扬长而去。

在蒙军的第一轮进攻中，四川制置司基本守住了防线，表现差强人意。

中路蒙军的统帅是窝阔台的三子曲出（又称阔出、屈术），可还没等曲出出手，宋军自己反而先乱套了。京湖战区顶在最前线的是唐、邓两州，这两州原本属于金朝，金朝灭亡后才划到了南宋兜里。所以，当时负责戍守两州的兵士主要还是由金国的降兵组成，南宋人略带鄙视地称他们为"北军"。

战端一开，这支北军成了首当其冲的力量。可他们感觉自己被南宋当成了炮灰，将士普遍有点怨言。当时的京湖制置使赵范听说北军有"有异志"，也不讲究策略，直接派人去拘查，结果真把北军给逼反了。

北军叛降蒙军后，赵范慌忙抽调驻守随州（今湖北随州）、枣阳军（今湖北枣阳）的朝廷军队去平叛，平叛军刚赶到唐州，便被蒙军打得一败涂地。败报传来，由原金国降将驻守的均州（今湖北丹江口）也杀死南宋监军，举城投降。再接着，趁着南宋手忙脚乱之机，蒙军又拿下了枣阳军、光化军这两个重要军事行政区。

更糟糕的事情还在后面，蒙军兵不血刃拿下北部州县后，又于十一月初来到了襄阳城下。他们的胃口很大，已经产生了一次性端掉京湖制置司的想法。好在襄阳城防异常坚固，宋军还是击退了蒙军的进攻。蒙军见占不到便宜，便绕过襄阳向南抄掠郢州。幸亏郢州守将拼死抵抗，保全了城池，蒙军这才扛着大包小包撤军北归。

端平三年（1236）初，中路蒙军再次南下，宋军却"旧病复发"，又起了内讧。这回的事发地直接变成了襄阳城。

此前，赵范收纳了一批由北方归降过来的军队，名为"克敌军"。现在蒙军一逼近，赵范生怕唐州的悲剧再次重演，便调了一支自己的"无敌军"来防范，这种火上浇油的做法很快让赵范噩梦成真。

"无敌军"和"克敌军"很快就火拼上了。一通混乱后，唐州闹剧完美重演，"克敌军"投降了敌人，"无敌军"没见到敌人就跑路了，连带着把城池也丢了。

问题是，这回丢掉的可是襄阳啊！

襄阳城，南宋京湖制置司的驻地，居然就这么无厘头地给弄丢了！这个中部核心重镇自岳飞于绍兴四年（1134）收复后，再次落入敌手。

襄阳丢掉后，宋军只能退到江陵府一线。蒙军趁机铁骑横扫，南宋京西南路一府八州军，几乎全部沦丧。

值得庆幸的是，蒙军进入襄阳后，被南宋储存的大量物资弄花了眼。数钱数到手抽筋的蒙军暂时丧失了进取欲望，把占领区的百姓、财物、牲畜一通打包后，满意地回去了。

从第一轮宋蒙战争看，京湖制置司无疑表现最差劲，防线差点就被人打穿，头号罪人赵范也被降官免职。

端平三年秋，过完暑假的蒙军又来了，老规矩，还是三路齐发。

第二轮战争中，西线成了重灾区。

此前表现出色的猛将曹友闻成了镇守沔州的主帅，全权负责汉中地区的防务。曹友闻勇敢彪悍，令蒙军一时间无法前进半步。可蒙军统帅阔端也很狡猾，他在亲率主力进攻蜀口的同时，分兵南下再度攻击大安军。四川制置使赵彦呐被蒙军吓坏了，赶紧呼叫曹友闻回师救援。曹友闻表示：只要我守着沔州，蒙军就会有后顾之忧，不用急着让我回来。

赵彦呐可听不进曹友闻的建议，一天连续七次催他过来。

领导再无能，他不也是领导嘛，曹友闻没办法，只得郁闷地退守大安军。

在大安军，曹友闻奔走于阳平关和鸡冠隘之间，和蒙军大小激战十余次，最终还是身死阵中，他所率的边防精锐也被蒙军全数歼灭。结果，重镇沔州以及汉中地区尽入蒙军手中，四川制置司失去了第一道防线。

十月初，蒙军开始进攻蜀地的第二道防线——剑阁。只可惜，惊魂未定的宋军没有很好地利用地理优势，"一夫当关，万夫莫开"的剑门关同样很快失守。

蒙军连破两道防线后，如饿虎扑食一般，贪婪地向四川腹地杀去。

十月十八日，蒙军来到成都城外。成都百姓久离战火，忽然看到有军队来，还误以为是前面退下来的溃兵，没有半点准备。于是，只过了两天，富饶的成都府便为蒙军所攻占。

西路蒙军完胜宋军，实现了自己的战略目标。

统帅阔端属于比较简单粗暴的类型，并没有成熟的政治打算。占领成都后，他没有长期占领巴蜀地区的计划，而是在富庶的四川盆地里疯狂地纵兵烧杀抢掠，爽完以后，又裹挟着大量战利品北归了。

蒙军虽然把地盘又丢回给了南宋，但在他们的残暴血洗下，四川五十四州已经被翻了个底朝天。从此，资源丰富、人口密集的巴蜀地区一落千丈，再也不能源源不断地为朝廷提供支持，南宋的半壁江山又残破了半壁。

留在四川的蒙军本来还想攻击夔州（今重庆奉节县），打开川东长江门户，只是因为缺少水军，才停止了东进的步伐。

西路蒙军开打的时候，中路蒙军也再次南侵。

赵昀鉴于上次襄阳失陷的深刻教训，急调驻守黄州的孟珙前去驰援。孟珙的确是南宋的福将，就在当年十月，蒙军中路统帅曲出病死了，这对蒙军的战斗意志产生了极大影响。

孟珙抓紧时机，用水军长处来克制蒙军，又用火箭焚毁了蒙军的渡江器具，成功粉碎了蒙军由江陵渡江的企图。

谢天谢地，南宋中部防线这回总算没掉链子，然而，原本比较消停的东部防线这回却不消停了。

东路蒙军兵分两路，一路攻淮西，一路攻淮东。两淮形势也开始吃紧。

蒙军自从突破毗邻两淮的荆襄地区以后，就不再需要通过河流纵横的正面发动攻击，可以从侧面闯入淮西，进行东进扫荡。

南宋朝廷对蒙军侵入两淮极为惊惧，赵昀调动十七万精锐全力堵塞漏洞，这才迫使蒙军撤兵。

前面两年的战斗，蒙军的主要目的在于抄掠人口和财物，宋朝纵然失地不多，但国力上损失极大。而接下来，宋朝将要面临更加严峻的考验。

艰苦抵抗

宋蒙战争进行了两年，咱们再来盘点一下基本战况。

到了端平三年末，南宋方面已经被揍得鼻青脸肿。西边的巴蜀地区，北川、西川已经被打残，好在守住了东川门户。中线丢掉了北边的襄阳，只剩下南面的江陵，也是丢掉了半条防线。唯一相对完整的防线，只有东边的两淮地区。

在暴揍南宋的同时，蒙军也学习金朝，玩起了"以和议佐攻占"的阳谋，向南宋派出了议和使臣。

赵昀倒没有轻易上当，他采纳了臣子的建议，直接拒绝蒙古使臣入境，并决心加固防线，和蒙军死磕到底。

为此，赵昀把压箱底的名将孟珙搬出来，任命孟珙为京西湖北安抚副使兼江陵知府，让他重整最关键的中路防区。

蒙古人见南宋不上套，继续撸起袖子就干。

嘉熙元年（1237）冬，蒙军再次南侵，这回他们把主攻方向调整到了淮西。

说是淮西，其实也不准确，更确切的说法是，蒙军这次将进攻力量集中到了中路防线和东路防线的接合部，企图将宋朝的两个防区一切两段，使其首尾不能相顾。

蒙军还是一如既往的彪悍，战事一开，宋朝的州郡如多米诺骨牌一般，一下子又被推倒了一大片，信阳军、复州、随州、光州、蕲州、舒州等地纷纷失守。转眼间，蒙军已经来到了重镇黄州（今湖北黄冈）城外。

黄州的重要性我们也说过了，它是连接两大战区的核心枢纽，否则赵昀也不会把孟珙放在黄州镇守。

可赵昀的宝贝疙瘩孟珙，如今已经调到江陵堵漏去了，那可咋办？

于是，当年赵构紧急呼叫岳飞入援淮西的一幕又重演了，无非这回的主角换成了赵昀和孟珙。

孟珙接到告急文书，连忙从鄂州率援军赶来堵漏。他顺江而下，在江中一举截获蒙军战船二百艘，带着战利品冲进了黄州城。

黄州军民一听孟珙来援，顿时士气大振，经过一个月的苦战，终于迫使蒙军退兵。

当蒙军主力主打淮河上游的时候，另一支蒙军则在攻击淮河中游的安丰军（今安徽寿县）。这块地方，可以看作是淮西和淮东的接合部。所以说，这次的蒙军也是真阴险，专挑南宋的枢纽地带下狠手。

好在南宋的安丰军守将杜杲也不是个软蛋，面对来势汹汹的蒙军，他早就严阵以待。

安丰保卫战又是一场惨烈的攻坚战。

蒙军派人围城强攻，杜杲便以射程可达千步的"三弓弩"退敌。

蒙军用百人拉拽的巨型抛石机轰城。杜杲便在城壕岸边竖起一排用硬木特制的"串楼"，上架横木，中开箭窗，下面再环以矮墙，不但可以随毁随修，还可以灵活反击。

蒙军派敢死队身披重铠，强行登城。杜杲便招募善射的士兵，专门用小箭射蒙军敢死队的眼睛。

蒙军乘风纵火攻击。杜杲便派精锐部队出城冲杀。

总之，兵来将挡，水来土掩，就是不让你靠近城池。

当蒙军猛烈攻城之时，南宋的多路援军也先后逼近安丰，杜杲乘势与城外宋军夹攻蒙军，杀得蒙军大败而归。

苦战四十多天后，宋朝艰难地取得了安丰保卫战的胜利，杜杲也因战功升任淮西安抚使兼庐州知州。

战场上打不下来，那就继续上谈判桌，嘉熙二年（1238），蒙古又一次派出了议和使者。

这一回，赵昀没有拒绝蒙古使臣。

在一些史书中，把赵昀描述成一个和赵构差不多的废包。但客观地说，赵昀在对待和议问题上还是要比赵构高明一点，他虽然也有畏敌苟安的思想，但至少知道什么时候可以谈，什么时候不可以谈。

在战场上赢得了一些资本后，赵昀开始尝试与蒙古讲和。

二月，赵昀在临安接见了蒙古使臣，可当他听了蒙古使臣开出的议和条件后，立时又没了兴致。

蒙古方面狮子大开口，要求南宋岁贡白银二十万两、绢帛二十万匹，两国以长江为界！

这个岁币还好说，以长江为界就太过分了。割走一大片土地且不说，一旦没了两淮地区，将来你蒙军若是想再揍我，岂不是驾着小船说来就来？

不行，说什么也不行。

谈崩了，那就继续打。

九月，秋冬时节，蒙军的"上班"时间又到了。

这回，他们仍然主打淮西，目标是淮南西路首府庐州（今安徽合肥）。

蒙军的对手是老熟人杜杲——人家不是刚调任淮西安抚副使嘛。

鉴于安丰一战中的经验教训，蒙军这次在庐州城外构筑了一圈长达六十里的土城，同时布置了数量更多的攻城器具，大有慢慢耗死杜杲的意思。

杜杲见蒙军升级了攻城装备，便也针对性升级了自己的串楼，这回他把串楼直接建在了城墙上，还把"弹药"由箭矢改成了更富激情的石块。

蒙军知道杜杲喜欢"玩积木"，虚心学习，认真模仿，在外面立起了比串楼还高的木坝。

杜杲觉得自己的"知识产权"被侵犯，便用浸泡过油水的柴草，点燃后直接向木坝招呼，把蒙军的盗版产品烧了个精光。

在杜杲的见招拆招下，蒙军的淮西攻击计划再次流产。

接连击退蒙军后，宋军的士气得到极大提振，趁机发起了局部反攻。赵昀为守住中路京湖防线，在蒙军猛攻两淮的时候，命孟珙率军收复襄阳地区。

蒙军当时还缺乏长远的战略眼光，他们在占领襄阳后，也没顾得上巩固经营，而是和对待成都一样，大肆劫掠一番后便撤走了，并没有屯驻重兵把守。

得益于蒙军的短视，孟珙的收复襄阳行动非常顺利。

嘉熙三年（1239）正月，孟珙相继收复信阳军（今河南信阳）、樊城（今湖北襄阳樊城区），六月，失守两年多的襄阳城又重新回到了宋军手中。

襄阳的收复，使得南宋中部防线又回到了初始状态，长江一线防线的危机警报得以暂时解除。

但是，赵昀君臣紧绷的神经还是不敢放松，因为好战的蒙军哪有那么容易消停。

蒙军在折腾完中部、东部两大战场后，转头又来折腾西部巴蜀地区了。

巴蜀地区自从被打穿防线后，成了宋朝最为脆弱的防区，那里的人口、经济以及军事设施都已经遭到毁灭性打击，要想短时间恢复战斗力，根本没有可能。

淳祐元年（1241），蒙军再次攻破成都府，然后又是一通疯狂扫荡，原本残破不堪的西川地区遭到了第二轮洗劫。完事后，蒙军再次一路向东，企图攻占长江三峡上的咽喉要地夔州（今重庆奉节县）。

上回蒙军没能打开东川门户，这次他们想要再试试。

夔州靠近南宋的中部京湖战区，如果蒙军攻破这里，等于把宋朝刚刚修好的中路防线再次捅出一个大窟窿。

孟珙获悉情况后，差点吐出一口老血：主打淮西的时候我入援淮西；中线告急的时候，我收复襄阳；现在西边又出现漏勺了？这叫个什么事！

算了，能者多劳，走吧。

孟珙急忙率师西上，在归州（今湖北秭归县）一带构筑防线，再次成功顶住了蒙军的东进势头。

见"万能胶"孟珙如此好用，赵昀也是可劲儿使用。此后，他任命孟珙为四川宣抚使兼京湖安抚制置使，全权负责川东、京湖防务，孟珙一人挑起了两大战区的重担。

见宋军越打越坚韧，蒙军不得不逐步调整策略，他们也开始学着招民屯田、储备粮草、打造船只、筹备水师，决定待做好准备后，再给南宋致命一击。

以孟珙为首的宋军将士也没有坐以待毙，时不时派出小股部队进行偷袭。你屯粮，我就放火烧粮，你造船，我就派人毁船，这种灵活机动的游击战还真让蒙军不胜其扰。

在战事焦灼的时刻，蒙古又使出了软的一手，他们再次派人来和南宋磨嘴皮。

赵昀倒是很硬气，觉得你一边揍我一边又想诳我，太没诚意，直接把蒙使给扣留了。

硬也不行，软也不行，这倒让蒙军有点抓狂了。

南宋朝廷正和蒙军斗智斗勇之时，北边传来了一个惊天好消息。

蒙古大汗窝阔台病逝了！

喘息之机

淳祐元年十一月，窝阔台死了，据说是喝酒喝死的。

因为窝阔台的去世，蒙古贵族又围绕着汗位闹腾起来。由于内部斗争太激烈，蒙军对南宋的征伐也大大缓解下来，这让南宋得到了宝贵的喘息之机。

这次蒙古的汗位之争，非常复杂，非常漫长，竟然足足耗费了十年。因为咱们的故事主角还是宋朝，所以对于蒙古的事情只能长话短说。

窝阔台喝死以后，在大家还没选举产生新的大汗前，蒙古帝国暂时由窝阔台的皇后脱列哥那摄政，这位女人得到了成吉思汗次子察合台的支持。

脱列哥那为窝阔台生了五个儿子，比较厉害的是长子贵由、次子阔端、三子曲出。窝阔台生前最喜欢的是三子曲出，原本想指定他为大汗的继承人。可曲出偏偏在征战中早早去世了，于是，窝阔台便把曲出的长子失烈门抚养在身边，作为大汗继承人来培养。

也就是说，窝阔台原本也想玩一把"皇太孙"继承制。

然而，脱列哥那在众多儿子中，更属意长子贵由，所以待她一掌权，小孙子失烈门就被冷落了。而有点麻烦的是，脱列哥那所中意的长子贵由当时还在远征，都跑到东欧那边去了，一时半会儿也不可能"打飞的"回来，所以脱列哥那只能自己想办法撑一会儿。

脱列哥那为了稳住权力，重用了一个叫作法提玛的女官和一个叫作奥都剌合蛮的西域商人。这两个原本不入流的角色，在得到脱列那哥支持后，一个把持着人事任免权，一个掌握了财赋征收权。在众多蒙古宗王贵族眼里，这两人就是标准的蒙古版"秦桧""史弥远"，人人得而诛之。可脱列哥那偏偏就宠信法提玛和奥都剌合蛮，连老臣耶律楚材的话都不听。待耶律楚材死后，脱列哥那和亲信们更是肆无忌惮。

脱列哥那不得人心，汗位又一直悬着，各路蒙古宗王都起了心思，有人磨刀，有人掏钱想贿选，到处暗流涌动。脱列哥那一看形势不对，一面催贵由快回来，一面筹备召开大会，希望尽快把儿子扶上位。

淳祐六年（1246）七月，脱列哥那操纵下的选举大会终于召开，与会宗王、将领们一致商定：窝阔台虽然生前指定孙子失烈门继位，但鉴于他年纪太小，还是决定选举贵由继承大汗之位。

贵由上位后，斗争还在延续。

脱列哥那因为摄政了五年，权力上瘾，不肯放权给贵由了，母子二人竟然起了矛盾。经过一番斗争，贵由获得胜利，脱列哥那所宠信的法提玛和奥都剌合蛮都被处死，脱列哥那自己也郁郁而终。

贵由当上大汗后，同样没能收服人心，他的权力受到了拔都的挑战。

　　拔都是成吉思汗长子术赤的儿子。在成吉思汗的四个儿子中，长子术赤和四子拖雷关系较近，次子察合台和三子窝阔台关系较近，所以他们的后人也延续了这种政治斗争格局。

　　淳祐八年（1248）三月，贵由和拔都两系人马差点拔刀相向，正当内战一触即发之际，贵由突然病死了。

　　贵由怎么死的，谁也说不清楚，有说是被拔都派人毒死的，也有说是正常死亡的，反正他只坐了两年汗位就没了。

　　贵由死后，他的皇后海迷失摄政。海迷失没啥水平，唯一的爱好就是玩巫术，她的两个儿子又不成器，非常不得人心。蒙古宗王贵族们的心思都转到了拔都这一边。

　　淳祐九年（1249）六月，拔都邀请诸位宗王来到他的驻地，召开选举大会。不过，拔都并没有让大家选举自己为大汗，而是推出了另一个人选——蒙哥。

　　蒙哥是拖雷的长子。拖雷的正妻为他带来了四个儿子，分别是长子蒙哥、次子忽必烈、三子旭烈兀以及幼子阿里不哥，他们和拔都形成了紧密的政治同盟。

　　拔都推出蒙哥后，得到了大多数宗王的同意，一个原因是蒙哥自身能力比较强，还有一个因素是宗王们都还记得窝阔台和拖雷的汗位之争，并普遍对拖雷抱有同情。

　　唯一反对拔都提议的人是海迷失皇后。不过，拔都的回应也很巧妙：窝阔台大汗原本指定失烈门继承汗位，你们自己先违背了窝阔台的意愿，现在还来跟我扯什么？

会议最终不欢而散，只是决定来年再开大会选举。

接下来的一年里，两边的人马都在四处奔走，希望得到更多选票支持。

熬到淳祐十一年（1251）六月，蒙古帝国的选举大会终于再次召开，在拔都的鼎力扶持下，蒙哥登上了大汗之位。

蒙哥的登基，代表着蒙古汗位从窝阔台一系又转移到了拖雷一系，窝阔台、察合台两系人马当然不愿意看到这种情景，仍在暗处蠢蠢欲动。

蒙哥也不是善类，立刻弄出了个谋反事件，将窝阔台、察合台两系的臣属、将领大批处死，连海迷失皇后也被扔到河里喂了王八。两系人马受到毁灭性打击后，再也无法对蒙哥构成威胁。

到此为止，终于把蒙古帝国的这段内部争斗史说完了，说短也不短。太多人名不好记，没关系，大家完全可以只记一个结论。

经过十年的斗争，蒙哥成了蒙古"一哥"。

当蒙古人忙着内斗的时候，南宋方面在干什么呢？

倒也猜得到，无非就是挨揍，或者在准备挨揍的路上。

不过，南宋方面的防守态度还是很积极的，最忙的依然是孟珙，屯田、修城、募兵、训练，这套动作熟得很。

淳祐二年（1242）初，赵昀鉴于四川的五个路级行政区，已经被打得只剩下夔州一路，便撤销了四川制置司，改由孟珙一人兼任京湖制置使和夔州路制置使，统筹西线、中线防御。

然而，这种把一个人掰成两半用的做法毕竟不是长久之计，所以朝廷只能想办法另选一人替孟珙分忧。

这个时候，一位四十三岁的文官进入了赵昀的视野。

余玠。

余玠，字义夫，蕲州（今湖北蕲春县）人。

在宋朝官员中，余玠的出身比较独特，既不是来自书香门第，也不是什么将门虎子。《宋史》对他的出身描述只有短短一句话：家贫落魄无行，喜功名，好大言。

翻译过来便是：家里穷得响叮当，平时没个正行，热衷追求功名，喜欢吹牛说大话。

余玠虽然出身低微，却很有上进心，少年时代曾到白鹿洞书院求学。他的学习成绩怎么样，我们看不到，反正是没能通过科举博得功名。不过史书上倒是记载了他青年时代的一件小事，说是余玠曾经领着客人进入茶馆，结果把卖茶的老翁给打死了，牵上命案后只能跑路做"盲流"。

余玠为什么要殴打卖茶翁，也无从知晓，但有一点可以肯定，这人比较冲动，说出手时就出手，有点类似前面的张咏。

余玠跑路后，去投奔了时任淮东制置使的赵葵。余玠其实和赵葵也不熟，说是献上了一篇词作，便得到了赵葵的赏识，得以留在幕府供职。

说也奇怪，以赵葵当时的地位，想要在他的幕府里当差的文化人多了去了，他怎么就看上了余玠呢？没办法，碍于史料缺乏，余玠的身上处处是谜团。

余玠在赵葵的麾下混得如鱼得水，嘉熙年间，他先后参加了援助安丰军、滁州的战役，因功升任淮东制置司参议官。

到了嘉熙四年（1240），余玠已经官拜大理寺少卿、淮东制置副使，相当于淮东军区的副司令。

淳祐二年五月，余玠奉命赴临安觐见赵昀。在召对中，余玠坦言宋朝要改掉重文轻武的老毛病，尤其是在选任边臣方面，必须文武并重。

正为选帅一事犯愁的赵昀见余玠如此坦荡磊落，激动地表示：你所论不同寻常，是可以独当一面的帅才，先留下来吧，我马上会对你委以重任！

次月，赵昀下诏以余阶为权兵部侍郎、四川宣谕使，全权处置四川地区防务。

临行前，赵昀又激动了一回，表示自己完全信任余玠，特授他临机专断之权，不用事事提前禀报。

赵昀激动完后，余玠更激动了，当场表态要鞠躬尽瘁，让巴蜀地区完璧归赵，以报皇上的知遇之恩！

激动完后，余玠立刻赶往四川。

到了巴蜀一看，余玠从激动中回过神来了：这都什么鬼地方啊！

卸磨杀驴

余玠知道蜀地已经破败，但他不知道已经破败成了这副模样。

经过蒙军的两次大扫荡，川蜀全境田地荒芜、城池残破、人口锐减，昔日的天府之国竟然被糟蹋得一片狼藉。成都府这个昔日的四川军政中心如今也成了少有人烟的空城，留驻的少量蒙军加上各地的兵匪使各地治安混乱不堪。

简而言之，对于余玠来说，他刚到蜀地时，就是个无地、无兵、无粮的三无统帅。

可牛皮是自己吹的，再苦再难，也得含泪干下去。

关于粮食问题，余玠早有考虑，临行前他去孟珙那里化了点缘，孟珙也够意思，支援了不少粮食，帮助他解燃眉之急。

接下来，余玠便想着要重构防御体系。

当时，宋军有效控御下的川蜀重地只剩下重庆府（今重庆渝中区）、嘉定府（今四川乐山）、夔州（今重庆奉节县）等几个地方。余玠考虑到夔州、嘉定相对位置偏僻，便把四川制置司的治所搬到了长江、嘉陵江交汇口的重庆府，这样既可以控扼川东门户，又利于将来筹划收复整个川蜀地区。

余玠心里很清楚，以自己手头现有的军力，根本不够蒙军塞牙缝，即便是固守城池，也扛不住，要想保住蜀地，只能另辟蹊径。

鉴于这种情况，余玠通过集思广益，决定利用蒙古骑兵擅长平原作战却不利于山地攻坚的特点，在川内江河沿岸及交通要道，选择险峻的山隘筑城结寨，创造了一套独特的山城防御体系。

在余玠主导下，合州（今重庆合川区）、兴元府（今陕西南郑）的治所被迁入了钓鱼城，顺庆府（今四川南充）、沔州（今陕西略阳县）的治所被迁入了青居城，阆州（今四川阆中）、金州（今陕西安康）的治所迁入了大获城，利州（今四川广元）的治所迁入了云顶城，隆庆府的治所迁入了苦竹城，夔州的治所则迁入了白帝城……

这里的钓鱼城、青居城、大获城其实都不是真正意义上的城市，而是因山得名、依山而建的防御城池。比如著名的钓鱼城便是建在合州城内的钓鱼山上。

余玠先后构筑了十余个这样的山城，然后命人在山上屯积粮草，屯驻士兵（皆因山为垒，棋布星分，为诸郡治所，屯兵聚粮为必守计），使之成为集行政、生产、军备于一体的战斗堡垒。

有了这些山城据点，宋军既可凭山固守，又可以互相联络支援，等于是在川蜀腹地又凭空构筑了一套完整细密的城防体系。

山城防御体系稳固后，余玠开始考虑慢慢向丢失的蜀地进行渗透。他命部将到平原招揽流民、大兴屯田，鼓励农业生产。

经过余玠多年的苦心经营，川蜀地区形势开始有所好转，粮食上逐渐实现自给自足，军力上也有所恢复，还多次击退了蒙军的袭扰。

到了淳祐十年（1250），蜀地的宋军甚至已经具备局部反攻的能力。

自从余玠入蜀秉政，孟珙便将防务重心转到京湖地区。

余玠在为蒙军垒山包的时候，孟珙却在为他们挖坑。

京湖地区没那么多高山，但有的是江河湖泊。孟珙为了更好地加固江陵城，招募大量民工围着城池修了十一座内隘、十座外隘，然后又打通了四周水道，将江陵城置身于纵横重叠的水网之中，以便阻遏蒙古骑兵驰骋撒野。

然而，正当余玠的山城防御和孟珙的水网防御渐有起色的时候，刚过了几年安生日子的南宋朝廷又开始瞎折腾了。

风暴源头还是在朝廷中枢。

孟珙出身京湖战区，与曾任京湖制置使的史嵩之关系很好。史嵩之于嘉熙三年入朝任右相兼枢密使，有了后台照应，孟珙办起事情来自然顺畅。

可到了淳祐六年，朝廷出幺蛾子了。

那一年，史嵩之的父亲去世，按例他要居家守丧。赵昀觉得朝廷事情太多，缺不了他，便下诏让他起复。

没想到，这么一件小事却挑动了很多官员和太学生的敏感神经。大家群起攻击，集体喷口水，喷着喷着，史嵩之不但没能起复，还被罢了官，从此成了一个闲人，再也没能回到权力中心。

史嵩之为什么这么招人恨呢？这就说不好了，或许有史弥远的影子，或许有朝中的派系斗争因素，反正别人拿着"孝"字做文章，站在了道德制高点，不整死他不罢休。

其实史嵩之冤不冤真不打紧，关键是城门失火殃及池鱼，把真正干事的孟珙连累了。

自从史嵩之走后，孟珙在朝内失去了靠山，朝中那些看他不顺眼的人便开始使坏，不断在赵昀耳边打小报告。

攻击孟珙的理由是什么呢？

也不重要，武将掌握重权嘛，赵家的祖传心病，一用就灵，百试不爽。

孟珙因为作战有功，威望日隆，堪比当年的岳飞，而且他的几位兄弟也多在京湖制置司担任重要官职，就差打出"孟家军"的旗号了。

这还不够他喝一壶？

当年九月，抗蒙名将孟珙竟在江陵郁郁而终，年仅五十三岁。

坑死孟珙后，南宋朝廷接着坑余玠。

孟珙的靠山是史嵩之，那么余玠的靠山是谁呢？我们前面说了，余玠起步的源头在赵葵。

赵葵于淳祐四年（1244）年进入宰执行列，担任同知枢密院事，并于淳祐九年出任右相兼枢密使。

赵葵是武将出身，为何能爬到这么高的位置？人家也有后台，那便是左相兼枢密使郑清之。诸位应该还记得，"端平入洛"的时候，两人就属铁杆的主战派。

可到了淳祐十年（1250），郑清之身体不行了，反对派抬出所谓"宰相须用读书人"的祖训劝谏赵昀，矛头直接对准了赵葵。

赵葵招架不住"口水"攻势，只好辞去相位。

第二年，郑清之病死，取而代之的是谢方叔。谢方叔进士出身，言官履历，对军事防御没兴趣，对防范武将倒是很感兴趣。

而赵昀在享受了几年太平日子后，也有了和蒙古议和的念头，再加上谢方叔不停地给他念叨吴曦的故事，余玠在他心目中的形象，也由当年的"小甜甜"，逐渐变成了"牛夫人"。

这下，余玠没戏了。

在谢方叔及其党羽的煽动下，赵昀于宝祐元年（1253）五月发出了召余玠入朝的诏令。

余玠在蜀地早就感受到了朝廷的风向变化，他每天都处于惴惴不安之中，身体也染上了重病。在听闻诏令后，这位治蜀能臣竟然还没来得及启程，就暴病而亡。

当然，还有一种说法是，刚烈的余玠为了免受政敌迫害，自杀殉节了。

令人唏嘘的是，余玠的下场还不如孟珙，孟珙死后至少还得到了表面上的哀荣，余玠却被谢方叔等人死后算账，无端被泼上了一盆脏水，甚至被追夺官职，抄没家财。

直到五年后，赵昀才下诏追复余玠的官职。

即便是这迟来的正义，其实也不值得半点称道。因为，那个时候蒙古铁蹄已经再次肆虐川蜀大地，宋朝军民正依靠余玠构筑起来的山城防御体系，艰难地抵抗着侵略。

史书每每读到这里，真不由得让人掩卷叹息。

没办法，这类窝心的事情就是喜欢在史书里反复上演，所谓"对人不对事"，所谓"门户之见、派系斗争"，所谓"外战外行、内战内行"，所谓……

玩了那么多年，从来玩不完，始终玩不厌。

对此，我们只能啐上一口：见你的鬼去！

淳祐年间的事情大致如上。

蒙古结束了一段复杂的汗位纷争，蒙哥成为了南宋的新敌人。

宋朝利用这段宝贵的喘息时间重新构筑了防线，事后却自毁长城，废掉了大功臣孟珙和余玠。

如今，中场休息结束，下半场比赛的哨声再次响起！

第十五章　抗蒙（二）

大迂回

蒙哥刚即位，便决定继续收拾南边这位不肯臣服的邻居。

正如窝阔台曾受困于金朝的关河防线，蒙哥也有同样的烦恼，南宋的西部是严密的山城防线，中部和东部又是恼人的长江防线，这套防御体系简直就是关河防线的加强版，啃起来太费劲。

为了破解南宋的这套防御体系，蒙哥萌生了一个更加大胆的想法：借鉴突破关河防线的经验，绕道攻击。

然而，绕过关河防线，尚可以通过向南宋借道实现，现在要灭南宋，又能从哪里绕过去呢？

南宋的东、南两面都是大海，蒙古是断不可能乘着海船去绕道的，唯一可行的便是绕道西南。

也就是说，蒙古人的设想是从川西楔入，然后一路沿着川边直抵云南，继而绕出两广，再折回北上，直插南宋腹部。

蒙古人的这种战法，其实也不是蒙哥的首创，它更像狩猎经验的战场化运用。

草原牧民在狩猎时为防止猎物走脱，经常采用多面围猎、四面夹击的方法，以取得一网打尽的效果。而蒙军以骑兵为主体，以战场掠夺为后勤补给的战法，也使得他们的军队特别擅长这种无后方依托的长途迂回作战。

如今，蒙哥将把这一战法发挥到极致。

这次，他们围猎的目标不再是一群羚羊、一个城池，而是要绕道半个中国，鲸吞掉整个南宋。

负责执行这项战略大迂回任务的，是中国历史上的又一个重要人物——忽必烈。

忽必烈是蒙哥的弟弟，拖雷的第二个儿子。

忽必烈堪称蒙古帝国中最出色的政治家，他继承了蒙古血统中的好战基因，却又不满足于单纯的掠夺和杀戮，他有着更加成熟的政治谋略。

蒙哥即位后，命忽必烈在金莲川开府，将漠南汉地全权交由他经营。忽必烈在中原大力推行汉法，吸收汉地文化，以一种宽容的姿态招揽各族人才为己所用。在他的治理下，中原地区拥有了稳定的赋税制度和生产秩序，这也让蒙军掌握了更多的兵源以及更加稳固的后方基地。

当然，对于屠弱的南宋来说，这并不是一个好消息。

宝祐元年八月，忽必烈率十万大军从熙州（今甘肃临洮县）出发，开启了前所未有的大迂回进军。

忽必烈的这次行军，最大阻碍不是哪路敌人，而是恶劣的行军环境。他行走的这条路线，已经位于川藏接合部，那里要么山路崎岖盘旋，要么河流湍急难渡，除了散居的吐蕃部落，人烟极其稀少。

如果大家需要增加点直观印象，可以参考下红军的长征史。大渡河、金沙江、岷山，这些红军路过的地方，忽必烈也没落下，唯一不同的是，蒙军毕竟没有围追堵截而来的敌人，自身装备条件也好得多，可即便如此，也出现了大量非战斗减员。

十一月初，蒙军终于进抵金沙江畔，现在，他们终于碰到了一个实打实的敌人——大理国。

大理国的前身是唐代的南诏，统治区域大致包括现在的云南，贵州、广西西部以及四川南部等地区。五代时期，通海节度使段思平讨平境内各部落，建立了大理国。

到了如今的南宋理宗时期，大理国的君主是第二十三任皇帝段兴智。段兴智统治下的大理，国运衰落，境内各部族竞相割据，已经走到了分崩离析的边缘。

忽必烈的到来，让大理国从慢性死亡变成了急性休克。

蒙军进入大理后，得到了一些割据部落的欢迎，在他们的引导下，大军一路畅通，迅速逼近大理城（今云南大理）。

忽必烈刚开始还想不战而屈人之兵，只是派使臣抚谕招降。可大理国君臣根本不相信忽必烈的话，不但拒绝投降，还斩杀了蒙古使臣。

这年头，敢杀蒙古使节的人还真不多，忽必烈一怒之下，立刻下令攻城。

不用说，大理军当然不是蒙军的对手，才打了一天，大理城就丢了，段兴智跑了。再接着，大理国大部分地区也被蒙军搂草打兔子，一起收割了。

再后来，蒙军攻破大理最后一座城池——善阐城（今云南昆明），君主段兴智也成了俘虏，立国三百多年之久的大理国至此宣告灭亡。

忽必烈完成使命后，留下部分蒙军交由猛将兀良合台统率，自己则于宝祐二年（1254）春启程北返，并于当年八月，回到了金莲川大本营。

宝祐三年（1255）秋，兀良合台奉蒙哥之命，从云南出发，移师北上，配合北线蒙军，对川蜀宋军实施南北夹击。他们的战略计划是先拿下嘉定府（今四川乐山），实现南北会师，再东向攻击重镇重庆府，以打通由川东出京湖的通道。

但是，蒙军的这次行动开展得并不顺利。兀良合台出兵北上后，先是在奔赴嘉定府的路上遭到了堵截，想转头直取重庆府，又因宋军防守坚固，没啃下来。眼瞅着跑了一大圈没收获，兀良合台又想着和北线蒙军合攻重庆府外围的钓鱼城，结果还是劳而无功，只能悻悻地退回云南。

应该说，蒙军的这次行动，实在有点匪夷所思。

你好不容易兜了个大圈子，就是为了避开宋朝依靠地形而构筑起来的坚固防线，现在终于爬到了云南，本该往平坦的湖南方向前进才是，怎么又折进了四川？

川蜀地区本就被打开了大门，包括成都府在内的川北、川西都已经是蒙军的地盘，现在宋军实施的是内线山城防御，你在里面绕来绕去有意思吗？

事实上，南宋听说蒙军兵出云南的时候也曾慌了一阵，特意加紧了中部京湖地区的内线防守，结果，左等右等，客人竟然没来？还真是阿弥陀佛，菩萨保佑。

当然，事情不可能这么就完了。

宝祐五年（1257）九月，蒙哥留下弟弟阿里不哥和儿子玉龙答失镇守大本营，自己亲率大军征讨南宋。

蒙哥和成吉思汗、窝阔台不同，他没有亲自操刀的习惯，自从登上汗位后，一直窝在大本营里没出来，只是派将领四处出击。蒙哥之所以喜欢"家里蹲"，倒不是他比较软弱无能，只因他的汗位来之不易，在内部还未完全稳固的情况下，不能贸然轻出。

可这回他怎么一反常态呢？

按照蒙哥自己的说法，这是因为他觉得祖上都身先士卒，带头砍人，自己也该效仿祖先，亲力亲为跑一趟。

事实上，这只是桌面上的理由，还有一个更重要的原因蒙哥没说，它和忽必烈有关。

蒙哥和忽必烈本是亲密的政治盟友，为了把汗位从窝阔台系转移到拖雷系，兄弟俩肯定是一条心办事。蒙哥上位后，对这个弟弟也是委以重任。

但随着时间推移，两兄弟的关系也变得微妙起来。

忽必烈实在是太出色了，在治理中原地区的过程中，他的能力得到了充分展示，声望也是水涨船高，再这么下去，风头简直要盖过大汗蒙哥。

所以，蒙哥需要通过征服南宋来重塑自己的威望。

根据蒙哥的部署，这次蒙军分两路南下：右路蒙军由蒙哥亲自率领，进攻川蜀地区；左路由塔察儿率军进攻京湖地区，留驻云南的兀良合台出广西北上，配合进攻。两路大军计划在鄂州会师，再顺流东下，直捣临安。

蒙哥对这次亲征十分重视，又是征调精兵，又是扫清外围，待他真正启程的时候，已经是宝祐六年（1258）初秋。

当年七月，蒙哥率军经大散关入蜀，九月抵达兴元府，十月进抵利州（今四川广元），数日后又来到了剑门关。

进入川蜀腹地后，蒙哥开始了他的拔钉子工程。在剑阁地区，蒙哥费了九牛二虎之力，才攻下宋军的屯驻点苦竹隘和长宁寨。

然而，自从余玠走后，川蜀的宋军已经没有那种死守不退的凝聚力，在见到苦竹隘、长宁寨沦陷后，宋军守将为了保命，纷纷主动献出城寨投降。

到宝祐六年底，那些辛辛苦苦修筑的山城大多成了蒙军的战利品。

蒙哥见进军如此神速，很是得意，长鞭一直，命令大军直取川东重镇重庆府。

眼前，能够屏蔽重庆府的据点只剩下了一个——合州钓鱼城。

钓鱼城

钓鱼城坐落于合州城东十里的钓鱼山上。钓鱼山海拔三百九十一米，南距重庆府一百四十里，因远望像一条鱼而得名。

如果打开地形图细看，你会发现，钓鱼山位于嘉陵江、渠江、涪江交汇处，它三面临江，背依崇山，正面控扼三江展开的扇形地区，绝对是一个养兵固守的胜地。

余玠主政四川的时候，将构筑钓鱼城当成了头等大事。他依山修城，凿山通路，还绕城设了护国、青华、镇西、东新、出奇、奇胜、小东、始关八个城门，每个城门都分别守护着一处悬崖峭壁。

钓鱼城初具规模后，余玠还特选一员悍将负责驻守——王坚。

王坚原为孟珙的部将，余玠到来后，他继续在麾下效力。王坚到任钓鱼城后，又对钓鱼城的城防进行了精细设计。他在八座城门上筑起高楼，进一步巩固居高临下的优势。此外，王坚还在山的南北两面各修筑了一条"一字墙"，一直延伸到江边。这样一来，城外的敌人会因城墙而行动受限，而城内的守军却可通过一字墙运动到外面，与外城墙形成交叉火力。

最绝的还不止这些，钓鱼山顶还有一处周长十余里的平坦地带，王坚鼓励兵民上来耕种，竟开出了千亩良田，可保山上粮食供应无虞。同时，王坚还在城内挖出大小水池十四座，凿出水井九十二座，再加上山泉、溪涧，连供水问题都解决了。当时川蜀的百姓为了躲避战乱，纷纷跑到这处世外桃源中生活，经过数年经营，钓鱼城已经不再是一个简单的军事堡垒，俨然成了一座自给自足的小城市。

开庆元年（1259）初，钓鱼城迎来了历史上最重要的一个"客人"——蒙哥。

蒙哥刚来时并不熟悉钓鱼城的详细情况，在他眼里，钓鱼城和那些望风而降的山寨差不多，吓唬一下也就到手了，所以初到钓鱼城时，他还是劝降为先。王坚的回应也很干脆——把来使给斩了。

蒙哥一听，怒了，挽起袖子就打算强攻。他迅速调集大军前来会攻，同时掐断了钓鱼城与外界的所有联络渠道。

二月三日，蒙哥亲自督促将士攻城。王坚沉着指挥，顽强抵抗。

蒙哥督战了整整四天，连钓鱼城的"鱼鳞"都没薅下来一片。

二月七日，蒙军改变策略，转而进攻钓鱼城东面东新门与护国门之间的"一字城"。

结果，仍然瞎忙了一通。

二月九日，蒙军再转攻镇西门。

结果，继续瞎忙。

蒙哥开始意识到，如今他是碰到了厉害角色。不过，没关系，蒙军有的是人，他再次调兵遣将，部署攻城。

三月初，完成部署的蒙军从东、北、西三面同时对钓鱼城发起强攻。宋军在王坚指挥下，浴血奋战，再次让蒙军无功而返。

三月二十四日夜，蒙军再次改变战术，组织敢死队夜袭护国门。这回，他们一度攻入了外城，但宋军的斗志异常顽强，顶着巨大伤亡，和拥入的蒙军殊死肉搏。攻势最终还是被宋军压制，蒙军狼狈地退了出去。

就这样，钓鱼城中的宋军在外援断绝的情况下，生生顶住了蒙军精锐长达三个月的轮番进攻。

进入五月，嚣张的蒙军开始感到郁闷了。

他们原本以为，自己已经将钓鱼城围了个水泄不通，即便硬攻不下，哪怕是困，也该困死了啊。

可眼见城中的宋军，一直都没出现粮草耗尽、斗志衰退的情况。更郁闷的是，这些宋军将士看上去个个红光满面、斗志高昂，还越打越兴奋！

最郁闷的人还要数蒙哥。一路过来，他都是所向披靡，见到的南宋军民都是一副畏惧、谄媚的表情，何时曾受过这等窝囊气？再者，蒙古帝国地跨西亚、东欧，灭国十余个，眼前一个小小的钓鱼城，还真成精了？

不行，哪怕磕掉门牙，也要把它啃下来。

为了面子，蒙哥下令继续对钓鱼城实施强攻，但此时的蒙军，斗志已经大不如前。

因为钓鱼城的地形实在太特殊了，高山绝壁之下，攻城器具用不上，弓箭炮矢够不着，吭哧吭哧地爬过去，只能白白地当肉靶，傻子才愿意。

这时候，有人就规劝蒙哥：拿不下钓鱼城就算了，不如留下军队在这里盯着，再率大军探探其他路子。

可蒙哥觉得这类建议非常刺耳，祖上成吉思汗、窝阔台都是攻无不克、战无不胜，凭什么到我这里就要从长计议了呢？

我蒙哥的面子还要不要？

于是，为了蒙哥的面子，蒙军继续对钓鱼城进行围攻。到了六月，天气开始转热，蒙哥眼见战事没有进展，又气又急。这个时候，一个叫汪德臣的将领主动站了出来，发誓要亲率将士去搞定钓鱼城。

汪德臣的父亲是金朝将领，曾长期驻守川蜀地区，归降蒙古后备受重用，是蒙军进攻川蜀的急先锋。

六月五日，汪德臣亲选精兵夜袭外城，一番厮杀后仍未得逞。第二天，输红了眼的汪德臣冒险单骑来到城墙下，对着宋军大喊："你们的援兵已经被击退了（这是实话），我来给你们指一条活路，早早投降，别陪着王坚送死了！"

汪德臣话音未落，宋军的回应马上来了——一块飞石。

也怪汪德臣太嚣张，单人出来喊话，目标太明显，结果被一砸一个准。

汪德臣被砸中后，身负重伤，不久便一命呜呼了。

汪德臣是蒙古人眼里的"四川通"，他的死亡让蒙哥痛心不已，也让攻城的蒙军士气更加低落。

蒙军的噩运并未随着汪德臣的死去而结束。随着夏季的到来，他们迎来了蜀地闷湿炎热气候，这让来自北方草原的蒙古士兵和战马极不适应。再接着，可怕的疫病开始在军中广泛传播，很多蒙军将士因水土不服而病亡。

与此相对应，宋军在钓鱼城内的小日子过得却很惬意。

饿了有大饼，想解馋，还能从池里捞几条鱼出来。渴了更没问题，钓鱼山泉水有点甜，而且真正纯天然、无污染。

你怕没有柴烧饭，没有石头砸人？别忘了，人家这是住在山上呢。

为了恶心城外的蒙军，王坚还命人向他们放了一炮，不过这回抛过去的不是石头，而是一个"特惠大礼包"。

蒙军打开一看，里面是两条各重三十斤的活鱼和百来张蒸面饼，面饼中还夹着一张纸条，上书一句话：

"你们蒙军可以尝一下我们的鲜鱼和面饼，这城就算你们再攻打十年，也打不下来（尔北兵可烹鲜鱼食饼，再守十年，亦不可得也）。"

太过分了，太过分了！

王坚，你这是把蒙哥大汗的自尊心摁在地上摩擦呀。

蒙哥心里清楚，眼前的钓鱼城是一个攻不下、困不死的鬼地方，再强攻也是无济于事。但大汗的自尊心又让他无法做出撤军的决定。

在矛盾纠结之中，蒙哥决定暂时停止进攻，待天气转凉后再想办法。

休兵期间，蒙哥还在琢磨如何攻破钓鱼城。

为此，他命人在西门外修筑高台，在台上搭起木楼，楼上支起一个高达十丈的粗大桅杆，桅杆上再设置一个方斗。

蒙哥这么干，当然不是打算观看杂技表演，他想让士兵爬到桅杆上的方斗内，好居高临下窥测一下钓鱼城内的情况。

七月初，这个奇怪的瞭望台造好了。蒙哥立刻命人爬上去偷窥。

可能是长期憋屈着心里不好受，蒙哥这回显得非常急躁，在蒙军士兵爬进方斗后，蒙哥自己也跟着爬到了木楼上，就为了直接向偷窥的士兵询问侦察情况。

这一急，急出问题了。

钓鱼城内的宋军敏锐地发现了蒙军的企图，不客气地又招呼过去一炮。

这一发石炮，精准度和送汪德臣上西天的那一炮差不多，直接打断了那根桅杆，方斗内的士兵应声坠落下来。而掉下来的石块不偏不倚，又砸中了正在楼上仰望的蒙哥！

蒙哥的这次中弹，和前面的汪德臣差不多，伤势非常严重，后果更加要命。他很快就被抬下火线，接受治疗。

抢救了几天，没啥效果，他竟然就这么"崩"了。

大汗竟然被砸死了？这让蒙军再也无心恋战，除了留下少量驻军，主力大军带着蒙哥的灵柩匆匆北撤。

关于蒙哥的死亡，《元史》还有另一种记载，它认为蒙哥并不是被钓鱼城的石头砸死的，而是和普通蒙古士卒一样，因染上了疫病而亡。

还有一种折中的说法是蒙哥之前就染上了疫病，被砸后病情加重而亡。

当然，后两种说法还是受到了不少人的质疑，认为那是蒙古人要面子，不肯承认自己的大汗是被宋军给灭了。

咱们也不用太纠结谁对谁错，反正有一点是肯定的：蒙哥驾崩了，死于钓鱼城之战。

长达半年的钓鱼城之役结束后，四川的局势顿时缓和下来，王坚也因退敌有功获封宁远军节度使。

蒙哥汗的意外殒命，引发了一系列连锁反应，南宋朝廷再次转危为安，顽强续命。

对于蒙古帝国来说，汗位的再次空悬，引发了又一轮内部权力斗争。

忽必烈班师

蒙哥率军亲征川蜀时，忽必烈正闲着剔牙。因为蒙哥的猜忌，忽必烈被解除了兵权，以"患脚疾"为由，被安排在家里"养病"。

直到宝祐六年（1258）十一月，忽必烈才重新得到领兵出征的机会。

忽必烈的复出机会，要拜塔察儿所赐。

起初，蒙哥把统帅左路军队的任务交给了塔察儿，命他负责进攻南宋京湖地区。

塔察儿出发得比较早，宝祐五年（1257）秋便开启攻打襄阳城的战斗。但这位蒙古王爷是蒙古东部诸道的首领，那里是蒙古较早征服的地区，平时非常太平，所属蒙军战斗力相对弱很多。

养尊处优的塔察儿水平有限，只知道一味放纵将士掳掠财物、喝酒享乐，出兵多日也没见打下一座城池。

更可笑的是，塔察儿筹划攻打襄阳时，正好碰到了当地的雨季，大雨稀稀拉拉持续了个把月，他见道路泥泞，骑兵行动不便，竟然不和蒙哥打声招呼，率军回北方去了！

塔察儿很懒，在南边配合他的兀良合台则很背时。兀良合台按蒙哥的计划出云南北上，刚开始还打得比较积极，可自从进入广西后就不行了，那里的气候更加炎热潮湿，蒙军还没开打，就病的病，死的死，瘫倒了一大半。

兀良合台觉得再这样下去，估计没等到和宋军开打，自己就要废了，也扭头缩回了云南。

蒙哥听说了塔察儿和兀良合台的表现后，气得直跳脚。尤其是那个塔察儿，蒙哥还派专人去骂了一通。可蒙古的体制和宋朝不一样，宗王贵族独立性很高，你爱骂不骂，人家照样偷懒。

蒙哥见塔察儿和兀良合台靠不住，不得不重新起用忽必烈，让他替代塔察儿率左路军攻宋。

开庆元年二月，也就是蒙哥开始攻打钓鱼城的时候，忽必烈在邢州（今河北邢台）召集大军，启程南下。

七月十二日，忽必烈大军抵达了淮河北岸，正当他筹划着如何发动进攻时，却从俘虏的口中得到蒙哥死于钓鱼城的消息。

刚收到蒙哥死讯时，忽必烈还觉得这是宋军故意释放的假消息，所以并未停止军事行动。

忽必烈的这次进攻，并未像以往那样攻击京湖战区的正面。他避开了宋军重兵布防的襄阳城，选择在京湖和淮西的接合部入手，战略目标则锁定在了鄂州。

八月十五日，忽必烈率军渡过淮河，分兵向鄂州挺进。

一月之内，蒙军连破五道关卡，进入黄州、蕲州境内，来到了长江北岸。

如能渡过长江，对面便是忽必烈的目的地鄂州，待拿下重镇鄂州，蒙军就能将南宋的京湖战区和两淮战区拦腰切断，再分割吃掉。

然而，当忽必烈踌躇满志地策划鄂州战役时，前方的消息又来了。

九月一日，右翼蒙军派人来到忽必烈处，正式确认了蒙哥的死讯。这下，忽必烈陷入了进退两难的境地。

如果现在北撤，那就等于让之前的努力付之东流，如果不撤兵，大汗之位会不会落入他人之手？

蒙哥是突然殒命的，也没留下什么遗言，按照蒙古帝国的规矩，接下来的大汗，还是得由宗王共同推举。忽必烈远离大本营，势必不利于争汗位。

这可如何是好？

一番思考后，忽必烈最终还是决定继续南下，因为他觉得此次如果能够拿下南宋全境，无疑会增加自己竞争汗位的砝码。

九月初，蒙军在阳逻堡（今湖北武汉市新洲区）发动渡江战役。南宋虽然在这里布置了水师防御，但还是没顶住蒙军的狂攻，一路溃败下来。蒙军蜂拥渡江后，马不停蹄地乘胜向鄂州推进。

九月九日，蒙军完成对鄂州的战略包围。

赵昀听说鄂州危在旦夕，刚放松了两个月的神经再次紧张起来，他知道此战关乎朝廷存亡，便紧急动员全国军事力量做拼死一搏。

当时，负责京湖战区的官员是右相兼枢密使贾似道，他坐镇江陵府，率兵从鄂州西面赴援。为了方便统筹兵力，赵昀充分放权给贾似道，命他同时统辖江南西路、广南东路、广南西路的所有兵马，全权负责援鄂事宜。

与此同时，在赵昀的严令下，淮东制置司、沿江制置司的近十万兵马也日夜兼程地赶往鄂州，甚至刚入援四川的军队，也转过头来，加急赶往鄂州战场。

可以说，当时除了南宋朝廷所在的江南东路，以及地处偏远的福建路，宋军精锐几乎已经倾巢而出。

大战在即，赵昀更是慷慨解囊，特批铜钱两千三百万缗、白银十一万两、绢帛十一万匹犒赏军队，鼓励将士奋勇杀敌。

面对宋军的大手笔，忽必烈也拼了，他针对南宋的援军，分路实施堵截，就连缩在云南的兀良合台也被再次唤醒，被要求率兵赶来助战。

蒙军彪悍，敢拼命，宋军人多钱多，也敢玩儿命，双方围绕鄂州城，在内外两线展开了激烈厮杀。

十月初，贾似道所率领的主力援军冲破重重堵截，进入了鄂州城，这让城内的宋军士气大振。

相反，忽必烈却是越打越焦躁。可他现在也是骑虎难下，如果空着手回去，一怕丢面子，二怕影响争夺汗位的话语权，只能硬着头皮死磕。

为了打破僵局，忽必烈想到了挖地道攻城的办法。于是，蒙军人放下屠刀，挥起铲子，在大大的城池面前挖呀挖呀挖。

对于常年靠守城吃饭的宋军来说，这招也不算太新鲜了。

只是，这回京湖制置使贾似道的应对方法更有创意，他没有命人主动出击搞破坏，而是下令宋军环着城墙内壁，在一夜之间修起了一道木栅栏，美其名曰"夹城"。

这让辛辛苦苦挖进外城的蒙军非常郁闷，当他们满怀期待地从地洞里冒出来的时候，发现自己被夹在外墙和木栅之间，宋军看待他们的眼神更像是在观察笼子里的猎物！

战争又持续了一个月，蒙军虽然攻得很猛，但始终无法取得实质性的进展。

到了十一月，鄂州外围的南宋援军越聚越多，忽必烈的大军却因连月苦战，尽显疲态，同时，军队的粮草供应也出现了困难。这种情况下，忽必烈不得不重新考虑撤军问题。

很多谋臣都力劝忽必烈尽早班师，可忽必烈还是有点犹豫不决，直到一封书信的到来，才促使他下定了撤兵的决心。

书信是忽必烈的妻子从北方送来的，她给忽必烈送来了蒙古王室的最新消息。

随着蒙哥的离世，蒙古诸王对汗位竞争又悄悄开始了。在蒙哥没有遗嘱的情况下，最有希望竞争汗位的，无非是他的弟弟和儿子。蒙哥的儿子都还没有形成政治气候，所以基本排除在竞争者之外。蒙哥的三个弟弟中，旭烈兀已经跑到西亚去捣鼓伊利汗国了，所以剩下来的候选人只剩下两个：忽必烈和阿里不哥。

忽必烈的优势不用说了，在蒙古宗王中富有人气，而且手握重兵。

可阿里不哥也不是来友情陪跑的，蒙哥在亲征的时候，专门留下他负责主持御帐并管理本部军队。最关键的是，蒙哥的几个儿子和亲信大臣都跑到了阿里不哥一边，他们都成了阿里不哥的坚定支持者。

根据信里的内容，忽必烈得知，当他被困在鄂州的时候，阿里不哥一刻也没闲着，四处活动忙着抢班上位。目前，阿里不哥已经与蒙哥最亲信的两位大臣阿兰答儿和脱里赤形成了同盟，他命阿兰答儿发兵漠北，威胁忽必烈的老根据地开平（今内蒙古锡林郭勒盟），又命脱里赤坐镇燕京（今北京），到漠南地区括兵。

开平一带是忽必烈起家的地盘，漠南则是忽必烈掌控的中原地区，阿里不哥这么做，等于是要将忽必烈在北方的统治根基连根拔起。

忽必烈闻讯后，当即决定紧急北撤。

比较诡异的是，忽必烈正忙着搬家的时候，居然收到了南宋方面的求和动议。

人家都要回去了，南宋方面为什么还要上赶着去求和呢？

这口锅还得由贾似道来背。

贾似道是个爱耍小聪明的人，他知晓蒙古帝国的内情，也估摸着忽必烈会有北撤的心思，所以想通过议和来给忽必烈一个台阶下，这样一来，鄂州之围也就解除了。

郁闷的是，忽必烈的撤军行动是秘密进行的，为了防止宋军趁势追击，还故意释放了不少烟幕弹。

所以，贾似道启动和议时并不知道忽必烈已经下了北撤的决心。

换句话说，贾似道的求和行为稍微启动得早了一点。

宋军的求和正中忽必烈下怀，他爽快地答应派人入鄂州城谈判。忽必烈的使臣本来就没什么和谈诚意，只是想麻痹一下宋军，所以，他进入鄂州城后只是与贾似道扯了一堆闲篇，最后达成了一个没有具体条款的口头协议。

临了，蒙古使臣丢下一句"以后再说（待他日复议之）"，潇洒地拍屁股走人了。

这种要形式没形式、要内容没内容的和议，根本算不上一份和约，充其量只是一份意向书，可贾似道看到蒙军撤退后，还是很高兴，以为自己的策略奏效了。

闰十一月，忽必烈移军撤围，南宋又一次转危为安。

第十六章 终极权臣

贾似道

鄂州之围解除后，贾似道成了最大赢家。

当蒙军撤兵的消息传到临安，赵昀大喜过望，再次打开钱包狠狠赏赐参战将士，贾似道更是成了赵昀心目中再造江山的头号功臣。

景定元年（1260）三月，赵昀征召贾似道入朝，进封其为少师、卫国公，赐金器千两、帛千匹。

如果大家往前翻一翻对比就会发现，以赵构对秦桧的宠信，在促成和议前，也就给封了个少保、冀国公。

景定元年，赵昀已经五十六岁，在位也已经三十七年。这位靠着机缘巧合，从底层平民上位的皇帝已然进入了暮年。

如果说，此前的赵昀还有一点中兴宋朝的心气，那么，现在的他早就进入了昏昏欲睡的状态。沉溺酒色、宠信近侍、挥霍享受等毛病，赵昀也不可避免，而他的这些毛病越到晚年越严重。

相应的，赵昀对那些朝政琐事也是越来越倦怠。贾似道此时得宠，无疑为他独揽朝政觅得了最佳的机遇。

从此，自秦桧、韩侂胄、史弥远之后，南宋的最后一个权臣诞生了。

相较于前面三位，贾似道走过了一条独特的发迹之路。

贾似道，字师宪，嘉定六年（1213）出生，台州天台（今浙江天台县）人。

贾似道生于高官家庭，父亲贾涉在宁宗时期曾官至淮东制置使。但是，看上去赢在人生起跑线的贾似道一开始过得并不舒心。

这还要从贾似道的出生说起。

根据宋人八卦，贾涉年轻的时候，有一天途经钱塘县，看见溪边一个洗衣的女子长得比较漂亮，便动了花心。经过一番打听，才知道洗衣女子姓胡，而且已经婚配。不过贾涉很执着，竟然说通了胡氏的丈夫，把她买来做了小妾。后来，胡氏为贾涉生下了一个儿子，便是贾似道。

贾涉在纳胡氏的时候，家里其实还有一个正室史氏。虽说那时候男人多几个侍妾也不犯法，但史氏并不好惹，她见丈夫给自己带来了一个竞争者，死活不肯相容。贾涉拗不过妻子，只好把胡氏和儿子贾似道一起带回了老家，又把胡氏安排给了一个石匠当丈夫（这都叫什么事）！

所以说，贾似道空有一个当官的父亲，过的还是一个普通人的生活。由于缺少好的家庭教养，贾似道从小养成了游手好闲的习惯，平时除了游山玩水，便是日嫖夜赌，总之没有一个正形。照理说，平民子弟是没有那么多闲钱去享乐的，而且怎么也得被安排点苦力活儿干干，但这些情况在贾似道的履历里通通没有。估计是贾涉内心觉得对胡氏母子有所亏欠，在经济上没少支持。

还有一个关于贾似道的段子更有意思，说是胡氏对儿子的荒诞行径很苦恼，便请了个算命先生来为他看相。那位算命先生瞅了贾似道一眼，安慰胡氏，让她也不用太担忧，说你儿子虽然看上去面相不怎么样，但将来做个地方小官还是有可能的。胡氏听后，倒也挺高兴。

相信很多人看了这个段子后，唯一的感觉是算命钱还真好挣。

按照当时的情况，关于贾似道是高官私生子的事情，估计也就是个公开的秘密。凭着过硬的家庭关系，贾似道捞个一官半职应该不难，但考虑到他的特殊情况，在仕途上也不可能走太远。所以，是人都会猜出这么一个结果，还用得着相面？

刚开始的情况也正如算命先生所料，贾似道成人后，因父亲而恩荫得官，是一个管理仓库的小官，可不管怎样，终究是吃上了皇粮。

再后来的事情，那就是超出所有人的想象力了。小官贾似道竟然因为后宫内的一场争斗，意外获得人生红利。

赵昀在即位前是没有婚娶的，所以他当上皇帝后，就得为他安排一个后宫之主——皇后。

选皇后也不是件容易的事，得比姿色、比出身、比修养……当时进入皇后人选决赛的是两个人，谢氏和贾氏。谢氏是前宰相谢深甫的孙女，贾氏则是贾涉的女儿（为正妻史氏所生）。

两人中，赵昀更中意贾氏，原因很简单——贾氏长得更漂亮。

不幸的是，赵昀虽然贵为皇帝，当时也没有婚姻自主权，那个时候，太后杨氏和宰相史弥远还在，两人不约而同地选择了谢氏。

最后，赵昀只能妥协，册立谢氏为皇后，封贾氏为贵妃。

然而，太后和史弥远管得了立谁为皇后，却管不了赵昀喜欢和谁睡觉。所以，在后宫之中，赵昀还是专宠贾妃，谢皇后成了一个可怜的摆设。

贾贵妃虽然和贾似道不是同母所生，但肥水不流外人田，她还是很愿意照顾这个弟弟，经常找机会为他说项。赵昀正宠信贾贵妃，哪里会在意一两项官帽，便毫不吝啬地为贾似道升官。先是把贾似道从不入流的仓库管理员升级为正九品的籍田令，一两年里，又把他从籍田令提拔为正六品的军器监。

贾似道升官后，还是没改掉他纨绔子弟的做派，依旧该吃吃，该玩玩。有一天晚上，贾似道拥着女人在西湖上泛舟取乐，结果被登高远望的赵昀给看见了。

赵昀觉得太不成体统，便问身边的侍从，这是哪个家伙这么嚣张。侍从如实回答：估摸着就是您的小舅子贾似道。

赵昀第二天就派人去训诫贾似道。可派去的人心眼很活，知道贾贵妃正得宠，回来后向赵昀禀报时说得非常艺术：那天晚上泛舟取乐的确实是贾似道，这种放浪的行为需要严肃批评，但经过沟通交流，我发现他其实是个不可多得的人才，可堪大用。

翻译过来便是：小贾确实存在一点作风问题，但年轻人嘛，不拘小节啦，不过他的能力还是很出众的，朝廷还是应该以关心帮助为主。

这话说得很合赵昀胃口，既然这样，作风上的小问题就不追究了，让他到地方上历练历练吧。

嘉熙二年（1238），二十六岁的贾似道出任澧州知州，成了主政一方的地方官。

这事闹的，怎么说呢，朝中有人好做官啊。

接下去，贾似道官运亨通，步步高升。

淳祐元年（1241），晋升为太府少卿、湖广总领财赋。

淳祐五年（1245），提任沿江制置副使兼江南西路安抚使、江州知州，成为主管一路的长官。

淳祐六年（1246），擢任京湖制置使、江陵知府，成为负责南宋三大防区之一的将帅。

贾似道爬得那么快，是不是全因裙带关系呢？这里咱们必须得澄清一下。

我说过，历史不是小说，历史人物也不可能像小说人物一样脸谱化。根据史料记载，贾似道在地方任上，还真干得不错。他确实放浪，确实不着调，但又不可否认，确实还有点小聪明。

虽然史料上关于他的政绩记载不够详细，但有几点很能说明问题。

淳祐六年，名将孟珙在去世前向给朝廷上了一份遗表，他向赵昀推荐的继任人选正是贾似道。

如果说孟琪的推荐仍不能说明问题，那么在此后的鄂州之战中，连对手忽必烈也对贾似道的城防调度表示赞许，甚至发出感慨："我怎样才能得到一个如贾似道一样的人（吾安得如贾似道者而用之）！"

此外，对于一个名列《奸臣传》的人来说，如果有一点腌臜事情，修史者也不可能替他瞒着。

所以说，历史就是这么吊诡，贾似道正是一个靠身世入仕，靠裙带升官，吃喝嫖赌俱全，却又偏偏有点才干的人。

换句话说，如果他是一个纯粹的浪荡公子，也不会坐上权臣的位置。

也正因为如此，当贾贵妃于淳祐七年（1247）病死后，贾似道的仕途并未受到影响，他反而继续向上攀升。

宝祐二年（1254）至宝祐五年（1257），贾似道先后出任知枢密院事、参知政事等职，位居宰执行列。

宝祐六年（1258），贾似道带枢密使衔，领两淮宣抚大使，再次担任地方军事大员。

开庆元年（1259），当蒙军进攻鄂州时，贾似道又转任京西、湖南北、四川宣抚大使，并旋拜右丞相兼枢密使。

四十七岁的贾似道以朝中大员的身份，全权负责京湖和川东地区的军政事务。

头戴光环的贾似道回朝后，又办了两件大快人心的事情。

第一件事是清除了以谢皇后为靠山的外戚势力。当时，谢皇后一家的外戚占据了不少朝廷要职，多有不法行为，贾似道入朝后，果断出手把这些外戚换成了闲职，并立下规矩，从此外戚不能担任监司、郡守等地方要职。

第二件事是除掉了宦官董宋臣。董宋臣是赵昀身边的贴身内侍，仗着皇帝的信任，干着狐假虎威的勾当，此前一直有大臣弹劾他，可无奈赵昀总是百般庇护，所以没能成功。

贾似道为了除掉董宋臣，耍了个心眼，他不挑董宋臣受贿弄权之类的破事开刀，而是以董宋臣在鄂州之战时建议迁都为理由，挑动了赵昀敏感的政治神经，进而顺利把董宋臣排挤出朝廷。事后，贾似道按图索骥，把通过贿赂董宋臣而获晋用的官员全部免官。

贾似道施展政治手腕去除外戚、宦官势力后，在朝中的声望更加高涨。此时，贾似道已经成了朝中的二号重臣，在他向权力巅峰发起冲刺的路上，只剩下了一个人——左相吴潜。

荒唐选择

在"端平入洛"前的那场争议中，吴潜已经和我们有过一个照面。

和贾似道相比，吴潜有着一条完全不同的升迁之路，两人简直就是两个极端。

贾似道早年是个"学渣"混混；吴潜则家学深厚，自己更是嘉定十年（1217）的状元。贾似道在起步阶段全靠裙带关系，声名狼藉；吴潜在官场内以正直干练著称，声望闻于士林。贾似道汲汲于官位，无所不用其极；吴潜则好几次主动谦让退避，表现出一副淡泊名利的高姿态。

淳祐六年，吴潜授任签书枢密院事，成为宰执大臣。

淳祐十一年（1251），吴潜升任右相兼枢密使。

开庆元年，也就是蒙军南侵鄂州之前，吴潜出任左相兼枢密使，成为人臣第一。

当贾似道把目标锁定于吴潜之时，他惊讶地发现，老天爷对他实在是太眷顾了，眼前的对手根本不堪一击，只消他动动手指，就可轻松搞定。

因为，皇帝赵昀对吴潜已经非常反感。

吴潜是典型的士大夫官僚，从来以讲操守、顶撞皇帝为光荣，这样的人，当个摆设是可以的，想让皇帝真心喜欢肯定不可能。淳祐年间，吴潜只干了一年右相，便以水灾为由，自己主动辞位了。后来赵昀一直和一群溜须拍马的家伙厮混在一起，从来都没想过叫他回来。只因蒙军来袭，才让他重新出来主持危局。

赵昀如果只是性格上和吴潜不搭调，那倒也不至于马上卸磨杀驴。只是，眼前两人在一件关键事情上，产生了严重对立。

立储问题。

没人继承皇位，是老赵家最痛苦的问题，没想到，已经在位近四十年的赵昀，竟也没逃过这番宿命。

赵昀有过两个儿子，但都夭亡了，此后后宫佳丽无数，却再也没人为他诞下一个皇子。具体是什么原因，也无从知晓。

没有皇子咋办？老办法，从宗室子弟里挑。

和宁宗赵扩相比，赵昀的情况稍微要好一点，他不需要费力地去翻宗谱，因为他至少还有一个兄弟可以依靠——赵与芮。

我们前面说了，赵与芮是与赵昀一起被史弥远选入宫的，只不过他当时只是一个陪衬的，很不起眼。

赵昀登基后，赵与芮立刻身家显贵，被封为武康军节度使、天水郡开国子。到了淳祐年间，赵与芮又承袭了荣王的爵位（赵昀追封父亲为荣王），到了宝祐年间，他被任命为判大宗正事，负责管理赵氏皇族事务。

赵昀也就这么一个亲兄弟，他当然更倾向于从这支最近的血脉中挑选皇位继承人。这无论是从选嗣惯例上，还是从个人感情上说，都无可厚非。

可最麻烦的事情在于赵与芮那边子嗣也不多，他也仅有过两个儿子，而存活下来的，也只有一个而已。

即便这唯一的独苗，还诞育得非常曲折。

赵与芮有三个夫人，分别是钱氏、李氏和黄氏，其中钱氏和李氏相继成为正室，黄氏则比前两位地位低得多，她来到赵家时的身份，只是李氏的陪嫁而已。

黄氏最初在王府里地位低下，凑巧被赵与芮"幸"了一回后，便怀了身孕。黄氏知道自己有孕在身后，并未感到高兴，她觉得自己地位低贱，孩子将来也会跟着受苦，所以竟想到了堕胎。

古代也没什么先进的医疗技术，顶多只能药物堕胎。可黄氏服下堕胎药后，效果并不好，孩子最终还是没打掉。嘉熙四年（1240）四月，黄氏为赵与芮诞下了一个儿子，起名叫赵德孙。

在这件事情上，黄氏做出了一个错误的判断，如果她知道自己这个孩子将来会成为王府和赵家王朝共享的唯一继承人，非得把堕胎药换成保胎丸不可。

当然，这也怪不得她，嘉熙四年的时候，赵与芮只有三十四岁，赵昀也只有三十六岁，按常理判断，两人都有大把的机会开枝散叶，后面发生的邪门事情，谁都不会预料到。

黄氏虽然幸运地保住了这个唯一希望，但不幸的是，这个孩子似乎受到了药物的影响，生下来就羸弱不堪，智商上也很成问题（手足皆软弱，至七岁始能言）。

用现在的话说，赵德孙就是一个标准的低能儿。

可当低能儿赵德孙成为继承皇位的唯一选项时，历史再次变得没有节操起来。

荣王府为了神化他，又编出了真龙投胎、光焰万丈的鬼话（一龙纳怀中，已而有娠，及生，室有赤光），就连七岁才学会说话也成了卓尔不凡的象征（七岁始言，言必合度，理宗奇之）。

淳祐六年（1246）十月，赵昀将赵德孙改名为赵孟启，纳入皇宫接受教育。淳祐九年（1249），赵孟启获封益国公。宝祐元年（1253），赵孟启改名赵禥（qí），并被册立为皇子；次年，赵禥被晋封为忠王。

皇子身份的确立，意味着赵昀正式将这个侄子收为己有。如果不出意外，赵禥将进一步获封皇太子，成为一国储君。

赵昀要将身体和智力都有缺陷的赵禥立为储君，这让朝内一些富有正义感的士大夫官僚难以接受。

毕竟，这一国之君是何等神圣，不能光由着赵昀的个人感情来。

再者，现在南宋正面临多事之秋，就算找不出个雄才大略的继承人，你也不该弄出个低能儿来开玩笑。

为了阻止赵昀立赵禥为储君，吴潜当仁不让地肩负起了进谏的责任，可无奈赵昀私心太重，根本听不进不同意见。

这种情况，如果放到别人身上，恐怕也就乖乖闭嘴了。可吴潜偏偏是范仲淹似的官员，视天下为己任，咬住的事情打死也不松口。

景定元年（1260）年初，吴潜获知赵昀马上将立赵禥为太子，情急之下，又上了一份密奏，里面冒出了一句非常刺耳的话：臣无弥远之才，忠王无陛下之福！

翻译一下：我恐怕没有史弥远的才能，赵禥也不会有你一样的福气！

要说这句话也是真狠，言下之意，你赵昀就是靠着史弥远扶持，才拿到了皇位。如果现在你执意要把皇位交给那个低能儿，那我吴潜可没有史弥远一样的手段，赵禥也不可能像你一样安享太平！

一句话，揭了皇帝老底，还预判了赵禥的下场。

敢说出如此狂悖的话，真是反了天了！

赵昀拿到吴潜的密奏，气得满脸通红，恨不得马上将这个固执的家伙赶到爪哇国去。

正当赵昀和吴潜闹得势同水火之时，贾似道恰巧回来了。这个时候，贾似道的态度成了朝野瞩目的焦点。

贾似道毫不犹豫地站到了赵昀这边。

我也知道赵禥是低能儿，我也知道低能儿绝对无法担当社稷之任，可这不更好吗？将来的大权将毫无悬念地落入我的手中！

没办法，同样一件事，在吴潜眼里看到的是危机，在贾似道眼里看到的却是利益。

贾似道入朝后，立即上书奏请立赵禥为皇太子。

赵昀收到奏疏，喜笑颜开，认为贾似道又会办事，又能体贴圣意，对他更为赞赏。

当赵昀首肯贾似道奏议的那一刻，吴潜的命运也被定格了。

景定元年四月，在贾似道的授意下，言官们开始上疏弹劾吴潜。

七月，吴潜被罢去相位，贬谪到建昌军（今江西南城县），不久，又被远贬循州（今广东龙川县）。

两年后，吴潜在循州被贾似道派人毒毙，他为自己的忠直付出了生命的代价。

正当吴潜罢相出朝的时候，赵禥被立为太子，入主东宫。贾似道的头上则加上了太子少师、卫国公的荣衔，完全把持了朝政。

他因为自己的私心，为南宋做出了一个无比荒唐的选择。

事实上，贾似道在景定元年替南宋挖的坑还不止一个，在对内拥立赵禥的同时，他还替朝廷做了一个关键选择，而这一选择所造成的严重后果，丝毫不亚于前者。

忽必烈忙着回去抢夺汗位的时候，在宋蒙边界还是留驻了不少兵力，以防备宋军反击。如此一来，他争夺汗位的实力便受到了牵制。

为了能集中力量争夺汗位，忽必烈接受了谋士郝经的建议，先和南宋讲和。

景定元年四月，忽必烈以郝经为国信大使，前往南宋议和。

郝经是当时著名的大儒，也是最受忽必烈器重的汉臣之一。蒙哥刚去世，郝经便极富预见性地向忽必烈献上了《班师议》，力主早日北还争位。

七月，郝经一行抵达宋蒙边境的宿州（今安徽宿州），并派人向宋朝说明来意。

赵昀和贾似道听说蒙军遣使过来，仍是一副戒备心态，认为蒙军议和还是黄鼠狼给鸡拜年——没安好心，所以，依旧下令不予接待。

南宋方面的冷淡态度，并没有让郝经灰心丧气。

八月，郝经率领使团偷渡淮河，强行进入宋朝境内。结果，使团成员被贾似道派人拘押在了真州（今江苏仪征）。

极其诡异的是，贾似道扣住郝经后，一不交涉、二不审问，就干巴巴地拘押着，直到德祐元年（1275），蒙军大军压境的时候，贾似道才乖乖地放人。

此时，离郝经出使宋朝，已经整整十六年！

贾似道为什么会弄出如此匪夷所思的事情，说起来也挺复杂。

首先，蒙古虽然派郝经出使议和，但自身内部又各怀心思。郝经是一个理想化的汉族士大夫，所以真心议和的成分多一点，而对于忽必烈而言，恐怕更多的是缓兵之计。最让人觉得凌乱的是，当郝经出使南宋时，蒙古帝国治下的部分汉族军阀却生怕议和成功，动摇了自己在蒙古帝国的地位，竟擅自在宋蒙边境动兵，企图把议和的事情搅黄。

所以说，面对如此复杂的局面，贾似道对来访的郝经进行冷处理，并没有太多问题。要说最值得诟病的，还是他超长期拘押郝经的行为。

按常理，你不想议和，把人打发回去就是了，或者说，拘押个十天半月，意思意思，也就够了，何必关人十六年呢？

是贾似道表达痛恨蒙军之情吗？

似乎也不是。根据史料记载，贾似道给郝经等人提供了极其优渥的生活待遇，吃穿用度一律高标准发放。简单说，除了自由，其他尽量满足。

是留着当筹码，继续和蒙军讲和吗？

也不是。

自从拘押郝经后，贾似道既没主动和蒙军接触，也没安排郝经做什么事情。忽必烈曾在第二年派人前来质问南宋扣留使臣的做法，南宋方面在贾似道主导下，都未予以理会。

郝经在拘押期间，也想主动求变，几次上书求见赵昀、贾似道，但都被屏蔽了。最后，闲着无聊的郝经竟然在馆驿里办起了学堂，专门给使团成员讲课打发时间。

名师一对一家教，餐饮住宿全免费，二十四小时封闭管理，逃课概率为零。

"幸运"的蒙古使团提前一千年实现了"学霸"家长的夙愿。有个天分高的成员经过这十多年的高强度教育，学问暴增，后来回到元朝，竟然当上了国子祭酒（最高学府校长）。

郝经实在太无聊，在教书之余，还著书立说数百卷，尤以《续后汉书》最为著名。

可见，贾似道扣留郝经的行为除了浪费粮食，实在想不出还能发挥什么作用。

到此为止，人们对于贾似道扣留郝经的原因，只剩下一种推测——掩盖鄂州议和。

前面说了，鄂州之战很艰苦，贾似道为了让蒙军退兵，也曾主动议和，让本想北撤的忽必烈捡了个嘴上便宜。

据此，有人认为，贾似道向朝廷报捷时，肯定隐去了自己的求和举动，只对自己的勇敢神武大吹特吹，如今郝经前来，贾似道怕自己的行为露馅，才把他们拘押起来，赵昀肯定是受了贾似道的蛊惑。

至于赵昀死后，贾似道为什么仍未做任何改变，估计是觉得反正已经押了五年，该得罪的也都得罪了，就这么着吧。

这个推理很勉强，但也确实找不到更好的说法了，我们就当贾似道的脑回路不同常人吧，姑且信之。

南宋方面一声不吭扣人，忽必烈肯定是不答应的，在第二批质问南宋的使团再次遭拒后，他发布了一篇措辞强硬的伐宋诏谕，以武力威胁南宋交人。

可贾似道继续选择无视，不申辩，也不放人。

好在此时的忽必烈正忙着和弟弟阿里不哥开战，不可能真的率军前来算账。

所以，贾似道的小日子依旧过得很太平。

眼瞅朝内朝外都没了敌人，贾似道愈发嘚瑟起来。在那段最后的平静岁月里，他狠狠地疯狂了一回。

疯狂到底

对于贾似道这类人，你可以指责他私欲熏心，但不能说他尸位素餐不干活。

恰恰相反，独占相位后的贾似道很有想法，他雷厉风行地推行内政改革，瞬间在朝廷上掀起了一股风暴。这次，他的胃口大得惊人，他所要解决的乃是几百年来封建社会普遍存在，却一直无法解决的痼症顽疾。

具体来说，贾似道推行了三条法令。

第一条，公田法。

公田法所瞄准的是"土地兼并"问题。

古代的经济支柱全靠农业，而农业又离不开土地，所以土地是人们最重要的财产和生产资源。而几乎每一个王朝，在处理土地问题时都会遇到"土地兼并"问题。

所谓"土地兼并"，通俗点说，便是有的人占有土地越来越多，有的人却越来越少，进而导致贫富差距拉大，社会矛盾尖锐。

因此，很多王朝统治者都会想尽办法抑制土地兼并，可每次效果都不甚理想。毕竟，无论哪朝哪代，谁都不会和钱结仇。再者，能占有土地的都是土豪权贵，他们都是拥有政治资源的上层阶级，想动他们的奶酪，哪儿有那么容易？

宋朝对于土地的管理政策很特别，自打赵匡胤建国开始，便定下了"不抑兼并"的土地政策。

老赵为什么选择"躺平"呢？他也有自己的行为逻辑。

老赵觉得与其费力不讨好地抑制兼并，不如任由富人掌握大量土地。一旦有外敌入侵，富人为了保护自己的财产，肯定也愿意向朝廷贡献自己的财物，那不就等于在为老赵家囤积财产吗（乐于输纳，皆我之物）？

不过，从实际情况看，老赵的逻辑还是有一个漏洞。等真遇到了敌寇、灾荒，朝廷想去化点缘来也不容易，因为大多数富人都有"搭便车"的思想，总希望别人多贡献点，自己能少放一点血。

故而，到了仁宗年间，宋朝也松动了赵匡胤定下的规矩，对每户的占田量按照官品等级，做了不同数额的限制。这显然是一个非常理想化的做法，这边贫户正愁着要卖地筹钱，那边的富户怎会放着便宜不占？更何况，大官僚们都还拥有各种法外特权，你也动不得。所以，此类法令历来的结局都一样——一纸空文。

到了赵昀的时代，土地兼并情况已经十分严重，所谓富者地跨州郡，贫者却无立锥之地。这种状况，不但导致社会阶级对立严重，同时也让朝廷的财政状况越来越差。因为占有多数土地的官僚富户经常仗着特权拒绝纳税，或者想尽办法避税，使得朝廷税赋难以足额征缴。

景定三年（1262）二月，贾似道为解决这个世纪难题推出了"公田法"。

所谓"公田法"，就是设置一个专责机构"官田所"，对达到一定数量的大户土地，按照三分之一的比例进行回买，充作朝廷公田。朝廷再用这些回买来的田地，放租收粮以供军备、救灾、平抑粮价等需要。

公田法在两浙西路先行试点，然后迅速推行全国。为了表示对朝廷法令的支持，贾似道把自己在浙西的万亩良田献给了"官田所"，作为表率。

贾似道推行"公田法"的设想虽然不错，但真到执行的环节，马上出现了问题。

最初，朝廷为了推行这项政策，特意出台了奖惩办法，鼓励官员快速回买，越多越好。结果很多官员为了政绩，不顾实际情况搞摊派，有些地方完不成指标，只能降低回买标准。比如原定 200 亩以上的土地所有者一律回买三分之一，可仔细一算，发现总量不够，便把 200 亩调整成了 100 亩，再看 100 亩也比不过邻县，就接着改……到最后，回买变味，成了疯狂的集体"内卷"。

所以说，但凡一件事情需要以指标摊派的形式完成，那它离失败也就不远了。

另一个饱受诟病的问题是出在回买价格上。按照最初的想法，买田价格是按照土地年产粮食量计算的，可玩着玩着，就出现了官方定价强买的情况。

强买还不算，最滑稽的是朝廷的支付方式。按照普通人的想法，买田这事，可不就一手交地契，一手交银子？

那你还真想错了，当时官府用于支付田款的东西五花八门，有官告，有度牒，有会子，它们各占一定比例，至于现银，不是没有，但占比极小。

官告是什么玩意儿？那就是朝廷颁发的授官的凭信，根据不同的官阶定价，按码标价，童叟无欺。

至于度牒，那是和尚尼姑的官方凭证。这又是古时一种奇特的现象，也就是说，你想做和尚尼姑，也要经过官方认证，而这种凭证，竟然也能当钱用！

会子倒简单，那是朝廷印发的纸币，除了贬值太快，没啥毛病。

按照上面的情况，公田法要说非常完美，近乎不可能，不过它只要执行到位，倒也能帮朝廷缓解一下财政危机。

而且，这里还需要解决一个非常现实的技术问题，那便是如何精准确定每户人家的土地数量。

这便是我们接下来要说的第二条法令——经界法。

"经界法"当时又称"推排"，也就是清查那些大户人家的实际田产，防止瞒报漏报。

关于经界法，其实也不算贾似道首创，因为富户为了少纳税而刻意隐瞒田产的情况，自古就有。历代统治者一直试图通过全面清查来革除弊病，只是效果同样不甚理想。

贾似道为配合公田法推行，再次全面展开"推排"。他派出大量官吏到各地去丈量土地，根据土地肥沃程度确定等级。不过，任是贾似道如何重视经界法，真执行起来，效果和前代人也差不多。

因为他也没有办法解决权力干预、地方保护、通同作弊等"优良传统"，到头来，效果也就打了折扣。

如果说，贾似道推行公田法、经界法尚属一片公心，那么他的第三条法令则又是私心作祟，老毛病复发。

第三条，打算法。

打算法的目标直接指向了高级武将，其主要内容便是清算战时经费开支情况，有点类似于现在的专项审计。

贾似道认为各路将帅在开支经费时都不合常规，多少都会有些经济问题，现在有必要好好清算一下，把贪占的钱都给我退赔出来，有问题的将帅更要予以严惩。

到处吃拿贪贿的贾似道此刻突然化身成了廉政斗士，让很多人转不过弯来。

而且，依常理推断，即便前方将帅确实存在经济问题，现在也不是算账的时候，毕竟北边的蒙古帝国的威胁还在，你这不是玩火吗？

可贾似道的算盘和别人不一样。

对于前方将帅，他有一套自己的评判标准，这回，他正是要借推行打算法之机，把那些自己看不顺眼的人全部清理出去，然后统统换上自己的亲信，进而把军队实权也掌握到自己手中。当然，如果顺便能弄出一点钱来中饱私囊，那就再好不过了。

实行打算法时，贾似道由着自己的性子"棍扫一大片"，闹出来的结果让人大跌眼镜：那些庸碌无为的将帅倒没伤到什么皮毛，一大批富有作战经验的功臣宿将却因为不依附贾似道逐个挨整。

向士璧便是最典型的一位。

向士璧时任湖南制置副使，在鄂州之战中，他率军封锁涪州江面，成功阻止四川蒙军顺江东下，立下了赫赫战功。当时，贾似道希望他把军权交给自己的亲信武将吕文德，向士璧不肯，因此得罪了贾似道。

在贾似道的授意下，清算人员拿着放大镜挑毛病。结果，向士璧不但被免去官职，远贬他乡，还被追着退赔经济损失。第二年，向士璧更是被残酷地迫害致死。

向士璧死后，贾似道仍然揪着不放，又逮捕了他的妻妾，强令她们代为赔偿。

向士璧的遭遇，只是众多将帅的一个缩影。一番"打算"下来，不少人赔得倾家荡产，被迫害致死的也不在少数，大量功勋战将就此倒在了贾似道的暗箭之下。这种自毁"长城"的做法为后来蒙军的南下席卷帮了大忙。

其中，后果最严重的莫过于对刘整的构陷。

刘整本是金朝邓州（今河南邓州）人，金朝灭亡后归降了南宋，曾在孟珙麾下效力多时。刘整有勇有谋，在抵抗蒙军过程中，多次立功受奖。

景定元年，刘整因功升任潼川路安抚副使、泸州（今四川泸州）知州。

刘整和贾似道的亲信俞兴有过节，在实施打算法的时候，同样挨整了。为了免受迫害，刘整先是想通过贿赂来向俞兴求饶，可俞兴并不领情。刘整又转头找到了俞兴的母亲，请老夫人出面说情，没想到俞兴连老娘的面子也不买。

刘整被逼急了，就派人到临安去申诉，结果他连诉状都递不进去。

正当走投无路的时候，刘整又听说了向士璧被迫害致死的消息，他越想越怕，最后决定向蒙古请降。

景定二年（1261）六月，刘整带着整个泸州城投降了蒙古。

这对南宋而言，无疑是一个极其惨重的损失。

六年后，正是这位刘整，为忽必烈献上了一条灭亡南宋的妙计。

第十七章　步步紧逼

"贾辞职"

景定五年（1264）十月，年届六十的赵昀病死了，这位平民出身的宋朝君主走完了自己的传奇一生。他在位四十一年，仅比仁宗赵祯少一年，是宋朝历史上在位时长排名第二的皇帝。

对于赵昀的评价，历史上大多会给一个三段论：前面十年在史弥远的阴影下做了个摆设，毫无作为；中间二十年坐朝理政，内崇理学，外抗蒙古，还算可以；后面十年光顾着声色享受，国势日渐衰败，给个差评。

总的来说，这番评价还算公允，毕竟等赵昀接手南宋的时候，很多东西都已经定格了，全怪在他一个人身上，也不公平。

宋理宗赵昀走后，皇太子赵禥即位，成为南宋第六位君主，即历史上的宋度宗。

关于赵禥的情况，早就说过了，除了比疯疯癫癫的光宗赵惇好点，真的不能有太多指望。

赵禥即位后，贾似道依旧当着宰相兼枢密使。显然，有赵禥这个木偶皇帝在，他的日子只会越过越滋润。

可是，咸淳元年（1265）三月，也就是赵禥即位后的第二年初，贾似道提交了辞职报告。而且，贾似道没等辞职报告批下来，便自己回家享清闲去了。

闹辞职这种事，一般来说都是为了增加一点待遇。贾似道官瘾还没过够，当然不会真想着急流勇退。事实上，他这一招，就是很俗很烂的套路——以退为进。

这种路数，如果碰上一个有主见的皇帝，是很可能玩砸的。万一老板真批准了咋办？即便碍于贾似道在朝中的势力，暂时不批，引起反感了咋办？

不过，贾似道就是吃准了赵禥很弱智（没办法，真有智力缺陷）。

果然，赵禥一听说贾似道要辞职，马上慌了，急得一月内多次御笔宣召，要求他火速返京。

在赵禥一声声"师相""师臣"的肉麻称呼下，贾似道终于"勉为其难"地出来上班了。刚刚到岗，贾似道便被晋封为太师、魏国公，这个品级，已接近人臣顶格，如果硬要再提，恐怕只有封王一条路了。

贾似道也是个很有意思的人，自从尝到一次甜头后，竟然辞职上瘾了，隔三差五地就宣布要回家睡大觉，吓得赵禥像哄孩子一样地哄着他。

咸淳二年（1266），贾似道声称自己工作不顺心，又要走人了。赵禥只得再次强烈挽留。

可这回贾似道入戏很深，说什么都要撂挑子了。

赵禥见自己的"最强经理人"一定要走，鼻涕眼泪齐下，居然急到要跪下来恳请他留下（涕泣拜留之）。

眼看戏演得有点过，终于有人出来打圆场了。大家一边扶住赵禥，一边急忙说和："从古到今都没有这样的君臣礼数，陛下不可以下拜，师相也不要再说退隐了。"

贾似道没料到赵禥真要下拜，也意识到自己做得有点过，赶紧收回了辞职报告。

可只过了一年，贾似道的辞职病复发，又打报告要回家养老了！

这回赵禥觉得不能自己单干了，他干脆发动"全公司"员工（满朝百官）一起去请贾似道留下。于是，咸淳三年（1267）初的南宋朝廷，出现了非常滑稽的一幕。

一帮大臣也顾不得什么军国大事了，每天都在皇宫和相府之间来回跑，传来传去只有两句话。

"求求你，留下吧。"

"不行，我要回家。"

据载，仅在一天之内，大臣们就拿着圣旨跑了五趟相府，内侍的赏赐更是一拨接一拨地送了十多回！为了防止贾似道私自跑路，赵禥甚至派内侍在相府门口二十四小时全天候值守！

为了让贾似道回心转意，赵禥决定再次为他发送大礼包，主要内容有三项：特授其为"平章军国重事"；允许他居家办公，只要三天到一次政事堂处理政务即可；赏赐位于葛岭（今浙江杭州市西湖北岸）的豪华别墅一套。

关于"平章军国重事"一职的显赫性，在介绍韩侂胄时我们也说过了。如今，贾似道也得偿所愿。

赵禥对贾似道越依赖，贾似道就越发骄纵。自从当上"平章军国重事"后，贾似道所住的葛岭私第成了南宋朝廷的第二政治中心，官员们每天抱着文书来府上请示报告，贾似道却躲在里面寻欢作乐，很多时候都是请几个亲信门客代为处置一下。他甚至还因为特别喜欢斗蟋蟀，得了个"蟋蟀宰相"的绰号。

咸淳六年（1270），"贾辞职"又开始作了，这回他的理由是身体不好。赵禥觉得自己能给的都给了，只能继续哭求。

之前赵禥特许贾似道六天上一次班（六日一朝），不久后，赵禥生怕贾似道身体"吃不消"，又改为允许十天上一次班（十日一朝），而且，贾似道上朝的时候还可免去各类君臣礼节。

从此，贾似道实现了无数打工人的终极梦想，过上了干一天放一次长假的超爽生活。

可即便如此，贾辞职的毛病还是没有被根治。咸淳八年（1272）九月，仅因为赵禥在一次典礼中没有按照他的安排操作，他又要闹着回家了。赵禥只得找出几个替罪羊，方才平息了贾似道的怒气。

总而言之，赵禥当政期间，朝臣可以不看皇上的脸色，但不能不看贾似道的脸色，贾似道俨然就是一个不是皇上的皇上。

从这一点上讲，如果秦桧、韩侂胄、史弥远等人泉下有知，也要从棺材缝里伸出一个大拇指：当权臣，还是你牛！

赵禥把朝政打包给贾似道后，自己的生活内容基本上也只剩下吃喝玩乐了。

于是，咸淳年间，赵禥在宫里玩，贾似道在葛岭玩，朝政在两个娱乐中心的折腾下，彻底废了。

最令人无语的是，正当两个奇葩玩得高兴时，南宋的国土正承受着蒙军的大肆侵蚀。

忽必烈自开庆元年（1259）北返后，火速派军控制了燕京，重新掌控了这块进退中原的战略要地。

阿里不哥听说忽必烈回来，决定先下手为强，趁蒙哥汗的葬礼之机，对赴会的忽必烈系人马一网打尽。

忽必烈很警觉，觉察到阿里不哥的异动后，祭出更狠的一手。他于景定元年（1260）三月单方面召开大会，宣布由自己继承汗位，定开平为上都，燕京为中都（后改为大都）。

深受汉文化影响的忽必烈还为蒙古帝国带来了第一个年号——中统，取意"中华开统"！

忽必烈自立为汗的一个月后，阿里不哥也召集支持者在哈拉和林（今蒙古国境内）召开大会，宣布自己奉蒙哥汗遗诏即位。

蒙古帝国当然不可能同时容下两个大汗，忽必烈和阿里不哥两兄弟为此开启了长达四年的汗位之战。

景定元年九月，双方在甘州（今甘肃张掖）附近进行了第一次会战，忽必烈大获全胜。当年冬，忽必烈又乘胜追击，亲征哈拉和林，把阿里不哥一直赶到了吉利吉思（今俄罗斯境内）。

景定二年（1261）秋，阿里不哥重新积蓄力量，向忽必烈发动反击，双方又大干了一场。阿里不哥再次被哥哥暴打，然后又溜回了哈拉和林。

忽必烈为彻底击败阿里不哥，下令封锁阿里不哥的粮道。阿里不哥没有了来自南方的粮草供应，生活十分困难。

景定五年，快穷成乞丐的阿里不哥撑不下去了，主动向忽必烈认输，宣布退出汗位之争。

阿里不哥被忽必烈赦免后才一个月，竟莫名其妙地染病去世了。

忽必烈从此成为蒙古帝国的新一代掌舵者。

如果大家对比一下时间，会发现忽必烈战胜阿里不哥那一年，正逢南宋赵昀病逝，赵禥登基。

两边的国运走势，也就一目了然了。

忽必烈坐稳汗位后，就要接着干没完成的事情。

咸淳三年十一月，忽必烈宣召刘整入朝。

刘整降蒙后，深得忽必烈信任，一路官至南京路安抚使。在大军南征前，忽必烈特地征询他的意见。

刘整对南宋的军事地理了如指掌，在这次朝见中，他向忽必烈指出了一个关键性的方向——襄阳。

以往蒙军几次征讨南宋，一会儿攻川蜀，一会儿打两淮，过一会儿又回到了中路京湖地区，总有种东一榔头西一棒子的感觉。

这次，刘整明确地告诉忽必烈，灭宋的关键在中路，中路的关键在襄阳！

刘整认为蒙军以往主攻川蜀，战略进攻点太偏；主攻两淮，地理环境不占优；还是应当下定决心从中路京湖地区突破，不再轻易改变战略方向。

而中路的重中之重，在于襄阳。

蒙古此前曾占领过一次襄阳，可惜那时候大家都忙着搂东西，没有那种战略意识，结果，襄阳又被南宋拿了回去。经过孟珙等几任京湖制置使的修缮，襄阳城又成了南宋阻遏蒙军的桥头堡。

忽必烈听了刘整的建议，当即拍板：实施中路突破，全力进取襄阳！

当时，南宋方面负责防守襄阳的将领叫吕文焕。

要交代清楚吕文焕，必须说清另一个人——吕文德。

吕文德，字景修，安丰军霍邱（今安徽霍邱县）人。关于这位老兄，我们前面只交代过一句，贾似道的亲信。

他究竟是个怎么样的人呢？

不打紧，我们可以先看一下他的两份履历。

嘉熙元年（1237），从池州率军救援安丰，击退蒙军。

淳祐三年（1243），奉命镇守蕲州，其间率领一支三千人的军队突袭蒙军，获胜而回。

淳祐四年（1244），率兵解寿春之围，升任淮西招抚使、濠州知州。

淳祐八年（1248），率军破泗州之围，升侍卫马军都指挥使。

宝祐五年（1257）秋，率军前往播州（今贵州遵义），阻止兀良合台从贵州入侵内地。

开庆元年（1259），吕文德进入了自己的闪光时刻。

当年，蒙哥围攻合州钓鱼城，他溯长江而上，帮助解合州之围；得知忽必烈围攻鄂州，又转头东向，援助鄂州，为两次战役的获胜做出卓越贡献。

战后，吕文德升任京湖制置使，开府鄂州，成为继贾似道之后的新任中路战区统帅。

············

看了这份履历，你的眼前是不是浮现出了一个不惧生死、四处转战、杀敌报国的爱国将领形象？

不着急，咱们再看另一份履历。

淳祐年间，主战的赵葵在朝中任相，吕文德巴结赵葵。

宝祐年间，主和的谢方叔任相，吕文德巴结谢方叔。

景定年间，贾似道得势，吕文德又转投贾似道门下。

在跟定贾似道后，他干了不少不地道的事情，最恶心的事情便是逼反了同僚刘整。

如果光看后面这份履历，爱国将领的光辉形象是不是又瞬间变得獐头鼠目、猥琐卑鄙？

没办法，这是真实的历史，两种形象就这样神奇地融合在了一个人身上。

贾似道通过打算法清理了一大批功臣宿将，就连在钓鱼城立下大功的王坚也被挂了闲差，与此同时，作为贾似道心腹的吕文德却乘机扩充了自己在军中的势力。

吕文德将自己的亲友故旧全部充实到重要军事岗位：他自任京湖主帅，弟弟（一说为堂弟）吕文焕为襄阳守将，女婿范文虎为殿前副都指挥使，旧部夏贵、张世杰分别担任沿江制置副使和两淮都统制。

也就是说，从中央到地方，从中路京湖到东部的两淮、沿江，几个重要的制置司都布置了他的亲信，形成了一个势力庞大的吕氏军事集团。

咸淳四年（1268）七月，忽必烈以都元帅阿术和刘整为主将，统领大军逼近襄阳。

吕氏军事集团遇到了真正的挑战。

襄樊鏖兵

忽必烈为了拿下襄阳，事前做了精心准备。有了前面钓鱼城、鄂州之战的教训，他深切认识了蒙军不擅长于攻坚作战的缺点。因此，忽必烈不再寄希望于一鼓作气、速战速决，而是决定采取更稳健的围困战术。

在大战开启前，忽必烈便采纳刘整的建议，算计了吕文德一回。

早在宋、蒙双方处于相持状态的时候，双方都在边界上开设了榷场，允许南北商人在榷场做贸易，这是有利于双方经济发展的措施，只是受战争影响，榷场时开时闭。

忽必烈即汗位后，双方并没马上进入战争状态，蒙古方面便提出重开位于樊城的榷场。

樊城（今湖北襄阳市樊城区）位于襄阳以北，居汉江中游，是防守襄阳的前哨，从军事角度看，襄樊一直被视为一个整体，两者唇齿相依。

吕文德觉得设置榷场属于常规动作，故未表示反对。

然而，就在樊城外的鹿门山榷场建立以后，蒙古方面又提出了一个新要求。他们表示，蒙古商人在榷场的货物经常会被盗贼抢掠，希望能在榷场外修筑一道土墙。吕文德一开始对这个要求有点顾虑，但也未加深思，考虑到当时还幻想着和蒙军说和，竟一口答应下来。

因此，蒙军得以在榷场外修筑堡垒，屯兵驻守，有了一个长久的立足点。

吕文德的一时大意很快带来了恶果。

咸淳四年，蒙军大军压境。

熟知当地山河形势的刘整，立刻命人依托原有的榷场土墙，在汉水东岸的白河口、鹿门山抢修堡垒，掐断了襄樊东面的粮道。

自从川蜀大部分地区被蒙军占领后，要想为襄樊提供兵员、粮草，只能依赖东面两淮和江南地区。蒙军的这番操作，无疑对南宋的襄樊守御构成了严重威胁。

当时，京湖战场的宋军，分布于三个主要据点。主帅吕文德统军七万驻扎鄂州，吕文焕统兵三万镇守襄阳，另有陈奕统兵一万屯驻江陵府。

吕文德率主力在东面，吕文焕和陈奕分居北、南两面，三人互为犄角，呈相互策应之势。

吕文焕见蒙军在樊城外修筑堡垒，急忙派人到襄阳向吕文德告急。可吕文德这次有点过于自信，他认为"襄樊城池坚深"，粮草充足，足以消耗蒙军，并未马上给予支援。

无奈之下，吕文焕只好自率襄阳守军出击，但蒙军早就有所防备，并未让他得逞。

这次动兵，向来粗犷的蒙军显得特别有耐心。

他们在东面的汉水沿岸构筑了白河口、鹿门山两个重要据点，随后又派偏师抄掠到襄樊外线，自西向南，沿着万山、百丈山、岘山、虎头山构建了一条一字城，沿线设置重重堡垒，存贮粮草。如此一来，宋军自南边陆路增援襄阳的通道也被掐断了。

蒙军在襄樊外围修筑封锁线的同时，开始派小支部队攻占附近州县，驱赶走宋军后，紧跟着设置了各种军寨，构筑成纵深达数十里的围困阵地。

最后，蒙军又在襄阳城外修筑了一条长达数十里的堑壕。

至咸淳五年（1269）初，蒙军围绕襄阳城、襄樊外线、襄樊附近州县，成功构筑起三道封锁线，企图将宋军捆成一个粽子。

吕文德直到这时才如梦初醒。他满心以为蒙军会如以往一样马上攻城，并寄希望于用坚固的城池拖垮敌人，可现在看来，他的判断大错特错。

为了将功补过，吕文德开始调动战区内的各路军队，频繁攻击蒙军的封锁线，虽然小有胜绩，但始终未能彻底扭转局面。

朝廷在得知襄樊危机后，开始抽调其他战区的部队赴援。

咸淳五年（1269）七月，沿江制置副使夏贵受命率宋军水师支援襄樊。

当时正值秋雨大作，汉水暴涨，夏贵凭借宋军水师优势，率领三千艘战船和五万将士猛攻蒙军防线，并努力为襄阳城提供粮草、兵员补充。

夏贵的这次行动效果令人大失所望，虽然他趁着河水暴涨之机为城内提供了物质支援，但并未完全击破蒙军的封锁线，自己也付出了五十余艘战船和两千多名士卒的巨大损失。

进入咸淳五年下半年，双方的斗争焦点由水路交通线转移到陆路。

蒙军中的一位汉将提出，襄阳南接江陵、归州、峡州等郡，陆上交通仍未彻底掐断，应该在襄阳南面的万山修筑堡垒以断其西道，在灌子滩（襄阳东南三十里）构筑军寨以断其东路。

提出这个建议的汉将名叫张弘范，他的父亲便是曾经的蒙军骁将——张柔。

没错，正是宋蒙联军在蔡州灭金时，孟珙救下的那位张柔。

咸淳五年十二月，张弘范派遣所部一千人完成了万山堡和灌子滩寨的构筑，并亲自负责领军戍守。至此，蒙军对襄樊两城的封锁越来越严密，外界想要支援襄樊也愈发困难。

也是屋漏偏逢连夜雨，就在张弘范构筑堡寨的同一个月，宋军又收到了一个噩耗——主帅吕文德病亡了。

咸淳五年年末，吕文德忧心战局恶化，一病不起，到了十二月，竟一命呜呼了。

吕文德虽说为人有不厚道的地方，但他毕竟是一个有着丰富军事经验的高级将领，更是当前吕氏军事集团的首脑，他的突然离世让宋军士气愈发低落。

对于朝廷而言，眼下最紧要的事情便是找一个吕文德的替代者。

可是，南宋的将才，要么已经老迈凋零，要么已经被打算法整死，实在不好找。

刚开始，朝廷想让吕文德的儿子吕师夔顶上去，后来又想换成沿江制置副使夏贵，但两人都因威望低、资历浅而被否决。

最后，有人向朝廷推荐了曾经在鄂州之战中有过出彩表现的襄阳知府高达。然而，高达并不是吕氏集团的人，所以名单到了贾似道那里，没有被通过。

最后，朝廷还是决定将两淮安抚制置大使李庭芝调任京湖，出任京湖安抚制置使，督师救援襄阳。李庭芝和贾似道走得较近，又是两淮战区的统帅，论关系，论资历，都还说得过去。

李庭芝是在咸淳六年（1270）正月接受任命的，他还没来得及赶到襄樊战场，就又收到了一个坏消息。

咸淳六年二月，吕文焕为了击破张弘范的封锁，抽调步骑一万五千人、战船百余艘，水陆并进，突袭蒙军的万山堡。可张弘范军事素养过硬，面对突如其来的进攻，竟然能够迅速布阵反击，反而把偷袭的宋军打了个抱头鼠窜。

这场战斗下来，损失多少倒在其次，关键是宋军的心气被打没了。

襄阳守军也算是见过世面的宋军精锐，竟然在敌人无备的情况下，被以少胜多！那接下去还怎么打？

眼看战事危急，南宋朝廷发起了全国总动员，征调所有能征惯战的骁将和精锐部队，准备以倾国之力和蒙军决一死战。

南宋的倾国来战让忽必烈非常头痛。蒙军为了围困襄阳，也已经动员了大部分军力，而且蒙军毕竟是外线作战，漫长的补给线让他们同样感到吃力。

最让忽必烈焦虑的是，蒙军精心构筑的包围圈仍不是无懈可击，尤其是水道方面，几个沿岸堡寨并不能完全遏制宋军的水军。到了汉水暴涨的时候，岸边的蒙军堡寨还会被溢出的河水淹没，只能移营到别处。

这不，到咸淳六年春，宋军再次依靠春水涨溢，派遣战船为城内运入大量的钱粮、布帛、盐、薪柴等重要物资。

战争进入到中期后，宋蒙双方的对峙变成了蒙军控扼陆路、宋军穿行水道的格局，蒙军虽然局面占优，但始终无法彻底困死襄樊。

为了解决水道封锁问题，刘整向忽必烈提出了建立蒙古水军的建议。

忽必烈对刘整言听计从，遂动员全国之力打造战舰，同时没日没夜地操练水师。在编练水军的同时，刘整还在汉水中游修筑高台，上面架设弩炮，企图形成水陆结合的立体火力网，以此抵御宋军水师。

咸淳七年（1271）四月，宋军再次乘汉水暴涨之际，护送船队将大量粮食物资运入襄阳。但此后他们几次打破包围圈的企图均被凶悍的蒙军——破解，除了损失战舰、兵员外，再无任何斩获。

云集京湖的宋军因屡屡增援失败而士气低落，围城的蒙军从未经历过如此旷日持久的战争，也打得心浮气躁。但双方都没有丝毫松懈退兵的意思。

因为他们都很清楚，这场战争的胜利，将取决于最后一刻的坚持！

孤城陷

南宋咸淳七年，襄樊之战进入了白热化阶段。

与此同时，北方发生了一件具有划时代意义的历史事件——元朝建立。

　　自成吉思汗建立大蒙古帝国后，他的子孙已经带领铁骑横扫欧亚，在广袤的土地上建立了多个汗国。然而，随着时间的推移，这些汗国的独立倾向日趋明显，尤其是忽必烈以武力战胜阿里不哥后，蒙古大汗的宗主地位也日渐式微。

　　渐渐的，忽必烈所能实际控制的地域只限于蒙古本土与中原汉地，而且随着经济发展和文化交融，中原汉地对于蒙古国的重要性日益突出，蒙古帝国统治中心的转移也成了大势所趋。

　　基于这一大背景，深受汉文化影响的忽必烈决定采用汉法，按照中原封建王朝的标准建立起一个新的王朝。

　　蒙古至元八年、南宋咸淳七年（1271）十一月，忽必烈颁布《建国号诏》，取《易经》中"大哉乾元"之义，定国号为"大元"。

　　从此，蒙古帝国变成元朝，忽必烈也由蒙古大汗，转身成了"大元皇帝"，即历史上的元世祖。

　　元朝建立后的第二年，忽必烈把首都从开平迁移到了大都，北京城从此开启了元明清三代长达六百余年的古都历史。

　　忽必烈建元后，更加急于消灭南宋，建立大一统的帝国。

　　当然，要消灭南宋，他还必须完成眼前的这个小目标——攻取襄樊。

　　为了这个小目标，元军已经耗费了四年多时间。无奈襄樊地势险要，宋朝守军抵抗顽强，十多万元军不论怎么啃，就是啃不下。

　　咸淳八年（1272），元军对襄樊的围攻行动来到了第五个年头，忽必烈继续咬紧牙关对襄樊地区增兵，并严令加强攻势，务必早日攻取。

襄樊的宋军虽能通过水道得到给养补充，但陷于重围长达五年后，也出现了物资短缺的情况。城中粮食还算充足，但是极度缺乏盐和布帛等物资，就连烧饭需要的柴火也成了一大难题。

然而，仗打到第五年，南宋的正规军已经在战争中大量消耗，他们再也难以组织起大规模的救援行动。为此，新上任的京湖制置使李庭芝开始考虑借助忠义民兵的力量。

位于襄阳西北的均、房两州境内，有着多座高山，那里的百姓经常遭受元军杀掠，纷纷上山结寨自保，久而久之，形成了一些有力量的义军队伍。其中，以张顺、张贵兄弟领导的一支部队最有战斗力。

李庭芝以忠义和厚赏招募张氏兄弟为己所用，希望他们组织义军帮助抗元，张顺、张贵欣然应命。

五月，汉水水位再次大涨，张顺、张贵指挥士卒将一百艘轻舟拖拽到港口，结成方阵，准备寻机出援襄阳。

为了保证突击奏效，张顺、张贵进行了精心筹划。他们将每三艘战船联结成一舫，每舫配属九十名士卒（每艘战舰三十人），旁边两艘船同时配备火炮、巨斧、劲弩等武器，用以对抗元军水师；中间一条船则装载了盐、布等城内急需物资。

待一切准备就绪后，二人慷慨激昂地宣布："这次出征是九死一生，你们如果不想去，可以尽管离开。"

三千义军勇士听完，人人感奋求战，没有一人肯退出。

五月二十四日夜一更三刻，义军船队以红灯为号，鱼贯出江，向元军的封锁线直直冲去。

　　不多时，二张的船队便与元军的哨船发生了交战，击溃哨船后，船队来到了开阔江面。在那里，元军大量战船布满江面，战船以铁索连接成一排，封锁了整个江口。

　　张贵作为先锋，率众将士以火炮、炽炭、劲弩开道，勇敢地攻击元军战船，部分义军将士则用巨斧砍断横贯江面的铁索、竹绳，边厮杀边艰难地向前推进。经过一场鏖战，在义军誓死不回头的气势威逼下，阻击的元军被大量射杀溺毙。

　　二十五日黎明，义军船队转战一百二十余里，抵近襄阳城下。襄阳城此时已经和外界隔绝很久，听说救兵突破重围到来，人人欢呼雀跃，踊跃接应，许多战舰得以顺利进入港口。

　　然而，勇敢的义军在完成支援任务的同时，还是付出了惨重的代价。

　　根据当时的安排，义军入援船队是以张贵为先锋，张顺带队殿后。不巧的是，四更过后，南风大作，殿后的张顺船队还没来得及进入港口，便被大风从江心吹向了北岸。

　　岸上元军见状，凶狠地发动围攻绞杀。此时，张顺船队所带的火炮、箭矢都已经用尽，而且将士都已极度疲惫。张顺只能命部下用短刀进行抗击，结果义军寡不敌众，船队所有将士均落水阵亡，张顺在身中四枪六箭后，也受伤落水而死。

　　张贵进入襄阳城以后，守将吕文焕挽留他共同守城。张贵见襄阳城形势危急，便提出与驻屯郢州的宋将范文虎联络，约定南北夹击元军，打通进出襄阳的通道。吕文焕听后，点头表示赞同。

　　于是，张贵派遣擅长潜水的两位壮士，泗水赴郢州求援。几日后，两位勇士带来了一个好消息，范文虎许诺发兵五千，会同张贵在龙尾洲夹击元军。这消息让城内的守军燃起了新的希望。

七月七日，张贵点齐所部士卒准备上船进发。可是，事到临头，张贵发现自己的一名亲随并未赶来报到。他猛然想起，这名亲随几日前刚因犯错而受到他的鞭打责罚，现在看来，此人很可能已经怀恨投敌去了。

这也表明，张贵的偷袭计划极有可能已经泄露。

但是，张贵并未因此取消行动。他认为事发突然，敌人未必有充足准备，遂决定改潜行偷袭为正面进攻。乘着夜色，义军悲壮地举炮擂鼓发舟，冒着元军的封锁线，向龙尾洲进发。

张贵此次出战，巧妙地在船队内夹杂着数十艘无底船。这些无底船中间铺有芦草，还故意竖着旗帜，士兵却站立在两个船舷。元兵打仗很猛，待靠近宋军船队后，竞相跃到宋船内搏杀，结果一脚踩空，纷纷淹进了水里。

张贵的船队边打边冲，渐渐抵近了约定的龙尾洲。张贵远远望去，那里战船汇集，军旗招展，他们都以为是郢州的范文虎率军前来会合接应，高兴得摩拳擦掌。可待靠近后，却发现等待他们的，竟然都是元兵！

原来，元军在得到张贵亲随告密后，预先抢占了龙尾洲，范文虎当然也没能应约赶到。

义军一路激战，早已精疲力竭，根本不是以逸待劳的元军的对手。恶战过后，张贵所部全军覆没，张贵自己身中数十枪后受伤被俘，后因不肯降元而被杀。

刘整命人把张贵的尸体运至襄阳城下，故意炫耀军威，以此瓦解襄阳军心。

张顺、张贵的支援行动失败后，襄樊两城的形势已经危如累卵。其他附近州县的宋军将帅见识了二张的结局后，再也不敢冒死入援。李庭芝本来就是个"补锅匠"，更加指挥不动各路大佬。

在无计可施的情况下，李庭芝最后憋出了一个离间计。

他唆使朝廷赐刘整为卢龙军节度使、燕郡王，并派几个僧人带着封诏、金印前去招降，而且，就在僧人出发前，李庭芝还故意走漏了消息。

不过，这样的计策并没起到什么效果。忽必烈听完刘整的辩白后，不但没有丝毫怀疑，反而对他更加信任。倒是那几个可怜的僧人，白白被李庭芝的蹩脚计策送掉了脑袋。

李庭芝混到这个地步，也憋不出招了，只能接连不断地向朝廷打辞职报告，同时建议朝廷在京湖地区设置都督府，让更有威望的重臣前来主持战局。

李庭芝自己就是大军区统帅，还能有哪位重臣比他更重？他这番建议，其实就是在向躲在临安的贾似道喊话：你快回来，我已经承受不来了。

贾似道面对喊话，立马甩锅给了赵禥，称自己本来一直想去前线来着，无奈皇上一直不肯放他。黑锅甩完后，贾似道仍赖在家里不肯动身。

咸淳九年（1273）正月，襄樊之战来到了尾声。

在围城的第六个年头，元军终于捂热了这个怀里的果实，现在，他们将毕其功于一役。

元军首先向樊城发动攻击，他们焚烧浮桥、烧毁船只，斩断了襄阳与樊城间的联系。在截断江上通道后，元军再分兵十二路猛攻樊城守军。

正月九日晨，元军以精锐士卒进攻樊城南门，并用专门运来的回回炮（一种产自西域的威力巨大的石炮）轰击城头，摧毁了防御用的城堞角楼。

经过三日混战，元军从西南、东北两个角杀入城内，双方陷入了惨烈的巷战。

十二日，樊城全部沦陷，守将牛富身负重伤，赴火自尽。

元军攻入樊城后，将城中剩余军民全部屠杀，随后移师合攻襄阳。

襄阳城苦守了二十多天后，也出现了崩盘的兆头，很多将士开始偷偷出城请降。吕文焕几次向朝廷送去求救信，可这个时候，朝廷也只能对着他们两手一摊：朝廷也没兵了。

元军为了尽快拿下襄阳城，在保持军事压力的情况下，加强了对吕文焕的劝降。

对于招降吕文焕的事，元军其实从围城的第三个年头便开始了，只不过吕文焕当时抵抗意志坚决，并未予以理睬。如今，吕文焕的意志也开始出现松动。

二月二十七日，元军统帅阿里海牙亲自来到襄阳城南门外，向吕文焕喊话，宣示忽必烈的招降旨意。

吕文焕已经有所心动，但一时间还下不定决心。阿里海牙便当面折箭为誓，表示保证他归降后的高官厚禄。

二十八日，吕文焕深感大势已去，开城降蒙。

忽必烈对归降的吕文焕并未食言，特封他为侍卫亲军都指挥使、襄汉大都督，命其仍然执掌襄樊地区，以示信任。

历时六年的襄樊之战终于画上了句号，南宋倾尽全国之力，最终仍未能改变失败的命运。

城池没了，军队败了，人力财力消耗殆尽，这一战，让南宋元气大伤，再也无力恢复。

襄樊之败，已然敲响了南宋王朝的丧钟。

第十八章 挣扎

大势已去

咸淳十年（1274）六月，忽必烈正式颁发平宋诏书，以贾似道拘押郝经为理由，命令各路大军"水陆并进"伐宋。

不得不说，小到一人一家，大到一邦一国，都有着自己的时运。如今的元朝，人才汇聚、经济发展、军事胜利，可谓占尽了天时、地利、人和，一派蒸蒸日上的气象。

与之形成鲜明对比的是，南宋正不可遏制地走在下坡路上，引用历史上常说的一句话，便是气数将尽！

就在忽必烈下诏伐宋的一个月后，赵禥去世了。

赵禥去世时只有三十五岁，他本来身体就不好，当上皇帝后生活方式也不怎么健康，每天都泡在酒色里，去世得早也不算意外。

对于这个天生有缺陷的宋度宗，我们实在无法做出什么评价，唯一剩下的，或许只有一声近乎冷酷的感叹：

他这个时候走，倒也未必是件坏事。

至少，可以免做亡国之君。

赵禥走了，南宋朝廷的当务之急是选出新君。

赵禥有过七个儿子，四个夭折了，在世的还有三个：六岁的庶长子赵昰（shì），生母为杨淑妃；四岁的嫡长子赵㬎（xiǎn），生母为全皇后；三岁的赵昺（bǐng），生母为俞修容（地位较低的妃嫔）。

在讨论该由谁来继承皇位时，朝廷里产生了两种意见。有人想立最年长的赵昰，还有人坚持"立嫡不立长"，想立赵㬎。

好在到了这个时候，皇位已经由香饽饽变成了烫手山芋，也没人愿意去争。最后，大家还是愿意看贾似道的态度。

贾似道更倾向于第二种意见。

于是，嫡子赵㬎灵前即位，成了南宋的第七任君主。

赵㬎当时只有四岁，实际年龄则三岁都不到，当然还得找一个人垂帘听政。照理说，这事该由他母亲全太后来干，但当时太皇太后谢氏还在，所以论资格还得由这个六十五岁的老太太来主持危局。

赵㬎登基后，收到的不是一份份贺表，而是一封封十万火急的战报。

九月，由伯颜统率的二十万大军正集结襄阳，准备沿汉水南下，开始大规模的灭宋战争。

伯颜是蒙古八邻部人，从小在西域长大，因为见识卓越、深谋远略而为忽必烈赏识，先后任中书省左右丞相、同知枢密院事等职。伯颜临去前线前，忽必烈以宋太祖赵匡胤派曹彬征江南事类比，告诫他不可乱开杀戒，务求收服人心。

伯颜的南侵行动十分顺利，他战略思想明确，对于那些军事地位不重要的城池，不做一城一地的缠斗，一心奔着临安而去。

吕文焕的投降也大大助推了元军的进军速度。南宋的边帅守将，大多出于吕氏集团，眼见吕文焕都降了，他们也不再有所顾虑，无不望风而降。

十二月十七日，元军顺利迫降重镇鄂州，完全切断了南宋京湖战区和两淮战区的联系。

面对气势汹汹的元军，朝廷中要求贾似道亲率大军迎战的呼声一浪高过一浪。这个时候，贾似道再也找不到推脱的理由。

德祐元年（1275）正月，贾似道掏空南宋最后的家底，凑出将士十三万人、战舰二千五百艘，前往芜湖一带阻击元军。

双方在丁家洲（今安徽铜陵北）发生了一场血拼，贾似道毫无意外地输光了最后的本钱。史载，宋军此次大败而归，光被俘虏的将士就多达五千余人，宝贵的战船则损失了上千艘。

一句话，"贾老板"把剩下的家当输光了。

贾似道兵败丁家洲后，淮南西路成了元军的狂欢之地。三月，他们继续一路高歌，占领了江南东路首府建康（今江苏南京），继而割韭菜似的拿下镇江、京口、江阴、无锡、常州等地。很快江南东路和两浙西路北部地区均被收入元军囊中，临安的外围阵地已经所剩无几。

到了这个时候，临安府也变成了一百五十年前的开封府，只能拉响警报，号召各地军队火速赶来勤王。

勤王号召发出去后，效果很一般，有的军队被元军牵制着过不来，有的压根就不想来。

唯有一人是例外，郢州守将张世杰。

张世杰本是元军大将张柔手下的一员小校，后来因为犯事，投奔了宋军，被吕文德招至麾下。张世杰作战很猛，在鄂州之役中，因救援得力，连升十阶，跻身高级武官行列。

襄樊失陷后，张世杰奉命扼守南面的郢州，但伯颜并未和他正面对抗，而是绕道渡过汉水东进了。

这回，听到朝廷的召唤，张世杰成了难得的逆行者，他带着万把人绕道江西，来到临安。这让谢太后和一众大臣好好感动了一番（独世杰来，上下叹异）。

张世杰成了危难局势中的孤勇者，朝廷为表彰他的勇敢，又给他连升几级，任命为保康军承宣使、总都督府兵。张世杰赶来后，工作积极性高涨，他派人四处出击，收回了两浙西路的一些州县，给垂死的宋军打进了一针鸡血。

七月，张世杰组织宋朝的残存军队在镇江焦山布阵，准备和元军决一死战。可惜的是，大多数将领已经没有工作热情，约好的会战，最后成了张世杰的独角戏，结果自然是一塌糊涂。

史载，自焦山一战后，"宋人自是不复能军"。

说白了，宋军从此丧失了还手的能力。

国事闹到这个地步，贾似道的权臣时代也算到头了。

兵败丁家洲后，贾似道都没脸回临安，他一路跑到扬州，躲了起来，而朝中众臣已经开始对他秋后算账。

右丞相陈宜中本是靠依附贾似道上位，现在见贾似道成了众矢之的，也打算落井下石，便上书谢太后，要求诛杀贾似道以惩办他的误国之罪。

谢太后觉得贾似道怎么也算三朝老臣，一时下不了狠心，只是先免去了他的平章军国重事和都督诸路军马的职务。

谢太后的处理显然不能平息众怒，大家仍然不依不饶地嚷着要杀贾似道以平民愤。谢太后无奈之下，又将贾似道连降三级，命他回绍兴私宅养老。

贾似道没想到的是，他此时已经成了过街老鼠，连家乡的官员百姓也对他切齿痛恨。绍兴的地方官见贾似道回来了，紧闭城门，拒绝他入城。

见此情形，谢太后只好又改命贾似道去婺州（今浙江金华）居住，不久，因为朝中骂声不断，再次改为远贬建宁府（今福建建瓯）。可这种处理还是难让众人满意，最后又改成了循州安置，并抄没所有家产。

曾经风光无限的贾似道，无比凄凉地走上了南下之路。但是，他嚣张的时候实在得罪了太多人，即便被发配远方，还是有人不肯放过他。福王赵与芮和贾似道一直有过节，便暗中做手脚，特地安排了一个和贾似道有私怨的人做监押官。

监押官一见到贾似道，便对他各种折磨，还不时暗示贾似道自杀谢罪。贾似道行到漳州的时候，预感自己难逃一死，吞下了大量冰片自杀。不过，吞完冰片的贾似道并没有马上死去，只是频繁地腹泻。监押官见状，按捺不住怒气，竟上前将他整个身体提起，狠命地朝地上猛摔。

本就虚弱不堪的贾似道经此折腾，终于一命呜呼。

南宋的最后一个权臣，就以这样的方式退出了历史舞台。

贾似道的死并不能阻止元军的进攻步伐。

十月，元军自建康、江阴、镇江三路发兵，如风卷残云，直逼临安。

德祐二年（1276）正月，南宋朝廷在一片惊惶中度过了新年。此时，元军的三路大军已经变成了东西两路，东路占领了长安镇（今浙江海宁），西路占领了临安东北面的皋亭山，实现了两路包抄的计划。

面对元军的合围攻势，临安城内"崩盘"了。

事到如今，几乎所有的官员都悲哀地认为，大宋王朝气数已尽，再也无力回天。那些平日高唱忠君爱国的士大夫纷纷卷起行李走人，唯恐自己落在后面。更有缺德的家伙，竟然求着御史弹劾自己，好让自己能体面地卸职跑路。

谢太后见众臣这副模样，气得下诏痛骂："朝内是官员叛逃，外面是地方官丢下官印跑路（内而庶僚畔官离次，外而守令委印弃城）……平日里读的那些圣贤书，都不知道到哪里去了（平日读圣贤书，自诿谓何）……现在干出这种事情，活着有什么面目见人，死了又有什么面目去见先帝（于此时作此举措，或偷生田里，何面目对人言语，他日死亦何以见先帝）！"

谢太后激动地骂完后，该怎么样还是怎么样，朝堂之上，还是越来越空荡。

面对日益逼近的元军，谢太后和众臣也不是没想过去请和，只是当时元军占有绝对优势，誓以灭宋为己任，根本没什么条件可谈。

这个时候，宰相陈宜中哭着请谢太后想办法出宫外逃，但当时元军兵临城下，一堆人想要集体出逃已经没有可能。在和、战、守、走等均无可能的情况下，谢太后最后选择了一个折中的方案。

将宫中人分成两部分：谢太后自己领着小皇帝赵㬎向元军投降，另派人护送皇子赵昰、赵昺偷偷出宫南逃，为赵宋留下一点血脉，以图东山再起。

正月十八日，谢太后派人带着国玺和降表前往皋亭山向伯颜请降。

伯颜看过降表后，并不满意。

因为在降表里有这么一句话：不忍臣三百余年宗社遽至陨绝，曲赐存全。

什么意思呢，就是赵宋皇室愿意削去帝号，也甘愿献上所有土地，但希望元朝能开开恩，继续保留赵家的地位，最好再划一块小地盘，弄一个附庸国玩玩。

也正因为赵家还有这个幻想，所以南宋方面在降表中仍使用了自己的年号，而且并未主动称臣。

伯颜是希望南宋完完整整地投降，容不得半点拖泥带水，所以他傲慢地将降表打了回去，并要求必须由右丞相陈宜中亲自来商谈投降事宜。

然而，这个又难为谢太后了，因为降表好改，丞相陈宜中却不好找——人家已经连夜溜出城了。

事到如今，谢太后连骂人的心情都没了。她环顾四周，悲哀地发现，这个时候，所有朝臣的目光都在游移躲避，生怕苦差事落到自己头上。

满朝上下，唯有一个人成了例外——文天祥。

文天祥

文天祥，字履善，江西庐陵（今江西吉安）人。

端平三年（1236）五月初二，文天祥出生于南宋江南西路吉州庐陵县顺化乡富川。

文天祥的远祖在五代时期由成都迁居到了吉州，至文天祥这一代，已经传了十三世。文天祥的家谱中，自六世祖开始直到文天祥的父亲文仪，接连七代都未曾有人走上仕途，都是靠守着祖传家产为生，闲时也干点教书授业的事情。

可见，文天祥出身于一个家境殷实的地主知识分子家庭。

文天祥是家中的长子，他还有三个弟弟，分别是二弟文璧、三弟文霆孙和幼弟文璋。

文天祥从六岁开始便入私塾读书，父亲便是他的第一个老师。吉州在宋代是一个文化发达的地方，文仪除了自己亲身教授外，同时还为儿子延聘多位名师予以辅导。文天祥也很争气，诗词文章、经学理论样样都学得精熟。

宝祐三年（1255），二十岁的文天祥进入吉州白鹭洲书院求学，为即将到来的乡试大比做着准备。

同年八月，文天祥乡试高中，和他一同考取举人资格的，还有弟弟文璧。

取得举人资格后，文天祥和弟弟文璧就要赶赴临安，准备第二年的省试。

当时，文天祥的三弟文霆孙刚刚因病去世，父亲文仪为此郁郁不乐，身体也大不如前。文天祥、文璧兄弟俩害怕父亲感到寂寞，便决定带着他一起赴京赶考。

十二月，文天祥与父亲、弟弟从庐陵启程，取道江南东路的信州，前往临安。

宝祐四年正月，文天祥与父亲、弟弟一行三人来到了临安。

文天祥、文璧兄弟俩很争气，省试均顺利通关，取得了最后的殿试的资格。按照宋朝殿试不黜落进士的资格，两人其实已经取得了进士功名，接下来就要争一个排名了。

然而，天有不测风云，就在殿试开考前几天，文仪病倒了，而且高烧不退，情势严重。文天祥、文璧不忍心丢下父亲不管，一时间非常焦虑。最后三人经过商量，决定让文天祥继续参加殿试，弟弟文璧留下来照顾父亲。

宝祐四年（1256）五月，殿试的日子到了。可就在开考前，文天祥突然也患上了腹泻病，一度连走路都没力气，只能雇顶轿子匆匆赶往考场。

黎明时，随着宫中殿值的高声宣布，在宫门外等候多时的考生一拥而入。文天祥生怕落后，也随着人流拼命往前挤，等冲进宫里后，已是大汗淋漓。说来也奇怪，经过这一身大汗，文天祥的病好像被挤没了一样，身体顿感轻便了很多。

殿试环节，文天祥状态很好，他文思泉涌、笔走龙蛇，一篇上万字的文章一挥而就。考完后，文天祥因挂念卧病的父亲，便急忙赶回了寓所。

殿试结束后，主考官依例将考生的试卷上呈给理宗赵昀审阅，以决定名次。

赵昀阅到第五份试卷时，觉得文章见解深刻，措辞又很有分寸，很合自己心意，便亲自将其定为本科头名状元。待名次排定后，卷头的封弥被全部拆除，试卷里也露出了考生的真名，赵昀有意识地瞥了一眼新科状元的名字，顿时龙心大悦。

文天祥？"此天之祥，乃宋之瑞也！"赵昀把文天祥的名字当成了一个好预兆，更觉得自己慧眼独具。

文天祥当上状元后，本可以走马游街，好好地风光几天，但他第二天就得到父亲病情转重的消息，便立即请假赶回了寓所。遗憾的是，文仪刚得到儿子高中状元的消息不久，便与世长辞了。

文天祥来不及品味中状元的喜悦，便经历了丧父之痛。他和弟弟带着父亲的灵柩，匆匆赶往家乡。接下来，文天祥马上要为父亲守丧三年，自然也不可能马上走上仕途。宝祐六年（1258）八月，文天祥守孝期满，但他还是不急着当官，仍然在家闭门度日。

开庆元年（1259），又到了三年大比的时间。弟弟文璧因为上次已经通过了省试，所以直接取得了殿试的资格。于是，文天祥又陪着弟弟前往临安。

殿试结束后，文璧进士及第，授任临安府司户参军。而文天祥因为一直迟迟未授官，这回朝廷也一并给办了，授他为签书宁海军节度判官。

文天祥得到官职后并没有立刻上任，而是给赵昀洋洋洒洒地上了一份建议书，大谈朝廷局势和国家危机。只可惜，谁都没理会这位职场新人的热情，他的上书如泥牛入海，没了音讯。

文天祥也很有个性，觉得自己谋不见用，便放弃官职，又回家做学问去了。可朝廷也很有意思，既不批评，也不肯定，而是又给他派发了一个"镇南军节度判官"的官帽。文天祥认为大政不改，干什么都没意义，便极力向朝廷辞官，只要了一个有名无实的祠禄官。

文天祥逍遥了近两年后，朝廷又下旨了，任他为秘书省正字。文天祥还想辞免，但朝廷这回没由着他，一个劲催促他赴任，他最后只好服从。此后几年，文天祥先后担任瑞州（今江西高安）知州、礼部郎官、江西提刑、宁国府（安徽宣城）知府等职。

到了咸淳六年（1270），文天祥得到了一个重要的官职——崇政殿说书，兼学士院权直。崇政殿说书是给皇帝讲课的官，多少人由此跻身宰执行列，是再美不过的官帽了。

然而，当时的情形大家也知道，以度宗赵禥的资质，让文天祥给他上课，就相当于大学教授给小学生上课，鸡同鸭讲嘛。朝内又是贾似道一手遮天，文天祥和他也不对付。所以没干多久，文天祥又提出要奉祠离京了。贾似道觉得文天祥太不识抬举，免去了他的所有官职，连个祠禄官也不给。

当年九月，文天祥再次回家乡闲居。不过那个时候，他早就没有了恬淡轻松的心境，因为当时襄樊之战打得正酣，他也不得不为严峻的形势所忧虑。

咸淳九年（1273）正月，文天祥接到了朝廷的新任命，让他出任荆湖南路提点刑狱司，可待他赶到驻地衡阳后不久，前方就传来了襄阳陷落的消息。

文天祥感到国事已经到了万般危急的地步，他在湖南提点刑狱任上已经不可能有所作为。于是，便向朝廷申请到家乡江西出任赣州知州一职。

咸淳十年（1274）正月，文天祥得到赣州知州任命后，马不停蹄地离开衡阳，赶到了家乡庐陵，再带上家眷启程赴任赣州。

抵达赣州后，文天祥东奔西走，募兵筹粮，并变卖家产以充当军费，拉起了一支一万人的队伍，准备用于抵抗元军。当然，在强大的元军面前，这支未经严格训练的军队其实根本不堪一击。但文天祥不以为意，此时，他早就抱定了以身许国、为国赴难的决心。

德祐元年（1275）正月，文天祥在赣州接到朝廷的勤王诏书。接到诏书的文天祥泪流满面，他立刻传檄各路，痛斥吕文焕卖国之罪，并提兵入卫京师。

在那个风雨飘摇的年代，当无数边将、郡守面对元军纷纷献城投降的时候，文天祥成了一个独特的逆行者，他以一介书生，提一万羸弱之旅，毅然走上了救国之路。

在自己的战袍上，他特意命人绣了五个大字——拼命文天祥。

这一次，书生就是去拼命的。

舌 战

德祐元年八月，文天祥带着队伍来到了临安，驻军西湖畔。

德祐二年（1276）正月，文天祥见临安已经危在旦夕，提出背城决战的计划。但朝廷里的官员并不是人人都有文天祥那样的报国决心，他们只想快点离开这个暴风眼，逃出生天。

到了正月初五，朝廷里已经跑得空荡荡了，别说各司百官，连宰执官员都跑得差不多了，谢太后只能任命一个叫吴坚的老臣为左丞相兼枢密使。这时候，官员的能力和素质已经不重要了，只要人还在就成。

当天早朝，老太太从早晨一直等到中午，最后发现来打卡上班的文官只剩下了六个！当伯颜点名让右丞相陈宜中去谈判时，连陈宜中也连夜偷偷溜回了永嘉老家。

于是，硕果仅存的文天祥成了不二人选。

正月十九日，谢太后任命文天祥为右丞相兼枢密使，前往元军大营去谈判。

第二天，文天祥同临安知府贾余庆等人一起来到皋亭山元军大营。

文天祥一进元军大帐，也不行礼，径直找了个中间的位置坐下，瞪着眼睛，义正词严地对伯颜说道："关于讲和的事情，此前都是宰相陈宜中在操持，我并不知道，现在太皇太后刚任命我为宰相，我只好暂且不拜，先来军前和你商量一下。"

文天祥的这段开场白让伯颜大感意外，之前他所接触到的宋朝官员，看见他个个吓得像鹌鹑一样，可这位官员书生气十足，一进来就坐在了核心位置，根本看不到一丝畏惧和胆怯。

更意外的是，伯颜从文天祥的话里能听出来，他似乎对陈宜中所经办的事情并不认同，还指望重新谈一回。

伯颜虽然有点愠怒，但表面上还是摆出了一种大度的姿态："丞相既然是来经办大事，尽管说。"

文天祥也不客气："我朝承帝王正统、衣冠礼乐具备。你们是想和我们交好呢？还是想把我们灭国呢？"

文天祥这番话是扣住了元朝伐宋的表面理由。当时元朝出兵攻宋，只是指责贾似道拘留使者郝经，并没说要灭亡宋朝，所以文天祥就揪住这点来质问。

伯颜没料到事到如今，还有如此大胆的宋朝官员，一时没做好准备，只是敷衍了一句："社稷必不动，百姓必不杀。"

伯颜这话的意思是元军不会随意屠杀生灵，但也没说不灭亡宋朝。

文天祥借着话头继续说："你们前后几次约见我方使节，多有失信的行为，现在两国丞相亲定盟好，你们就应该先退兵到平江府（今江苏苏州）或嘉兴府（今浙江嘉兴），再具体议和。"

伯颜灭宋心切，怎会答应文天祥的条件，他断然拒绝了文天祥的请求。

关键问题谈不拢，两人便开始了争执，说着说着，双方嗓门越来越高，现场的火药味也越来越浓。

文天祥不肯示弱，高声说道："如果你们能如我说的做，两国交好，那就最好，如果不然，南北各地到处兵祸四起，恐怕也会对你们不利！"

文天祥倔强地认为，宋朝尚有浙闽、两广等地没被元兵攻占，完全可以再做一搏。

伯颜见文天祥态度强硬，开始赤裸裸地对他施以生命威胁。

可是，文天祥自入卫临安那一刻起，就做好了死的准备，面对伯颜的威胁，他的回击反而愈加尖锐："吾是南朝（指宋朝）的状元宰相，现在只欠一死以报国家，刀锯鼎镬（烹人的刑具），非所惧也！"

文天祥一派正气凛然，伯颜和元朝官员心里虽不高兴，但基于他们崇敬有气节者的习惯，内心又不免为文天祥所慑服。

伯颜也意识到，眼前的这个书生宰相，与别的宋朝官员截然不同，这样的人，绝对是不易降服的，如果再将他放回临安，势必继续成为让元朝头痛的敌人。

考虑到这里，伯颜决定先放其他出使人员回去，文天祥则被扣在了元营。

文天祥见自己被无理拘押，便向伯颜提出抗议："我来这里是为了两国之间的大事，其他使节都被放归了，为什么要扣留我呢？"

伯颜这个时候却打起了哈哈："丞相不要生气嘛。你身上的责任可不轻，眼前这些事情，还要你我共同商量呢。"

文天祥知道伯颜故意将他扣下，是为了方便逼降南宋朝廷，故而竭力向伯颜提出抗议。

文天祥的激烈抗议，只换来了伯颜轻飘飘的一句外交辞令："过个一两天，等他们（指放归的宋朝使臣）再来，我再和丞相商量大事，完事肯定放你回去。"

就这样，文天祥身边多了两个"馆伴"，住所附近则驻满了重兵。他被软禁了起来，无论如何抗争，都无济于事。

才过一天，宋朝使臣又来到了元军营帐。

这次宋方带队的是左丞相吴坚，他奉谢太后的旨意，来向伯颜再次请降。老太太已经没了心气，再也不做留存赵氏的半点幻想。这回，她连诏谕全国投降的文书都让人带来了。

总而言之一句话，彻底降了。

伯颜对南宋投降的态度很满意，在接见吴坚等人时，特地把文天祥请出来同坐。文天祥知道所有的交涉都已经结束，虽是怒火填胸，却又无处发泄。

两边商谈完毕后，吴坚等人又被遣送了回去，可伯颜仍然没有放归文天祥的意思。

此时，文天祥再也憋不住了，他站起身来，怒目圆睁，厉声斥责伯颜失信，同时痛骂那些没有骨气的使团成员。由于文天祥实在太激动，在座的人也没心理准备，一时都插不上嘴。

文天祥越说越激动，越骂越凶悍，直骂得唾沫横飞，由于语速实在太快，一旁的翻译官都不知道怎么翻译了。

　　文天祥把所有的怨愤、委屈、不甘都宣泄到了这场骂战上，不管在场的元朝官员如何呵斥，他就是不管不顾地怒骂。

　　当时，已经身为元朝官员的吕文焕也在场，便想拉着文天祥走开。文天祥看见吕文焕，气不打一处来，他本来就不愿搭理这个叛徒，现在见他竟还出面帮助伯颜劝解，更加怒不可遏，指着吕文焕的鼻子就开骂了。吕文焕也不服气，句句回怼文天祥。

　　"你个叛逆遗孽，早该按照《春秋》礼法，当乱贼诛杀。"

　　"丞相凭什么说我是乱贼呢？"

　　"国家有今天的不幸，你就是罪魁祸首，你不是乱贼谁是乱贼？哪怕是三尺童子都想骂你，何况我呢！"

　　"我守襄阳六年都得不到救援，怎么还能怨我呢？"

　　"既然力穷援绝，你就该以死报国。你顾惜自己，却辜负了朝廷，损害了家族名声，现在还导致全族叛逆（指吕氏集团在吕文焕影响下大多归附元朝），岂不是遗臭万世的乱贼！"

　　吕文焕觉得自己好歹守了六年襄阳，也算交代得过去，可在文天祥眼里，他并不比那些主动摇尾乞怜的臣子好多少，仍该遭受唾骂。

　　吕文焕是否被苛责且不说，但他骂不过文天祥是肯定的，他很快就被噎得满脸通红，说不出话来。

　　见吕文焕被骂无语了，他的侄子吕师孟跳出来帮腔。

　　文天祥似乎还没在吕文焕身上发泄够，见有人主动跳出来，立刻枪口一转："你们叔侄都投降了元朝，没有将你们灭族，是本朝的失职，现在居然还觍着脸出来，我实在恨自己不能杀了你们两个！"

　　还未等吕师孟还嘴，文天祥又补了一句："你们叔侄如果现在杀了我，我就成了宋朝的大忠臣，这是你们叔侄对我的成全。我有什么好怕的！"

文天祥句句铿锵，越骂状态越好，很快把一圈人都骂蔫了。

伯颜见文天祥如此耿直，倒也不再生气，反而由衷赞了一句："文丞相心直口快，真是男子气概！"

伯颜的话算是给文天祥的这场骂人秀画了句号。不过，无论文天祥如何据理力争，他始终都没能改变被拘押的命运。

又过几日，伯颜派人晓谕宋朝，解散了文天祥所募勤王兵，令他们各归乡里。

文天祥在元营得知勤王军被解散，更加伤心欲绝。

德祐二年正月，文天祥孤零零地被拘押在馆舍里。他透过窗牖，仰望冷月，久久失神不语，想到几日里的所见所闻，再也没有了舌战时的豪情。

"去去龙沙，向江山回首，青山如发"，文天祥心里也明白，一切都要结束了。

他不愿意承认这个残酷的现实，但又不得不承认。

那一晚，他唯有痛哭流涕。

第十九章 尾声

崖 山

写到这里，大家可能都感觉到了，我们的故事即将进入尾声。

没办法，在漫长的历史里，我们总要见证各种起起伏伏，一个人、一个家族、一个团体、一个王朝都会有一个从诞生到消亡的过程，恰如日升日落、花开花谢。

只不过，有的会短暂一点，有的会绵延持久一点；有的转瞬即逝，没留下一点声音和色彩，有的曾经显赫炫丽，让人久久不能忘怀。

但是，它们终有走向终点的那一刻。

眼看他起朱楼，眼看他宴宾客，眼看他楼塌了，多少年，从来如此。

接下来的故事，会非常悲惨，惨得让人不忍卒读；会非常沉重，沉重得让人喘不过气来。但作为完整的历史，我还得硬着头皮继续讲下去。

只不过，考虑到大家的阅读感受，我会讲述得简略一点。

德祐二年（1276）三月二日，伯颜以征服者的姿态进入临安。元军全面接管了临安城，他们封闭府库、收缴图籍档案和官衙符印等物品，然后拿着谢太后的手诏招降还未归附的州郡。

三月十二日，伯颜派人入宫宣读了忽必烈的诏书，六岁的赵㬎在众人的搀扶下跪拜行礼，从此，他成了被废掉的宋恭帝。

屈辱的仪式结束后，赵㬎和宗室、大臣以及宫中各色人员在元军士卒的押送下，连夜北上，他们的目的地是元大都。

时隔一百五十年，赵家皇族又重演了成批被俘的场景，略可宽慰的是，这次的元军要比当年的女真人稍微文明一点。

闰三月二十四日，经过四十余天的艰难跋涉，赵㬎一行抵达元大都，约二十天后，他们又被押往元朝上都开平府（今内蒙古锡林郭勒盟），觐见忽必烈。

五月二日，忽必烈召见了赵㬎，降封其为瀛国公。

到此为止，这个南宋王朝履行完了最后一道投降手续。

宋恭帝赵㬎在大都居住了六年，这位在软禁中度过童年的帝王还是没能让忽必烈放心，元朝至元十九年（1282）他又被迁居到了上都。又六年，他竟然被遣送到吐蕃（今西藏）学习佛法。

此后，正史再也没有关于赵㬎的记载，而根据元朝僧人留下的笔记史料，他到吐蕃后整日与青灯黄卷为伴，一心学习佛法。或许，别样的人生经历让他更好地参悟了佛法真谛，赵㬎在吐蕃逐渐修炼成一个学识渊博的高僧，还成为了一个佛寺主持。

可惜的是，赵㬎最终还是未能得到善终。元英宗至治三年（1323），赵㬎因为写了一首带有讥讽意味的五言诗，惨被赐死，年五十三岁。

最后也交代一下谢太后，当赵㬎等人被集体押往北方的时候，她因染病被允许暂留临安。不过忽必烈认为她留在南方不利于宋人归心，最终还是把她同样迁移到了大都，降封为寿春郡夫人。在大都，老人孤独地生活了七年，于七十四岁时离世。

当然，南宋的故事还没完全结束，因为前面说了，就在谢太后派人向伯颜请降的前夜，赵昰和赵昺两位皇子出逃了。

礼部侍郎陆秀夫是硕果仅存的几位忠臣之一，他带人护送着赵昰和赵昺一路跑向了婺州。但伯颜马上得知了他们出逃的消息，元军追兵接踵而至。

赵昰和赵昺及护送人员为了躲避追杀，在山中藏匿了七天，几经辗转，又跑到了温州。在那里，陆秀夫和前宰相陈宜中以及逃到定海（今浙江舟山市定海区）的张世杰取得了联系。

在温州的江心寺，几股残存的力量又走到了一起，陈宜中、张世杰、陆秀夫等人拥戴赵昰为天下兵马都元帅，赵昺为副元帅，发出檄文，号召各地忠义之士勤王。

在那个小小的江心寺里，还留着一把宋高宗赵构南逃时用过的御座，几人触景生情，无不抱头痛哭。他们希望这次流亡，也能如赵构当年，成为一个中兴的起点。然而，一切都是他们的一厢情愿罢了。

德祐二年五月，赵㬎被废的消息传来，众人在福州拥立八岁的赵昰称帝，改德祐二年为景炎元年，改福州为福安府，拜陈宜中为左丞相，张世杰为枢密副使，陆秀夫为签书枢密院事。

就这样，一个小朝廷在逃亡中被勉强搭建起来，继续为宋朝的延续保留着微弱希望。

小朝廷建立的时候，福建、广东地区仍保存完整，此外，川东、淮东、浙南以及江西和湖广的部分地区仍在挣扎之中。但即便是这点可怜的残山剩水，也没有坚持太久。

七月，李庭芝坚守的扬州城失陷，南宋最重要的淮东支点丢了。宋军在浙南、江西等地的抗元斗争也以失败告终，福建从此失去了屏障。

十一月，刚刚在福州躲了半年的小朝廷搬上了海船，匆匆入海逃。此情此景，和赵构当年的海上漂流如出一辙。船队逃亡过程中，还不幸遇上了元军的战船，靠着一场海上大雾的帮忙，才侥幸躲过一劫。

小朝廷沿着泉州、潮州、惠州一路逃窜，本想溜到广州栖身，可消息传来，广州也沦陷了，没办法，还是得像无头苍蝇一样乱飞。

景炎二年（1277）四月，船队一路逃到了官富场（今香港九龙东部），当时那里只是一个不起眼的小盐场，小朝廷终于得到了片刻喘息之机。在官富场，陆秀夫、张世杰等人曾策划过一些军事行动，但都不见起色。

十二月，小朝廷来到了井澳（今广东珠海横琴岛横琴山下）。在那里，他们遇到了一场可怕的飓风，船只和人员都遭到重大损失。十岁的赵昰从没有见过这样的场面，结果因惊悸而身染重病。

见此情形，宰相陈宜中彻底失去了信心，找了个借口逃往了占城（今越南境内），从此再也没回来。

景炎三年（1278）四月，小朝廷躲到了硐（dòng）州（今广东雷州湾外岛屿），在那里，小皇帝赵昰病重不治，在船中凄惨去世。

赵昰仅做了两年皇帝，便变成了宋端宗，对这个苦命的孩子来说，或许这也是一种解脱。

就在南宋的流亡朝廷行将崩溃之际，忽必烈发布了彻底剿灭南宋残余势力的命令。当年六月，他任命张弘范为主帅，向宋军发出最后的一击。

景炎三年初，元军拿下了川东的重庆府，到年底，巴蜀地区只剩下了那个曾经创造过战争奇迹的合州钓鱼城。

第二年正月，钓鱼城守将也无奈出降，从此四川地区全部沦陷。

形势落到如此境地，其实再反抗已经没有多大意义了，流亡朝廷中的很多人都产生了散伙的念头。这个时候，陆秀夫挺身而出，悲壮疾呼："度宗皇帝尚还留有一个孩子，如果我们散了，他怎么办呢！"

陆秀夫的忠诚，感动了流亡朝廷的大小官员。

景炎三年四月二十一日，众人拥立八岁的赵昺为帝，改年号为祥兴，微弱的火苗再次艰难燃起。

小朝廷建立后考虑的第一个问题便是该往哪里逃。

因为，到了五月，雷州（今广东雷州）也失守了，追击的元军已经逼近硇州。经张世杰提议，众人选择了一个新的藏身地——崖山。

崖山位于现在的广东省江门市新会区以南，是珠江的出海口之一。崖山与西面的瓶山相对耸立，呈"门"状，故又称为崖门。崖门内能容纳大量船只，可看作一个天然的港口。船队藏在里面，根据潮水涨落运动，既可"乘潮而战"，又可"顺潮而退"。

小朝廷入驻崖山后，开始在那里休养生息，积蓄力量。但是元军并没有给他们留下太多时间。十月，各路元军汇集广州，准备完成最后的追剿行动。

祥兴二年（1279）正月，元军都元帅张弘范率军对崖山的宋军发动了总攻击，双方进行了一场空前惨烈的海上恶战。

宋军官兵们除张世杰等少量人员突围，大多力战身亡或投海殉难。突出重围的张世杰不久又碰上飓风，舰船倾覆，落水而死。

陆秀夫和赵昺所在的船只没能突出重围，陷入了绝境。陆秀夫不希望自己和小皇帝成为元军的俘虏，决定以身殉国。

在苍茫的海面上，到处是漂浮的尸体和损毁的战船，元军的船队已经不断逼近。

陆秀夫的脸上却没有了一丝紧张和窘迫，他从容整理朝服，向赵昺做了最后一次叩拜：

"国事至此，陛下当为国死。德祐皇帝（指赵㬎）已经受尽侮辱，陛下不可再受侮辱。"

言毕，陆秀夫抱起九岁的赵昺，毅然纵身投海！

一百五十二年的南宋王朝，三百一十九年的宋朝，伴随着那悲怆的一跃，化为了历史的尘埃。

崖山，为宋朝画上了沉重的句号。

结束了，宋朝似乎结束了，但这只是历史学意义上的结束，不是精神意义上的结束。

我认为，只有讲完他的故事，才能真正宣布宋朝的终结。

留取丹心照汗青

文天祥自被拘押在元营后，伯颜一直在想办法做劝降工作，他派人为文天祥画了很多饼，一会儿说元朝马上也要立学校、开科举，你大有用武之地，一会儿又说你现在是宋朝宰相，今后就是大元朝宰相，后面的日子美着呢。

当然，不管元朝的说客磨了多少嘴皮，文天祥的态度很简单——滚。

德祐二年二月，也就是赵㬎等人被押赴北方之前，伯颜命吴坚、贾余庆等宋朝旧臣以"祈请使"的身份先行出发去大都，向忽必烈进呈降表。

文天祥自然不愿意去充当这个极具侮辱性的"祈请使"，但他还是被强行塞进使团，被裹挟着北上。当时，文天祥身边聚集了一帮志同道合的人，一路上，他们都在想办法找机会溜走。

二月十八日，船队开到镇江后暂停下来，文天祥开始和同行人实施逃脱计划。他们先是寻访到了几个在元军中干杂活的汉人，搞定了一条用于逃跑的船只和一盏可以充当夜间通行凭证的官灯。

二十九日夜，文天祥得知明天将要过江北行，便以"买酒辞别乡土"为借口，办了一次小宴会，还邀请负责监视他的元军千户作陪。一番热情的推杯换盏后，文天祥把他们通通灌了个死醉，然后果断脱身跑向约定的登船点。

文天祥等十二人上船后，一伙人帮着艄公摇桨、撑篙，以赛龙舟的精神火速逃跑，但就在快到七里江的时候，不巧碰到了元军的一艘巡逻船。元军觉得这条半夜乱窜的小船形迹可疑，便要赶过来盘查。文天祥当时已经做好了再被逮回去的准备，可元军的巡逻船偏偏因为河水退潮而搁浅了，这让文天祥侥幸躲过一劫。

三月一日，逃亡队伍来到了真州，那里还是宋朝的地盘，守将苗再成是坚定的抵抗派。当他听说文丞相来了，连忙出城迎接。

入城后，文天祥和苗再成谈得很投缘，两人还商量出了一个两淮联兵的反攻计划。商量完后，文天祥立即写信给驻守扬州的李庭芝，希望由他促成联兵计划。李庭芝在襄樊之战后，转任为两淮制置使，他所统辖的淮东地区是当时硕果仅存的几块重要地盘。

扬州方面很快送来了回信，不过不是送给文天祥，而是转给了苗再成。苗再成启封一看，读到一行字，顿觉五雷轰顶。

"决无宰相得脱之理，纵得脱，亦无十二人得同来之理。"

什么意思呢？李庭芝竟然怀疑文天祥是元军奸细！理由是元军监视下，怎么可能一下子跑出十二个人，更何况文天祥还拥有宰相身份。

更夸张的是，李庭芝的信中还附着一张制置司的小引，上面写着，据可靠情报，元军放出了一个丞相，故意到真州来"赚城"!

　　收到李庭芝的反馈，苗再成陷入了痛苦之中。从情理上说，他并不相信文天祥是一个投降元军的人，可上司李庭芝的命令他又不能不执行。两难之下，苗再成选择了一个折中方案，既没有把文天祥给扣起来，也没有为文天祥伸冤，而是找了个借口把他和同行人骗出城去，然后再出示了两淮制置司的小引。还没等文天祥辩解，苗再成已经紧闭了城门。

　　文天祥等人被赶出真州城后，取道高沙（今江苏高邮）、通州（今江苏南通），前往南方追寻赵昰、赵昺。这一路上，文天祥经受了最为残酷的考验。

　　当时，李庭芝认定文天祥是奸细，所以，他向淮东所有州郡发出了捉拿文书。如此一来，文天祥竟然成了宋元双方共同搜捕的对象!

　　为了躲避各地的盘查，文天祥等人只能在饥寒交迫中涉险赶路，好几次都与死神擦肩而过。同行者或因失去信心而离开，或在途中因病去世，走了不到一个月，身边已经只剩下五个人。

　　三月二十四日，九死一生的文天祥赶到了通州。可通州守将杨思复也接到了捉拿文天祥的文书，同样不敢接纳他。文天祥万万没有想到，自己一片忠诚，竟然落到了本朝头号奸臣秦桧的地步，不禁悲从中来。

　　好在杨思复不久又收到了一份情报，称元军正在各处通缉从镇江府跑出来的"文丞相"。杨思复这才恍然大悟，热情地予以迎接。

　　闰三月十七日，文天祥在杨思复的帮助下，从通州走水路抵达山东，再由山东折入浙东海面，走海路去追赶赵昰、赵昺的队伍。

四月八日，文天祥来到了温州。在那里，他联络旧部，招揽抗元义士，重新拉起了一支武装力量。

五月二十六日，文天祥赶到福州，加入了刚刚搭建起来的小朝廷，并被任命为枢密使、同都督诸路军马。

前面说了，当时的小朝廷，根本无力和元军抗衡，文天祥的抗元行动也一样没能摆脱失败的命运。他先后转战福建、江西、广东等地，一直是败多胜少，不见起色。

祥兴元年（1278）年底，文天祥在惠州海丰（今广东海丰县）北面的"五坡岭"被张弘范所率的元军击败，自己又成了元军俘虏。

祥兴二年元月，文天祥被张弘范带到了崖山，在那里，他目睹了宋朝最后一股力量的覆没。那一刻，他心头滴血，却无能为力。

崖山战后，宋朝没了，张弘范以为文天祥会就此死心，便趁机再次招降，但文天祥依然予以拒绝。

张弘范没辙，只能按照忽必烈的指示，把文天祥押赴大都。

十月一日，文天祥来到大都。

刚到的几天里，他被元朝奉为上宾，得到了优厚的款待，再接下来，他接受了一轮又一轮的劝降。

元朝打出的第一张牌居然是他的亲生骨肉。

德祐二年，当宋朝皇室、大臣被押送北方的时候，文天祥的两个女儿也在这支庞大的队伍之中。如今，元朝竟命令他的两个女儿前来看望，其实就是向他传递一个信息——只要归降，你可便与家人团聚。

结果，文天祥不为所动。

第二个说客叫留梦炎。

留梦炎是理宗淳祐四年（1244）的状元，官至左丞相，德祐元年（1275）元军逼近临安的时候，他扔掉官帽就逃命了。如今，他又觍着脸来劝降文天祥。

结果，这个"识时务者"被文天祥骂了个狗血淋头。

第三个说客是宋恭帝赵㬎。

对于一个九岁的孩子来说，他或许也不知道自己的行动意义，无非是受元朝安排，表达一个意思：曾经的南宋皇帝都放弃了，你还坚持什么？

结果，文天祥一见赵㬎，便叩拜哭号，不再多说一句。

第四个说客叫阿合马。

阿合马是西域回族人，以善于理财受宠，当时官拜中书平章政事，是元朝的"当红炸子鸡"。

阿合马走的是强硬路线，他一见文天祥便厉声质问，见到自己为什么还不下跪？

文天祥肯定不惯着他："南朝（指南宋）宰相见北朝（指元朝）宰相，跪什么跪？"

阿合马继续羞辱文天祥："你既然是南朝宰相，为什么到了这里呢？"

文天祥不卑不亢地回答："南朝如果早点用我为相，不至于如此。"

阿合马见文天祥如此倔强，气急败坏地以生命相威胁，可他未能在文天祥脸上看到一丝恐惧，只得到了一句轻蔑的回应："亡国之人，你要杀便杀，不用废话！"

结果，阿合马灰溜溜地走了。

见文天祥不吃软的这套，元朝便决定采取强硬措施。

十月五日，元军将文天祥押出馆驿，送入了兵马司土牢。在一处阴暗潮湿、简陋狭窄的囚室里，文天祥双手被绑，脖子上也套上了厚厚的枷锁。

从此，他成了元朝的囚犯。

十一月九日，在元枢密副使孛罗、平章张弘范的主持下，文天祥接受了一次突击会审。

在枢密院中，双方又进行了一番舌战，孛罗等人被驳斥得理屈词穷，说不出话来。文天祥已经厌烦了元朝的种种手段，他借机愤怒地嘶吼：

"今日文天祥至此，有死而已，何必多言！"

孛罗见文天祥如此顽固，便建议忽必烈处死文天祥，但忽必烈还是希望再做争取，并未应允。

会审后，文天祥被再次投入土牢，开始了长达三年的牢狱生活。在狱中，文天祥长期忍受着极其恶劣的生活条件和非人折磨。在那段漫长孤寂的时光里，文天祥以写诗作词抒发心中的愤懑。他甚至在狱中编写了《指南录》《指南后录》等文集，用以记录他参加抗元斗争以来的诗作。

　　元朝想用漫长的囚禁来迫使文天祥屈服，文天祥却以惊人的毅力坚持下来，意志坚如磐石。

　　双方的僵持一直持续到了至元十九年的冬天。

　　那一年，中山府（河北定州）发生了一次反元暴动，领头者声称要到大都劫狱救文丞相。

　　这本是一次再小不过的起义，完全不可能动摇元朝的统治，可起义军"救出文丞相"的口号却引起了元朝高层的警觉。

　　他们意识到，文天祥已经不再是一个简单的俘虏，他已然成了宋朝反抗力量的精神领袖。

　　为此，要求处死文天祥的呼声再次在元廷响起。

　　忽必烈迫于呼声，也动了杀心。不过，在作最终决定前，他想亲自做一次争取。

　　十二月八日，忽必烈将文天祥召入殿内。

　　见到忽必烈后，文天祥依然不肯下跪，只是长揖作答，即便是元兵用棍棒猛击他的膝盖，他仍然坚立不动，保持着凛然不可侵犯的气节。

　　当见到忽必烈时，文天祥也清楚地知道，这已经是他最后的机会：如果此时服软，他仍然可以保全性命，乃至从囚犯摇身一变为高官显贵；如果继续坚持心中的信念，接下去的结局，唯有死亡。

　　文天祥明白自己的处境，更明白自己内心的追求。

　　当忽必烈问文天祥还有什么话要说时，他的回答丝毫未变："宋朝没有无道的君主，没有应该被征伐的百姓。太后年迈，君主年幼，权臣却耽误国事，导致措置失当。你们利用我们的叛将叛臣，占领我们的国都，毁掉我们的宗社。我文天祥在宋朝危难之际担任宰相，现在宋朝亡了，我本当立刻赴死，不想贪生。"

本该赴死，不想贪生。

几年了，还是一样的回答。

忽必烈摇摇头，叹了一口气，又说道："你只要像对待宋朝那样待我，我立刻命你为中书宰相。"

文天祥的回答还是没变："天祥是宋朝的状元宰相，宋亡，只可死，不可生！"

忽必烈最后劝道："你如果不想当宰相，也可担任枢密使。"文天祥回答得斩钉截铁："一死之外，无可为者！"

忽必烈说了那么多，但从文天祥的口中，他听到最多的永远是一个字——死。

是的，眼前这个倔强的文人，只求一死而已。

忽必烈突然有一点失意，他可以征服广袤的领土，可以收买大量的人心，也可以消灭各种敌人，却始终无法驯服眼前这个弱不禁风的文人。

他也终于明白，有一种东西，是永远不可能被战胜的。

比如，人的信念。

召对过后，忽必烈批准了处死文天祥的奏疏。

元朝至元十九年，十二月初九。

大都，柴市口刑场。

寒风吹彻，冬意蚀骨。

文天祥从容地走向了人生终点。

虽然，几年来的颠沛流离、刑狱折磨严重摧垮了他的身体，几乎耗尽了他生命中最后的一点元气，虽然，身上还背着重重的枷锁，但是，走向刑场的那一刻，他竟然有一种前所未有的解脱感，步履格外从容，一如去做一次闲适的远行。

这一刻，他已经盼望了很久。

几年里，我无数次遭遇失败，却百折不回。

几年里，我无数次身陷险境，却从未畏惧。

几年里，我无数次遭到死亡的威胁，却从未屈服。

几年里，我无数次面临诱惑，却从未动摇。

这几年，我无数次用笔墨记下心中的信念。这些承诺，我从未忘却。

是的，我已经做了所有的努力，如今，我要兑现自己的承诺。

在崖山，我说过："人生自古谁无死，留取丹心照汗青。"

在狱中，我说过："时穷节乃见，一一垂丹青！"

今天，我又要说："吾事已毕，心无怍矣。"

是的，我要的只是一死而已。

"孔曰成仁，孟曰取义，唯其义尽，所以仁至。读圣贤书，所学何事？而今而后，庶几无愧。"

为气节死，为信念死，为忠于的时代死，何惧之有？何其壮哉！

我已经做了最大的努力，没有什么遗憾了。

请告诉我南方在哪里，我要做最后的跪拜。

这一天，文天祥舍生取义、从容赴死。

这一天，大宋状元宰相文天祥以死报国。

他的死，带走了一个绚丽的时代。

雨洗风吹了

结束了，这回真的结束了。

两宋共三百一十九年的历史，竟然就这样在我的笔下结束了，画上句号的那一刻，我自己都有些诧异。

按照之前的设想，在完结的时候，我应该有一丝兴奋。毕竟，这部作品断断续续，耗费了我近十年的心血，人生又有几个十年？

然而，真到了停笔的时刻，我又不免心生失落，仿佛自己被生拽着，从一段沉浸的美梦中醒来。赵匡胤、范仲淹、苏轼……他们曾经那么真实地站在我身边，现在又倏地一声，回到了安静的史书里，不再发出一点声响。

所以，它其实不再是一段从史书中走出来的故事，同时也成了我人生中的一段历史。

我相信，如果有一天，回首自己的人生，那些一个人埋头翻阅史料、敲击键盘的夜晚，将是我最刻骨铭心的记忆。其中的孤独和喜悦，想来必是"悠然心会，妙处难与君说"。

在告别的时刻，再谈谈我对宋朝的看法吧。

有很多人问我：你为什么要写这段历史？你是不是一个宋粉？

这问题真的不好回答。在我看来，任何一个朝代，一段历史，都有它产生的客观背景；它的演进，也有着无法摆脱的客观规律。所以，关于宋朝的光彩、荣耀、成就，我要写；关于它的辛酸、耻辱、悲哀，也要写。

一个朝代有时候也像一个人，他无法选择自己的出身，无法选择自己的门第，他的人生轨迹，经常充满宿命感。宋朝脱胎于五代乱世，武人弄权所造成的恶果是宋朝建立者最深刻的记忆，崇文抑武也就成了他最鲜明的性格烙印。

于是，历史上的宋朝成了一个温婉的女子，老天给了她精致的妆容、典雅的品位，她聪慧伶俐、招人喜爱，却又弱不禁风、命运多舛。她的一颦一笑让很多人回味无穷，但她又给我们留下了太多红颜薄命的故事。

南宋词人刘克庄曾写过一首"惜花"词，在他的笔下，娇艳的花朵成了自己怀才不遇、屡遭压抑的情感寄托。

卜算子

片片蝶衣轻，点点猩红小。道是天公不惜花，百种千般巧。

朝见树头繁，暮见枝头少。道是天公果惜花，雨洗风吹了。

词人借花自问：如果天公不爱惜花儿，缘何让它出落得这般美丽精巧？如果天公爱惜着花儿，又为何让它经历风吹雨打，转瞬凋零？

在我看来，这何尝不是宋朝留给我们的感慨："道是天公不惜花，百种千般巧"，"道是天公果惜花，雨洗风吹了"。

或许，这就是历史的魅力吧，它总能让我们血脉偾张，又总能让我们唏嘘扼腕。

日升、日落，月圆、月缺，潮起、潮退，得意、失望，兴盛、衰亡……想来，宋朝也是如此，也只能如此。

最后，再谈谈我对历史创作的看法。

历史是客观的，因为它是真实发生过的事情，谁都改变不了。你义愤填膺也罢，心有戚戚也罢，都无法改变。司马光和王安石吵得不可开交时，你不能穿越过去劝架，完颜亮南侵的时候，岳飞也活不过来。

所以，我写历史，也只能老老实实按照史料，客观评价，秉笔直书，每件事的来龙去脉，每个人的善恶美丑，都必须一五一十地写，不敢瞎糊弄。

我想，对历史的最大尊重，便是客观书写。

当然，我也不得不承认，史实是客观的，写史的人却是主观的。任何形式的作品，都免不了作者主观理想的投射。

这一点，我也未能免俗。

或许是在史书里见证了太多的尔虞我诈、阴谋算计、圆滑世故，我反而更欣赏那些个性鲜明、敢爱敢恨，永远带着书生意气和人性本真的直臣。

他们卷入了历史洪流，见识过官场百态，通晓形形色色的社会潜规则，甚至还遭遇过种种凌迫，乃至生命的威胁。他们也知晓如何抉择，才能安享高官厚禄，让自己的利益无限放大。

　　然而，他们仍然义无反顾地选择了自己的信念，纵然会触怒龙颜，使自己身陷不测，仍要直言进谏；纵然不被所有人理解，饱受孤独和委屈，仍要横身当事；即使身陷囹圄，面临死亡的考验，仍要坚守气节。

　　我认为，这是一种最伟大的人生抉择。

　　我想给这样的选择，做一个注解，却一直找不到合适的词汇，或许是正直，或许是情怀，又或许是勇气。

　　最后，我觉得有一个词，才更加恰当。

　　单纯。

　　他们是一群单纯的人，晶莹如玉，清澈如水。

　　在最复杂的历史中，做一个最单纯的人，弥足珍贵。

　　所以，我在创作中，对寇准、包拯、王安石、文天祥等人物倾注了更多的笔墨。

　　在我眼里，他们的单纯，最为可爱可怜。

　　在他们身上，也藏着我的一个理想——努力做一个真实的人。

　　好了，废话说完，该到告别的时候了。

　　在起笔创作这部作品时，我在第一卷第一章中，为赵匡胤留下了一句自励的话。

　　顶住压力，耐住寂寞，受住委屈，忍住痛苦，唯其如此，方能置之死地而后生！

　　这句话，其实也是留给我自己的，激励自己去勇敢地追求人生目标。

或许，现在也可拿来和大家共勉。

勇敢地走下去，做真实的自己！

（全本完）